R. Kent Hughes

Mann mit Profil

Das biblische Bild des Mannes

Für meine Söhne
Brian Thomas Hoch,
James Jefferson Simpson
Richard Kent Hughes II
und
William Carey Hughes

R. Kent Hughes

MANN MIT PROFIL

Das **biblische Bild** des Mannes

Über den Autor

R. Kent Hughes war leitender Pastor der *College Church* in Wheaton, Illinois. Seinen Abschluss machte er an der *Trinity Evangelical Divinity School;* er spricht häufig in christlichen Colleges und auf Konferenzen. Aus seiner Feder stammen mehrere Bücher (eines davon mit seiner Frau Barbara als Co-Autorin), darunter mehrere Bibelkommentare mit den Reihentitel *Preaching the World*. Kent und Barbara Hughes haben vier Kinder.

Hughes, R. Kent
Mann mit Profil
Das biblische Bild des Mannes

Best.-Nr. 271109
ISBN 978-3-86353-109-6
Christliche Verlagsgesellschaft Dillenburg mbH

Titel des amerikanischen Originals:
Disciplines of a Godly Man

Published by Crossway Books
a division of Good News Publishers
Wheaton, Illinois 60187. U.S.A.
This edition published by arrangement with Good News Publishers.

Wenn nicht anders angegeben, wurde folgende Bibelübersetzung verwendet:
Elberfelder Bibel 2006, © 2006 by SCM R.Brockhaus in der
SCM Verlagsgruppe GmbH Witten/Holzgerlingen.

9. Auflage 2025

Am Güterbahnhof 26 | 35683 Dillenburg
info@cv-dillenburg.de

Übersetzung: Martin Plohmann, Bielefeld
Satz & Umschlaggestaltung: Christliche Verlagsgesellschaft Dillenburg mbH
Umschlagmotiv: © freepik.com
Druck: CPI Books GmbH, Leck
Printed in Germany

Wenn Sie Rechtschreib- oder Zeichensetzungsfehler entdeckt haben,
können Sie uns gern kontaktieren: info@cv-dillenburg.de

Inhalt

Danksagung

Mein Dank gilt meiner Sekretärin, Mrs. Sharon Fritz, für ihre Fürsorge und ihre großartige Arbeit beim Abtippen der mehrfachen Überarbeitung des Manuskripts; Mr. Herbert Carlburg für wöchentliches Korrekturlesen und seine vielen Verbesserungsvorschläge; Mr. George Grant für seine sachverständige Redaktion trotz seiner Geschäftigkeit im fernen England; Mr. Ted Griffin, geschäftsführender Herausgeber von *Crossway Books*, für sein feines Gespür für unverständliche Aussagen und für die Vorbereitung der Fragen zum Selbststudium; und meiner Frau Barbara, die die wunderbare Weisheit besitzt, das Unwesentliche zu erkennen und zum Kern der Dinge zu kommen mit der Frage, die der Denkweise eines Jakobus nahekommt: »Was hat das für unser Leben zu bedeuten?«

Einleitung

1
In Gottesfurcht leben

An einem Tag im Frühsommer – noch bevor ich mit der 7. Klasse begann – ging ich vom Baseball-Feld hinüber zum Tennisplatz und nahm zum ersten Mal einen Tennisschläger zur Hand. Er faszinierte mich! Kurze Zeit später war ich ein zehnjähriger Tennisnarr. Meine Leidenschaft für diesen Sport wurde so intensiv, dass ich manchmal gedankenverloren einen Tennisball in der Hand hielt und an ihm schnüffelte. Das Klicken und der nach Gummi riechende Duft beim Öffnen einer Dose neuer Tennisbälle berauschten mich geradezu. Das *Plock, Plock* und der nachhallende Klang eines genialen Volleys waren besonders in der Stille der Morgenstunden Musik in meinen Ohren. Meine Erinnerungen daran und an den sich anschließenden Sommer bestehen aus heißglühenden Tennisplätzen, brennenden Füßen, salzigem Schweiß, langen Zügen lauwarmen und nach Gummi schmeckenden Wassers aus einer leeren Tennisballdose, den kurzen und langsam nach Osten wandernden Mittagsschatten, die vom »Tageslicht« der Beleuchtungsanlage abgelöst wurden, und den nachts allgegenwärtigen und unheimlichen Fledermäusen, die unsere Lobs im Sturzflug bombardierten.

Im folgenden Herbst beschloss ich, Tennisspieler zu werden. Ich opferte meine Ersparnisse für einen von jenen alten und wunderschön beschichteten Daviscup-Schlägern – ein Schatz, den ich sogar mit ins Bett nahm. Ich bewies Disziplin! Jeden Tag spielte ich nach der Schule (außer während der Basketball-Saison) und zusätzlich an jedem Wochenende. Als der Frühling kam, fuhr ich mit dem Fahrrad zu den Tennisplätzen, auf denen das Team der örtlichen *Highschool* trainierte, und schaute den Spielern sehnsüchtig zu, bis sie mich schließlich mitspielen ließen. Während der nächsten beiden Sommer nahm ich Stunden, spielte einige Turniere und trainierte zwischen sechs und acht Stunden täglich; nach Hause ging ich erst, wenn sie das Licht ausschalteten.

Mit der Zeit wurde ich gut – gut genug. Ich war zwölfeinhalb Jahre, wog ungefähr 50 Kilogramm und wurde der zweite Mann unseres Tennisteams an der von 3000 Schülern besuchten *Highschool.*

Ich spielte nicht nur auf hohem Niveau, sondern lernte dabei auch, dass persönliche Disziplin der erforderliche Schlüssel ist, um im Leben etwas zu erreichen. Seitdem bin ich sogar zu der Überzeugung gelangt, dass Disziplin noch mehr ist, nämlich die Mutter und Gehilfin dessen, was wir als »Genie« bezeichnen.

Beispiele

Wer Mike Singletary (mehrere Jahre im *All-Star-Team*, zweimal Verteidiger des Jahres in der NFL und Mitglied des *Super Bowl XXV Dream Teams*) einmal beim Spiel beobachtet hat – seinen konzentrierten Blick und die Samurai-ähnlichen Angriffe –, ist gewöhnlich überrascht, wenn er ihm gegenübersteht. Er ist kein imposanter Riese. Er reicht kaum über 1,80 Meter hinaus und wiegt schätzungsweise 95 Kilogramm. Doch woher kommt sein Können? *Disziplin.* Mike Singletary vertieft sich in das Spiel mit einer Disziplin, wie es vor ihm kein anderer getan hat. In seiner Autobiografie erzählt er, dass er sich einzelne Spielszenen 50- bis 60-mal auf Video ansieht und es ihn drei Stunden kostet, ein halbes Football-Spiel zu sehen![1] Da er jeden Spieler beobachtet und die Spielweise des Gegners kennt, weiß er in der jeweiligen Spielsituation nicht nur um die verbleibende Zeit, sondern kennt auch die Körpertäuschungen der Gegenspieler, ihre bevorzugten Laufwege und ihr Abspiel. Weil er ihre Gedanken an ihrer Haltung ablesen kann, bewegt er sich häufig schon in die Richtung, aus der der Ball kommen wird, bevor der Spielzug ausgeführt ist. Der legendäre Erfolg von Mike Singletary hat seinen Ursprung in seinem außergewöhnlich disziplinierten Leben.

Wir haben uns daran gewöhnt, Ernest Hemingway als ein trinkfreudiges, undiszipliniertes Genie anzusehen, das in den letzten 20 Jahren seines Lebens täglich Whisky trank und dennoch hervorragende Literatur zu verfassen vermochte. Er war in der Tat ein Alkoholiker, der von mehreren Leidenschaften getrieben wurde.[2] Aber wenn es ums Schreiben ging, war er der Inbegriff von Disziplin! Seine frühen Werke waren in ihrer Entstehung von einem obsessiven literarischen Perfektionismus gekennzeichnet, der zur Herausbildung seines ökonomischen Schreibstils führte. Stundenlang feilte er an einem einzigen Satz oder suchte nach dem *mot juste* – dem treffenden Wort. Es ist eine altbekannte Tatsache, dass er den Schluss seines Romans *In einem anderen Land* 17-mal veränderte in dem Bemühen, ihn angemessen zu beenden. Das ist eine grundlegende Charaktereigenschaft von großen Schriftstellern. Dylan Thomas fertigte über 200 handgeschriebene

Versionen seines Gedichts »Fern Hill« an.[3] Selbst gegen Ende seines Lebens, als Hemingway unter den Folgen seines Lebensstils litt, stand er täglich in übergroßen Halbschuhen von 6:30 Uhr bis mittags bei der Arbeit an *Finca Vigia* in Kuba vor einem improvisierten Schreibtisch und hielt sorgfältig sein Tagespensum auf einer Tafel fest. Sein Durchschnittswert lag bei nur zwei Seiten – 500 Wörtern.[4] Es war Disziplin, Ernest Hemingways enorme literarische Disziplin, die die Ausdrucksweise seiner amerikanischen Landsleute und der Menschen in der gesamten englischsprachigen Welt veränderte.

Michelangelos, da Vincis und Tintorettos zahllose Skizzen, die die *quantitative* Disziplin ihrer Arbeit bewiesen, bereiteten den Weg für ihre weltbewegende *Qualität.* Wir staunen über die anatomische Perfektion eines Gemäldes von Leonardo da Vinci, aber wir vergessen dabei, dass er einmal tausend Hände zeichnete.[5] Im letzten Jahrhundert gab Matisse zu seinem eigenen Können eine Erklärung ab und bemerkte, dass das Problem bei vielen, die Künstler sein möchten, darin zu suchen ist, dass sie ihre Zeit damit verbringen, ihren Modellen hinterherzulaufen anstatt sie zu malen.[6] Das zeigt erneut die Bedeutung der Disziplin!

Winston Churchill gilt als einer der Redner des 20. Jahrhunderts, und nur wenige, die seine wohlformulierten Reden gehört haben, würden widersprechen. Noch weniger Menschen würden annehmen, dass er kein »Naturtalent« war. Die Wahrheit ist jedoch, dass Churchill lispelte, was ihn zur Zielscheibe vieler Witze machte und woraus sich seine Unfähigkeit zu spontanen Ansprachen in der Öffentlichkeit ergab. Dennoch wurde er für seine Reden und seine scheinbar improvisierten Bemerkungen berühmt.

Churchill arbeitete jede seiner Reden aus und übte sie anschließend ein! Er studierte selbst die Pausen ein, in denen er sich den Anschein gab, dass er nach passenden Formulierungen suchte. Die Randbemerkungen seiner Manuskripte enthielten Aufzeichnungen über vorausberechneten »Beifall«, »billigende Zurufe«, »anhaltenden Beifall« und sogar »stehende Ovationen«. Wenn er mit dem Entwurf fertig war, probte er endlos vor dem Spiegel und verlieh seinen scharfen Erwiderungen und seinem Gesichtsausdruck Form. F. E. Smith sagte: »Winston hat die besten Jahre seines Lebens damit zugebracht, improvisierte Reden zu schreiben.«[7] Ein Naturtalent? Vielleicht. Ganz sicher aber ein von Natur aus diszipliniert und hart arbeitender Mann!

Und so geht es weiter, welchen Lebensbereich auch immer wir herausgreifen!

Thomas Edison kam erst nach tausend Fehlversuchen mit dem weißglühenden Licht an die Öffentlichkeit.

Jascha Heifitz, der größte Violinist des 20. Jahrhunderts, begann im Alter von drei Jahren mit dem Geigenspiel und fing schon bald an, jeden Tag vier Stunden zu üben, was er bis zu seinem Tod im 76. Lebensjahr beibehielt. Zu diesem Zeitpunkt war er schon lange der weltbeste Geiger und hatte etwa 120 000 Übungsstunden hinter sich. Er gab ohne Zweifel seinen eigenen »billigenden Zuspruch« zu der Erwiderung Paderewskis auf die schmeichelnden Bemerkungen einer Dame hinsichtlich seines Genies: »Meine Dame, bevor ich zum Genie wurde, war ich ein Arbeitstier.«

Ohne Disziplin werden wir im Leben nie etwas erreichen, sei es in den Künsten, im Geschäftsleben, im Sport oder in der Wissenschaft. Das trifft in doppelter Hinsicht auf den geistlichen Bereich zu. Auf anderen Gebieten sind wir möglicherweise fähig, einen angeborenen Vorteil zu nutzen. Ein Athlet mag von Geburt an mit einem starken Körper beschenkt worden sein, ein Musiker mit einer perfekten Stimmlage oder ein Künstler mit dem Blick für die richtige Perspektive. Aber niemand kann behaupten, mit einem *geistlichen Vorteil* zur Welt gekommen zu sein. Tatsächlich sind wir alle gleicherweise *im Nachteil*. Keiner sucht von Natur aus nach Gott, keiner ist in sich selbst gerecht, keiner tut instinktiv das Gute (vgl. Röm 3,9-18). Aus diesem Grund ist uns, den Kindern der Gnade, unsere geistliche Disziplin alles – wirklich alles!

Ich wiederhole noch einmal: Disziplin ist *alles!*

Paulus über Disziplin

Weil dem so ist, bekommen die Worte *»Übe dich aber zur Gottesfurcht«*, die Paulus in 1. Timotheus 4,7 an seinen jüngeren Mitstreiter richtete, nicht nur eine herausragende Bedeutung, sondern auch eine persönliche Dringlichkeit. Es gibt noch weitere Bibelstellen, die Disziplin lehren, aber diese hier formuliert die große Aussage der Bibel. Das Wort »übe« entstammt dem griechischen Wort *gymnos*, was »nackt« bedeutet – von diesem Wort lässt sich unser deutsches Wort *Gymnasium* herleiten. Im traditionellen griechischen Sportwettbewerb traten die männlichen Teilnehmer ohne Kleidung an, um sich nicht unnötig zu behindern. Aus diesem Grund besaß das Wort »übe« ursprünglich die wörtliche Bedeutung von »nackt üben«.[8] In neutestamentlichen Zeiten bezog es sich auf das Üben und Trainieren im allgemeinen Sinn. Aber selbst da war es – und ist es noch – ein Wort, das den Geruch der Leibesertüchtigung erahnen lässt: den Schweiß eines guten Trainings. »Trainiere (übe) dich zum Zweck der Gottesfurcht« vermittelt ein Gefühl für das, was Paulus meinte.

Geistliche Schwerstarbeit

Paulus fordert also zur geistlichen *Schwerstarbeit* auf! Ebenso wie die Athleten alles auszogen und *gymnos* antraten – befreit von allem, was sie möglicherweise behindern konnte –, müssen auch wir uns freimachen von jeder Last, jeder Verbindung, Gewohnheit und Neigung, die die Gottesfurcht erschweren. Wenn wir uns auszeichnen wollen, müssen wir uns bis zur äußersten geistlichen Nacktheit entkleiden. Der Schreiber des Hebräerbriefes erklärt dies folgendermaßen: *»Deshalb lasst nun auch uns, da wir eine so große Wolke von Zeugen um uns haben, jede Bürde und die uns so leicht umstrickende Sünde ablegen und mit Ausdauer laufen den vor uns liegenden Wettlauf«* (Hebr 12,1). Ihr Männer, wir werden geistlich niemals etwas erreichen ohne eine bewusste Preisgabe der Dinge, die uns zurückhalten! Was ist es, das Sie nach unten zieht? Der Ruf zur Disziplin verlangt, dass Sie es abwerfen. Sind Sie dazu bereit?

Die Aufforderung, uns in der Gottesfurcht zu üben, beinhaltet auch, unsere ganze Energie darauf zu richten. Paulus beschreibt das an anderer Stelle: *»Jeder aber, der kämpft, ist enthaltsam in allem. ... Ich laufe nun so, nicht wie ins Ungewisse; ich kämpfe so, nicht wie einer, der in die Luft schlägt; sondern ich zerschlage meinen Leib und knechte ihn, damit ich nicht, nachdem ich anderen gepredigt habe, selbst verwerflich werde«* (1Kor 9,25-27). Intensiver, energiegeladener Schweiß! Wir sollten besonders einen Satz beachten, der im Zusammenhang mit dem paulinischen Aufruf zur Gottesfurcht steht: Sowohl seine Anordnung als auch den dazwischenliegenden Text kommentiert er dort mit den Worten *»Denn dafür arbeiten und kämpfen wir«* (1Tim 4,10). »Arbeiten« bedeutet »anstrengende Mühe«, und »kämpfen« leitet sich von dem griechischen Wort *agonia* her, was am ehesten mit dem deutschen Verb »zermartern« wiedergegeben werden könnte. Mühe und *agonia* sind erforderlich, um gottesfürchtig zu leben.

Ein Mensch, der ernsthaft trainiert, unterwirft sich bereitwillig stundenlanger Disziplin und nimmt sogar Schmerzen auf sich, um den Preis zu gewinnen – Tausende von Kilometern sind nötig, um die 100 Meter in Bestzeit zu laufen. Das siegreiche Christenleben ist eine schweißtreibende Angelegenheit!

Ohne Männlichkeit keine Reife! Ohne Disziplin keine Jüngerschaft! Ohne Anstrengung keine Heiligkeit!

Warum Disziplin?

Nachdem wir das verstanden haben, kommen wir jetzt zu den beiden Gründen, aus denen heraus ich dieses Buch geschrieben habe.

Erstens: In der heutigen Welt und Gemeinde ist es die Ausnahme – und nicht die Regel –, dass Christen ein diszipliniertes Leben führen. Das gilt für Männer, Frauen und »professionelle« Geistliche gleichermaßen. Wir können uns nicht damit entschuldigen, dass das schon immer der Fall war. Das stimmt nicht! Zur Erklärung können die verschiedenen Vernunftschlüsse herangeführt werden, wie z. B. mangelnde Lehre und persönliche Trägheit. Aber unterschwellig basiert die bewusste Ablehnung geistlicher Disziplin vielfach auf der Furcht vor Gesetzlichkeit. Für viele bedeutet geistliche Disziplin, sich wieder unter das Gesetz und unter eine Reihe von drakonischen Maßregeln zu begeben, die niemand erfüllen kann und die nur Frustration und geistlichen Tod hervorbringen.

Doch nichts könnte von der Wahrheit weiter entfernt sein, wenn man versteht, was Disziplin und was Gesetzlichkeit ist. Der Unterschied liegt in der *Motivation:* Gesetzlichkeit ist ichbezogen; Disziplin ist gottbezogen. Das gesetzliche Herz sagt: »Ich werde dies tun, um mir bei Gott Verdienste zu erwerben.« Das disziplinierte Herz sagt: »Ich werde dies tun, weil ich Gott liebe und ihm gefallen möchte.« Es besteht ein unendlich großer Unterschied zwischen der Motivation für Gesetzlichkeit und der für Disziplin! Paulus war sich dessen vollkommen bewusst. Er führte auf seinem ganzen Weg durch Kleinasien einen harten Kampf gegen die Gesetzlichkeit, ohne eine Handbreit nachzugeben. Und uns heute ruft er zu: *»Übe* [disziplinere] *dich aber zur Gottesfurcht«!* Wenn wir Gesetzlichkeit und Disziplin miteinander verwechseln, schaden wir nur unserer eigenen Seele.

Der zweite Grund für dieses Buch ist darin zu finden, dass Männer wesentlich weniger zu geistlicher Disziplin neigen als Frauen. Eine kürzlich durchgeführte Studie einer evangelikalen Kirche in den USA hatte zum Ergebnis, dass 85 Prozent der Abonnenten ihrer führenden Gemeindebroschüre Frauen sind. Die gleiche Statistik bewies, dass dies ebenso auf ein weiteres ihrer Magazine zutraf: 75 Prozent der Leserschaft waren weiblich.[9] Dies wird auch durch die Tatsache bekräftigt, dass die überwältigende Mehrheit der in christlichen Buchläden verkauften Bücher an Frauen ausgehändigt wird.[10] Frauen lesen eben mehr christliche Literatur!

Ebenso trifft zu, dass Frauen sich weitaus mehr um das geistliche Wohl ihrer Ehepartner sorgen als umgekehrt. Das Magazin *Today's Christian Woman (Die christliche Frau heute)* hat herausgestellt, dass Artikel, die die geistliche Entwicklung von Ehemännern zum Thema haben, die höchste Leserschaft auf sich vereinen.[11] Das alles wird durch unnachgiebige Statistiken untermauert. Eine im Juni 1990 durchgeführte Umfrage ermittelte, dass 71 Prozent der befragten Frauen glaubten, die Religion habe eine Antwort auf die heutigen Probleme; dieser Ansicht stimmten hingegen nur 55 Prozent der Männer zu.[12] Eine repräsentative Gemeindestunde wird von 59 Prozent Frauen und 41 Prozent Männern besucht.[13] Des Weiteren liegt das Verhältnis der verheirateten Frauen, die ohne ihren Ehepartner zur Gemeinde gehen, gegenüber den Männern, die allein erscheinen, bei vier zu eins.[14]

Warum? Das um sich greifende amerikanische Credo der Selbstgenügsamkeit und des Individualismus des Mannes trägt hierzu mit Sicherheit bei. Die Tendenz des Mannes, Beziehungssituationen – die vom christlichen Leben geradezu gefordert werden – eher zu umgehen, mag noch begünstigend hinzukommen. Das Argument, dass Frauen von Natur aus mehr auf den nicht-materiellen, spirituellen Bereich angelegt sind, wollen wir nicht anerkennen. Dieser Gedanke wird durch die Beispiele von hingegebenen Christen (Männern und Frauen) in all den Jahrhunderten ebenso deutlich widerlegt wie durch die Tatsache, dass auch heutzutage in einigen unserer Gemeinden geistliche Vorbilder beiderlei Geschlechts zu finden sind. Fakt bleibt jedoch, dass Männer heute weit mehr Hilfe beim Aufbau einer geistlichen Disziplin benötigen als Frauen.

Ihr Männer, das, was ich in diesem Buch sagen werde, kommt direkt von Herzen und entspringt meinem langjährigen Studium des Wortes Gottes – von Mann zu Mann. Während ich diese Zeilen schrieb, habe ich mir meine eigenen erwachsenen Söhne vorgestellt, wie sie mit einem Becher Kaffee in der Hand am Tisch sitzen und ich ihnen versuche, meine Ansichten über die wesentlichen disziplinarischen Aspekte der

Gottesfurcht zu vermitteln. Dieses Buch ist ausgesprochen benutzerfreundlich. Die Gemeinden in der Welt brauchen echte Männer, und wir sind diese Männer!

Ein weltweiter Aufruf

Wir können die Wichtigkeit der Aufforderung zu geistlicher Disziplin nicht genug betonen. Noch einmal zitieren wir Paulus aus 1. Timotheus 4,7-8: *»Übe dich aber zur Gottesfurcht; denn die leibliche Übung ist zu wenigem nütze, die Gottesfurcht aber ist zu allen Dingen nütze, weil sie die Verheißung des Lebens hat, des jetzigen und des zukünftigen.«*

Ob wir Disziplin besitzen oder nicht, macht einen gewaltigen Unterschied *in diesem Leben.* Wir alle sind Glieder voneinander und werden von dem inneren Leben des anderen entweder auferbaut oder niedergedrückt. Einige von uns haben den Einfluss eines sich emporschwingenden Adlers, der auch andere beflügelt, wohingegen manche wie gerupfte Hühner am Leib Christi erscheinen. Wenn Sie verheiratet sind, kann eine vorhandene geistliche Disziplin ihren Kindern und Enkelkindern zu einem geheiligten Leben verhelfen, fehlt sie jedoch, können sich furchtbare Folgen für deren Ewigkeit ergeben. Deshalb beinhaltet geistliche Disziplin eine große Verheißung für das gegenwärtige Leben.

Für das »zukünftige« Leben baut die geistliche Disziplin die dauerhafte Architektur der Seele eines Menschen auf der Grundlage Christi – Gold, Silber und kostbare Steine, die dem Feuer des Gerichts standhalten und zum Zeugnis für Christus in Ewigkeit bestehen werden (vgl. 1Kor 3,10-15).

Für das jetzige Leben mögen einige die Bedeutung geistlicher Disziplin auf ein Minimum reduzieren, aber in Bezug auf die Ewigkeit wagt das niemand! *»Die Gottesfurcht aber ist zu allen Dingen nütze!«* Der disziplinierte Christ gibt und bekommt das Beste beider Welten – der gegenwärtigen und der zukünftigen.

Das Wort *Disziplin* mag bei manchen das Gefühl von lähmenden Einschränkungen hervorrufen und lässt an ein klaustrophobisch beengtes Leben denken. Nichts könnte der Wahrheit jedoch ferner sein! Die zwanghafte, nahezu manische Disziplin von Mike Singletary befreite ihn, auf dem Football-Feld wie ein Wilder zu spielen. Hemingways Besorgnis um die richtige Wortwahl befähigte ihn, der englischen Sprache seinen Stempel aufzudrücken, wie es unvergleichlicher nur Shakespeare gelang. Aufgrund der Billionen von Skizzen der Größen der Renaissance war es Michelangelo möglich, die Fresken in der Sixtinischen Kapelle zu schaffen. Churchills sorgfältige Vorbereitung befähigte ihn, großartige »improvisierte« Reden zu halten und brillante Erwiderungen zu geben. Die disziplinierte Schufterei der musikalischen Größen ließ ihr Genie zur Entfaltung kommen. Und – Brüder in Christus – *die geistliche Disziplin befreit uns von der Anziehungskraft gegenwärtiger Zeitströmungen und erlaubt uns, mit den Heiligen zu neuen Höhen emporzusteigen.*

Besitzen wir die Energie, das anzugehen? Begeben wir uns ins Fitnessstudio [engl. *gym*; Anm. d. dt. Hg.] der göttlichen Disziplin? Werden wir die Dinge preisgeben, die uns zurückhalten? Werden wir uns durch die Kraft des Heiligen Geistes disziplinieren?

Ich lade Sie in den folgenden Kapiteln in Gottes Fitnessstudio ein – zu heiligender Schwerstarbeit, zu Schmerzen und zu großem Gewinn.

Gott sucht nach guten Männern!

Denkanstöße

- Was ist geistliche Disziplin, und weshalb ist sie so wichtig? Wie sind wir von Natur aus (vgl. Röm 3,9-18)? Was kann ein Mangel an geistlicher Disziplin in unserem Leben anrichten?
- Denken Sie über 1. Timotheus 4,7-8 nach (»*Übe dich aber zur Gottesfurcht*«)! Was ist die wörtliche Bedeutung des Wortes »übe« in diesem Zusammenhang? Welche Bedeutung sollte dies für Ihr tägliches Handeln haben – Schritt für Schritt?
- Was sagt Hebräer 12,1 darüber aus? Welche Dinge halten Sie von einem konsequenteren Leben mit Gott ab? Warum geben Sie sie nicht auf?
- Kostet geistliche Disziplin etwas? Studieren Sie 1. Korinther 9,25-27! Was würde Sie noch mehr Disziplin kosten? Sind Sie bereit, den Preis dafür zu zahlen? Warum oder warum nicht?
- »Ohne Männlichkeit keine Reife! Ohne Disziplin keine Jüngerschaft! Ohne Schweiß keine Heiligkeit!« Ist diese Aussage zutreffend oder nicht? Wie denken Sie über diese Herausforderung?
- Worin unterscheiden sich geistliche Disziplin und Gesetzlichkeit? Wozu neigen Sie eher? Benötigen Sie eine Veränderung? Was können Sie tun, wenn das der Fall ist?

Anwendung / Konsequenz

Welchen Punkt hat Gott bei Ihnen in diesem Kapitel am konkretesten angesprochen? Sprechen Sie jetzt gleich mit ihm darüber!

Zum Nachdenken

Können wir wirklich disziplinierte Männer Gottes werden – ein geistlicher Mike Singletary oder Winston Churchill –, oder läuft es doch auf eine Niederlage hinaus? Beantworten Sie diese Frage mit Ihren eigenen Worten, ohne fromme Floskeln zu verwenden.

Beziehungen

2
Sexuelle Reinheit

Man muss nur für einige Minuten den Fernseher anmachen, um die Fülle an lustbetonten Angeboten in unserer Zeit wahrzunehmen. Das meiste ist recht primitiv. Ein aus Langeweile geborenes Durchzappen der TV-Kanäle am Abend zeigt unweigerlich wenigstens eine Bettszene und viel Lustbetontes in aufreizender Monotonie. Anzügliche Szenen werden jedoch zunehmend raffinierter, besonders in der Werbung. Die Kamera zeigt eine schwarz-weiße Nahaufnahme eines intensiv sinnlich blickenden männlichen Gesichts, über dem eine bernsteinfarbene Flamme zuckt, die sich anschließend in eine leuchtende Flasche von Calvin Kleins Obsession verwandelt, während das Gesicht vor Verlangen glüht. Neuere Werbespots zeigen subtile Bilder wie auf einer Kinoleinwand mit der Prosa von D. H. Lawrence – »... ihn kennenlernen und mit ihm nach Hause gehen ...« – und Flauberts Madame Bovary, während sie sich im Schlafzimmer ihres verbotenen Liebhabers aufhält.[15] Der feuchte Dunst der Sinnlichkeit durchdringt mittlerweile alles in unserer Welt!

Doch trotz all dieser Dinge wollen viele lustbesessene Menschen mehr. Professor A. J. Richard von der juristischen Fakultät an der Universität von New York, der einen freien Zugang zu Pornografie befürwortet, vertritt den Standpunkt, dass »Pornografie als ein einzigartiges Mittel zur Ausübung von Sexualität angesehen werden kann, eine *›Pornotopia‹* – eine Aussicht auf sinnliche Freuden in der erotischen Verherrlichung des Körpers, ein Begriff von ungezwungener Freiheit ohne Konsequenzen, eine Fantasie zeitlosen und sich permanent wiederholenden Genusses.«[16] *Pornotopia?* Jetzt haben wir ein Wort dafür! Es hört sich an wie eine neue Attraktion in Disneyland. *Autotopia ... Pornotopia ... Phantasialand.* Wir meinen vielleicht, das sei absurd – und das ist es auch –, aber traurigerweise haben Richards Argumente heute ein großes Gewicht. Das verwundert auch nicht angesichts der Tatsache, dass wir in einer Gesellschaft leben, die aus allen Poren nach Sinnlichkeit riecht!

Auch die Gemeinde ist nicht davor verschont geblieben, denn viele Christen sind unter diesem Druck schwach geworden. Unlängst gab das *Leadership Magazine* eine Umfrage unter tausend Pastoren in Auftrag. Die Gemeindeleiter gaben zu verstehen, dass 12 Prozent von ihnen Ehebruch begangen hatten, während sie im aktiven Dienst standen – einer von acht Pastoren! –, und 23 Prozent hatten etwas getan, das sie selbst als sexuellen Fehltritt einstuften.[17] *Christianity Today* befragte tausend Abonnenten ihres Magazins, die nicht Pastoren waren, und stellte fest, dass sich die Zahl nahezu verdoppelte. 23 Prozent der Befragten gaben zu, außerehelichen Geschlechtsverkehr gehabt zu haben, und 45 Prozent ließen erkennen, dass sie etwas getan hatten, das sie als sexuell unangebracht ansahen.[18] Einer von vier christlichen Männern ist in seiner Ehe untreu, und beinahe die Hälfte hatte sich unkorrekt verhalten! Eine erschütternde Statistik! Insbesondere wenn wir daran denken, dass die Leser von *Christianity Today* vorwiegend Gemeindeleiter und -diener sowie Älteste und Sonntagsschullehrer mit Collegeabschluss sind. Wenn das schon für die Gemeindeleitung gilt, muss man fragen, wie viel mehr es auf den durchschnittlichen Gemeindebesucher zutrifft. Das weiß nur Gott!

Dies führt uns zu einer unausweichlichen Schlussfolgerung: Weite Teile der heutigen evangelikalen Gemeinde sind in ihrem Kern »korinthisch«: Sie schmoren im Saft ihrer eigenen Lust. Daher ist es kein Wunder, dass

- die Gemeinde ihr Streben nach Heiligung verloren hat,
- sie bei der Zuchtausübung an ihren Gemeindegliedern so zögerlich verfährt,
- sie von der Welt als bedeutungslos angesehen wird,
- viele Kinder gläubiger Eltern sich vom Glauben abwenden,
- sie vielerorts ihre Kraft verloren hat und der Islam und andere falsche Religionen so viel Zuspruch erfahren.

Sexuelle Lust ist eindeutig als das größte Hindernis zur Gottesfurcht unter Männern auszumachen und richtet in der Gemeinde verheerenden Schaden an. Gottesfurcht und Wollust schließen einander aus – und jene, die sich in der Gewalt des sexuellen Begehrens befinden, können niemals zur Gottesfurcht gelangen, wenn sie ihrem Verlangen nicht entsagen. Wenn wir dem Aufruf in 1. Timotheus 4,7 – *»übe dich aber zur Gottesfurcht«* – folgen wollen, müssen wir Disziplin in unserem Geschlechtsleben praktizieren, um zu sexueller Reinheit zu gelangen. Das ist nur durch geistliche Disziplin möglich!

Lektionen eines gefallenen Königs

Wo können wir nach Hilfe suchen? Das lehrreichste Beispiel in Gottes Wort ist die Erfahrung König Davids, wie sie in 2. Samuel 11 berichtet wird.

Leben auf dem Höhepunkt

Zu Beginn der Erzählung hatte David den Höhepunkt seiner brillanten Laufbahn erreicht – so wie kein anderer Mann in der biblischen Geschichte. Von Kindheit an bewies er eine leidenschaftliche Liebe zu Gott; er zeigte eine äußerst geradlinige Lebensführung, wie es ihm die Worte Samuels attestierten, als er zum König gesalbt wurde: *»Denn der Mensch sieht auf das, was vor Augen ist, aber der HERR sieht auf das Herz«* (1Sam 16,7). Gott hatte Gefallen an dem, was er sah – am Herzen Davids!

Wie sich zeigte, besaß David ein mutiges Herz, als er Goliat gegenübertrat, der furchterregenden Rhetorik des Riesen ein paar angsteinflößende Worte entgegensetzte und in den Kampf stürmend Goliat mit einem Stein die Stirn durchbohrte (1Sam 17,45-49).

David war eine typisch sanguinische Persönlichkeit, die vor Freude, Enthusiasmus und unwiderstehlichem Charisma überschäumte. Er war der Poet, der liebliche Psalmist Israels, der Gott so nahe war, dass seine Psalmen die Herzen der Menschen auch heute noch bewegen. Unter seiner Führung war ganz Israel vereint. David sah wohl kaum wie ein Kandidat für moralische Entgleisungen aus. Aber der König war verwundbar, denn in seinem Verhalten taten sich Defizite auf, die ihn ungehindert in die Tragödie steuern ließen.

Desensibilisierung

In 2. Samuel 5, wo wir von Davids Machtübernahme in Jerusalem erfahren, wird nebenbei bemerkt, dass David *»noch Nebenfrauen und Frauen aus Jerusalem nahm, nachdem er von Hebron gekommen war«* (V. 13). Wir müssen wohl zur Kenntnis nehmen, dass es Sünde war, dass David noch zusätzliche Frauen hatte! 5. Mose 17 legt die Maßgabe für hebräische Könige fest und beinhaltet die Anordnung, dass sie sich von drei Dingen enthalten sollten: 1. dem Erwerb von vielen Pferden, 2. dem Besitz von vielen Frauen und 3. dem Anhäufen von Silber und

Gold (vgl. V. 14-17). In Bezug auf Punkt eins und drei handelte David vorschriftsgemäß, aber was Punkt zwei anbelangte, versagte er vollkommen, indem er sich wissentlich einen beträchtlichen Harem aneignete.

Wir müssen verstehen, dass eine fortschreitende Desensibilisierung gegenüber der Sünde und ein konstantes inneres Abweichen von der Heiligkeit im Leben Davids Wurzeln geschlagen hatte. Wir müssen begreifen, dass Davids Ansammlung von Frauen trotzdem eine Sünde war, auch wenn es in seinem Kulturkreis »legalisiert« war und nicht als Ehebruch angesehen wurde. König Davids sinnliche Nachgiebigkeit machte ihn für den heiligen Ruf Gottes in seinem Leben unempfindlich, ebenso für die Gefahr und Konsequenz des Fallens. Kurz gefasst, Davids Inanspruchnahme der von der Gesellschaft erlaubten sexuellen Vergnügungen desensibilisierte ihn für den Ruf Gottes und machte ihn zu einer leichten Beute für die verhängnisvolle Sünde in seinem Leben.

Ihr Männer, es sind die »legalen« sinnlichen Freuden, das kulturell akzeptierte Nachgeben, das uns zerstört. Die größte Schuld an der Desensibilisierung haben die vielen Stunden, in denen wir uns wahllos dem Fernsehprogramm aussetzen. Ein weiteres tödliches Mittel sind Männerwitze – Zweideutigkeiten, derber Humor, Belustigung über schamlose Dinge. Wie Statistiken unwiderlegbar beweisen, haben allgemein verbreitete Sinnesfreuden den christlichen Mann auf heimtückische Weise nachgiebig gemacht. Ein Mann, der der Desensibilisierung durch »legale« Sinnesfreuden erliegt, ist zum Fallen vorbereitet.

Nachlässigkeit

Der zweite Fehler im Verhalten Davids, der ihn für die Sünde empfänglich machte, war sein Nachlassen in Strenge und Disziplin, die Teil seines aktiven Lebens waren. David stand mit ungefähr 50 Jahren in der Mitte seines Lebens, und seine militärischen Aktionen waren so erfolgreich, dass er es nicht nötig hatte, persönlich in den Krieg zu ziehen. Er überließ »die Säuberungsaktion« zu Recht seinem fähigen Heerführer Joab – und lehnte sich anschließend zurück. Das Problem war, dass sich das auch in Nachlässigkeit in Bezug auf sein moralisches Leben bemerkbar machte. Es ist schwer, eine innere Disziplin aufrechtzuerhalten, wenn man sich auf diese Weise zurücklehnt. David war äußerst verwundbar.

David erwartete nicht, dass etwas Ungewöhnliches an diesem verhängnisvollen Frühlingstag geschehen würde. Er stand am Morgen nicht auf und sagte sich: »Was für ein herrlicher Tag! Ich glaube, ich werde heute Ehebruch begehen.« Hoffentlich wurde uns diese Lektion nicht vergeblich erteilt, ihr Männer. Gerade wenn wir uns am sichersten fühlen, kommt die Versuchung; sie kommt dann, wenn wir keine Notwendigkeit sehen, wachsam zu sein, an unserer inneren Integrität zu arbeiten oder uns zur Gottesfurcht zu disziplinieren!

Fixierung

Und es geschah bei der Wiederkehr des Jahres, zur Zeit, wenn die Könige ins Feld ausziehen, da sandte David Joab und seine Knechte mit ihm und ganz Israel aus. Und sie verheerten das Land der Söhne Ammon und belagerten Rabba. David aber blieb in Jerusalem. Und es geschah zur Abendzeit, dass David von seinem Lager aufstand und sich auf dem Dach des Königshauses erging. Da sah er vom Dach aus eine Frau baden. Die Frau aber war von sehr schönem Aussehen. Und David sandte hin und erkundigte sich nach der Frau. Und man sagte: Ist das nicht Batseba, die Tochter Eliams, die Frau Urias, des Hetiters? (2Sam 11,1-3)

Es war ein warmer Tag gewesen, und der Abend brach nun herein. Der König trat auf das Dach seines Hauses, um etwas frische Luft zu schnappen und einen Blick auf die Stadt in der Abenddämmerung zu werfen. Während seine Augen umherschweiften, erblickte er die Gestalt einer ungewöhnlich schönen Frau, die ohne Scham nackt badete. Und wie schön diese Frau war! Die Bibel sagt es deutlich: *»Die Frau aber war von sehr schönem Aussehen«* (V. 2). Sie war jung, stand in der Blüte ihres Lebens, und das gedämpfte Licht des hereinbrechenden Abends ließ sie sogar noch verlockender erscheinen. Der König sah sie an ... und ließ seine Augen nicht mehr von ihr ab. Nach dem ersten Blick hätte David sich abwenden und wieder in sein Gemach gehen sollen – doch das tat er nicht. Sein Blick wurde zu einem sündigen Hinsehen und danach zu einem brennenden lüsternen Verlangen. In diesem Moment wurde David – ein Mann nach dem Herzen Gottes – zu einem schmutzigen, lüsternen alten Mann. Seine Augen fixierten diese Frau voller Lust, sodass er sich ihr nicht mehr entziehen konnte.

Dietrich Bonhoeffer drückte seine Beobachtung über den Moment, in dem die Lust die Kontrolle übernimmt, mit folgenden Worten aus: »In dieser Stunde wird Gott uns ganz unwirklich, er verliert alle Realität. ... Nicht mit Hass gegen Gott erfüllt uns der Satan hier, sondern mit

Gottvergessenheit.«[19] Diese Aussage steckt voller Weisheit! Wenn wir uns unter dem Zugriff der Lust befinden, verblasst die Realität Gottes. Je länger König David voller Lust hinsah, umso weniger wirklich wurde ihm Gott. Nicht nur, dass sein Bewusstsein von Gott schwand; er verlor auch das Bewusstsein dessen, wer er war – von seiner heiligen Berufung, seiner Schwäche und den unumgänglichen Konsequenzen der Sünde. Das ist es, was die Lust hervorbringt! Sie hat es schon Millionen Male getan. Bei lustvoll blickenden Augen verliert man Gott aus dem Blick.

Ihr Männer, die Wahrheit wirft einige ernsthafte Fragen auf: Ist Gott Ihrem Blick entschwunden? Haben Sie ihn einst in leuchtenden Farben gesehen, aber jetzt ist die Erinnerung an ihn verblasst wie ein altes Foto? Fixieren Sie sich auf etwas Verbotenes, das nun Ihr ganzes Blickfeld einnimmt? Ist die realste Sache in Ihrem Leben Ihr Verlangen? Wenn das zutrifft, stecken Sie in ernsthaften Schwierigkeiten! Wie wir noch sehen werden, sind in diesem Fall einige entscheidende Schritte notwendig.

Rationalisierung

Von der unheilbringenden Fixierung seiner Augen begab sich König David auf die nächst tiefere Ebene – die Rationalisierung. Als die Diener seine Absichten erkannten, versuchte jemand, ihn davon abzubringen: *»Ist das nicht Batseba, die Tochter Eliams, die Frau Urias, des Hetiters?«* Aber David wollte sein Vorhaben nicht aufgeben. Stattdessen durchlief er eine extreme Rationalisierung, die der von J. Allan Peterson beschriebenen vielleicht sehr nahe kam. In seinem Buch schreibt er:

> Uria ist ein großer Soldat, aber als Ehemann oder Liebhaber taugt er wahrscheinlich nicht sehr viel. Er ist um Jahre älter als sie und wird für lange Zeit fort sein. Diese Frau muss ein wenig über ihre Einsamkeit hinweggetröstet werden. Das ist eine Möglichkeit, wie ich ihr helfen kann. Niemand wird dabei verletzt. Ich habe keine falschen Absichten in der Angelegenheit. Es ist nicht Lust – die habe ich schon viele Male empfunden. Es ist Liebe. Es ist nicht das Gleiche, als würde ich eine Prostituierte von der Straße nehmen. Gott weiß das. Und zu dem Diener sagte er: »Bringt sie zu mir!«[20]

Der Mensch, der von der Lust beherrscht wird, besitzt grenzenlose Fähigkeiten zur Rationalisierung.

- »Wie kann etwas verkehrt sein, das solche Freude macht?«
- »Es ist Gottes Wille für mein Leben, dass ich glücklich bin – sicherlich wird er mir nicht etwas vorenthalten, das wesentlich zu meinem Glück beiträgt. Und genau das tut es!«
- »Das hier ist eine Frage von Liebe. Ich handle in Liebe, in größter Liebe.«
- »Meine Ehe war niemals Gottes Wille.«
- »Ihr Christen und eure engstirnigen Einstellungen machen mich krank. Du urteilst über mich? – Du bist doch ein größerer Sünder, als ich je sein werde!«

Entartung (Ehebruch, Lügen, Mord)

Davids fortschreitende *Desensibilisierung, Nachgiebigkeit, Fixierung und Rationalisierung* verursachten eine der größten Niederlagen in der Geschichte – und zudem Davids *Entartung. »Da sandte David Boten hin und ließ sie holen. Und sie kam zu ihm, und er lag bei ihr. Sie hatte sich aber gerade gereinigt von ihrer Unreinheit. Und sie kehrte in ihr Haus zurück. Und die Frau wurde schwanger. Und sie sandte hin und berichtete es David und sagte: Ich bin schwanger«* (2Sam 11,4-5). David war sich nicht bewusst, dass er sich über den Rand des Abgrunds hinaus begeben hatte und gefallen war. Doch die Realität sollte ihn schon bald einholen, der Aufprall auf dem Boden der Tatsachen war unvermeidlich.

Wir alle sind mit dem verabscheuungswürdigen Verhalten Davids vertraut: Wie er zu einem berechnenden Lügner wurde und den Tod Urias arrangierte, um seine Sünde mit Batseba zu verbergen. Es genügt wohl, wenn ich sage, dass der betrunkene Uria in dieser Phase im Leben Davids ein besserer Mann war als der König im nüchternen Zustand (vgl. V.13)!

Ein Jahr später sollte David aufgrund der vernichtenden Anschuldigung des Propheten Nathan Buße tun. Aber die schrecklichen Konsequenzen konnten nicht ungeschehen gemacht werden. Wie bereits häufig herausgestellt wurde:

- Durch die Übertretung des *zehnten* Gebots (das Begehren der Frau seines Nächsten) wurde David zum Ehebruch gebracht, wodurch das siebte Gebot übertreten wurde.
- Um seinem Nächsten die Frau wegzunehmen (womit das *achte* Gebot gebrochen wurde), beging er einen Mord und brach damit das sechste Gebot.

- Den Bruch mit dem *neunten* Gebot vollzog er, indem er falsches Zeugnis gegen seinen Nächsten ablegte.
- Dies alles verunehrte seine Eltern, wodurch auch das *fünfte* Gebot gebrochen wurde.

Auf diese Weise brach er alle Gebote, die sich darauf beziehen, seinen Nächsten wie sich selbst zu lieben (die Gebote 5 bis 10). Dadurch verunehrte David außerdem Gott und brach damit auch die ersten vier Gebote.[21]

Von da an ging es mit Davids Herrschaft bergab, trotz seiner lobenswerten Buße:

- Sein Kind starb.
- Seine schöne Tochter Tamar wurde von ihrem Halbbruder Amnon vergewaltigt.
- Amnon wurde von Tamars Bruder Absalom getötet.
- Absalom hasste seinen Vater wegen seiner moralischen Verdorbenheit so sehr, dass er mithilfe von Batsebas Großvater Ahitofel einen Aufstand gegen den König anführte.
- Davids Führung stand nicht mehr unter Gottes uneingeschränkter Gunst. Sein Thron gewann seine frühere Stabilität nie mehr zurück.

Ihr Männer, wir müssen begreifen, dass David Batseba nicht mehr als einen flüchtigen Blick zugeworfen hätte, wenn ihm die vernichtenden Folgen seines Handelns bewusst gewesen wären. Ich glaube von ganzem Herzen, dass nur sehr wenige Menschen – wenn überhaupt welche – von Gottes Wort abweichen würden, wenn sie die sich daraus ergebenden Folgen sehen könnten.

Der Bericht des tragischen Falls von König David ist uns von Gott gegeben worden und sollte von der Gemeinde in dieser »korinthischen Zeit« ernst genommen werden als eine Warnung vor den menschlichen Faktoren, die zu einer moralischen Niederlage führen:

- die *Desensibilisierung,* die durch die in unserer Gesellschaft übliche Anreizung zur Lust begünstigt wird.
- das tödliche Syndrom, das durch eine stetig *nachlassende moralische Disziplin* entsteht.
- die blindmachende Wirkung von lustvollen Blicken.
- die *Rationalisierung,* zu der Menschen neigen, die sich in der Gewalt der Lust befinden.

Im Fall Davids beinhaltete das *Ehebruch, Lüge, Mord, familiäre Entartung* und *nationalen Niedergang.* Die pathologische Entwicklung ist klar zu erkennen, ebenso wie die verheerenden Auswirkungen der sexuellen Lust. Beides beabsichtigt nicht nur, uns zu belehren, sondern will uns auch abschrecken – damit wir der sexuellen Begierde keinen Raum in uns geben!

Der Wille Gottes: sexuelle Reinheit

Menschen, die mit dem christlichen Mäntelchen umhüllt sind, akzeptieren manchmal meine Ansichten hinsichtlich sexueller Reinheit nicht. Sie halten solche Lehren für moralistisch und fromm. Moralistisch sind sie nicht; fromm wunderbarerweise schon, denn sie sind äußerst biblisch. Wenn ich diesen Menschen antworte, lege ich ihnen die deutlichste Aufforderung zu sexueller Reinheit vor, die ich kenne – 1. Thessalonicher 4,3-8:

> *Denn dies ist Gottes Wille: eure Heiligung, dass ihr euch von der Unzucht fernhaltet, dass jeder von euch sich sein eigenes Gefäß in Heiligung und Ehrbarkeit zu gewinnen weiß, nicht in Leidenschaft der Begierde wie die Nationen, die Gott nicht kennen; dass er sich keine Übergriffe erlaubt noch seinen Bruder in der Sache übervorteilt, weil der Herr Rächer ist über dies alles, wie wir euch auch vorher schon gesagt und eindringlich bezeugt haben. Denn Gott hat uns nicht zur Unreinheit berufen, sondern in Heiligung. Deshalb nun, wer dies verwirft, verwirft nicht einen Menschen, sondern Gott, der auch seinen Heiligen Geist in euch gibt.*

Sollte diese Bibelstelle hinsichtlich der biblischen Ethik nicht überzeugend genug sein, müssen wir uns klarmachen, dass sie auf 3. Mose 19,2 basiert, wo Gott sagt: *»Ihr sollt heilig sein; denn ich, der HERR, euer Gott, bin heilig.«* Dieser Befehl wurde im Zusammenhang mit Warnungen vor sexuell-abweichendem Verhalten gegeben. Zudem möchte ich herausstellen, dass wir in 1. Thessalonicher aufgefordert werden, uns vor sexueller Unmoral zu hüten, und dass dreimal von uns verlangt wird, »heilig« zu sein. Dies zurückzuweisen, bedeutet, gegen den Heiligen Geist zu sündigen – gegen die lebendige Gegenwart Gottes –, wie die Stelle aus dem Thessalonicherbrief deutlich macht.

Der Neutestamentler Leon Morris schreibt dazu:

> Der Mensch, der mit unreinen Handlungen fortfährt, verstößt nicht nur gegen einen menschlichen Kodex oder sündigt gegen Gott, der ihm irgendwann einmal den Heiligen Geist gegeben hat; er sündigt auch gegen den Heiligen Geist und gegen Gott, der in diesem Moment gegenwärtig ist. Die unreine Handlung ist eine Tat entgegen der guten Gabe Gottes in dem Augenblick, in dem sie angeboten wird. ... Diese Sünde ist nur richtig beurteilt, wenn man sie als eine Entscheidung gegen den Heiligen Geist betrachtet.[22]

Deshalb bedeutet es für einen bekennenden Christen, der die Lehre über die sexuelle Reinheit ablehnt, dass er Gott zurückweist – das könnte auf ein falsches Glaubensbekenntnis hindeuten!

Disziplin zu sexueller Reinheit

Ihr Männer, wenn wir Christen sind, ist es ein Befehl, in Reinheit zu leben – gottesfürchtig zu leben inmitten unserer korinthisch-pornotopischen Gesellschaft. Wir müssen oberhalb des Niveaus dieser erschreckenden Statistiken leben, oder die Gemeinde wird zunehmend bedeutungs- und kraftlos und unsere Kinder werden sie verlassen. Die Gemeinde wird ohne ein Leben in sexueller Reinheit kraftlos sein.

Das erfordert, dass wir Paulus' gebieterische Anweisung ausleben: »*Übe dich aber zur Gottesfurcht.*« Das bedeutet geistliche Schwerstarbeit!

Verantwortlichkeit

Ein wichtiger Bereich, um mit unserem Training zu beginnen, ist, uns zur Verantwortlichkeit zu disziplinieren. Man kann mit jemandem beginnen, dem man über sein eigenes moralisches Leben regelmäßig Rechenschaft ablegt und der schonungslose Fragen stellt. Wenn Sie verheiratet sind, wäre Ihr Ehepartner ideal; ich empfehle aber ebenso einen anderen Mann, jemanden, der Ihnen hinsichtlich sexueller Dinge keinen Pardon gewährt. Sie brauchen einen Menschen gleichen Geschlechts, der Ihre diesbezüglichen Bedürfnisse und Probleme in- und auswendig kennt. Jemanden, zu dem Sie absolut ehrlich sein können, dem Sie Versuchungen und sexuelle Anreize ohne Schwierigkeiten eingestehen. Sie benötigen jemanden, der Ihnen hilft, das Ziel zu erreichen, und der Sie in der Treue zu Gott festigt. Ein gegenseitiges

Heranziehen zur Verantwortlichkeit ist das Ideal. In diesem Zusammenhang denke ich an einen bestimmten Geschäftsmann, der regelmäßig per Telefon gegenüber anderen Geschäftsleuten aus seiner Branche Rechenschaft über sich ablegt und gelegentlich seine Geschäftsreisen in andere Städte so koordiniert, dass er sie dort zur gleichen Zeit antrifft.

Gebet

Hand in Hand damit geht ein diszipliniertes Gebetsleben (mehr dazu im 8. Kapitel). Beten Sie täglich – insbesondere für Ihre eigene Reinheit. Es erstaunt mich, dass so wenige Männer, denen das Leben als Christ ein Anliegen ist, dafür beten. Bitten Sie Ihren Ehepartner und Ihre Freunde, für Sie zu beten, und machen Sie gleichzeitig die sexuelle Reinheit von anderen zu Ihrem Gebetsanliegen. Warten Sie nicht erst, bis Sie gefragt werden! Beten Sie auch für Ihre Freunde – diese benötigen es ebenso wie Sie.

Sich an Bibelverse erinnern

Als Nächstes sollten Sie sich durch das Einprägen von Bibelversen mit dem Wort Gottes ausrüsten. Unser Herr war das Beispiel par excellence, als er die Versuchungen des Teufels mit vier exakten Zitaten aus dem Alten Testament abwies (vgl. Mt 4,1-11). Der Psalmist sagt: *»Wodurch hält ein Jüngling seinen Pfad rein? Indem er sich bewahrt nach deinem Wort. … In meinem Herzen habe ich dein Wort verwahrt, damit ich nicht gegen dich sündige«* (Ps 119,9.11).

Natürlich bezog er sich auf das gesamte Wort Gottes und nicht nur auf die Stellen, die von sexuellen Problemen handeln. Dennoch habe ich miterlebt, wie das disziplinierte Einprägen und Erinnern von 1.Thessalonicher 4,3-8 das Leben eines Mannes veränderte. Weitere hilfreiche Bibelstellen finden sich in Hiob 31,1, Sprüche 6,27, Markus 9,42ff., Epheser 5,3-7 und 2. Timotheus 2,22 – einige davon will ich nun besprechen.

Kontrollierte Gedankenwelt

Die Gedanken zu disziplinieren, ist die größte Herausforderung (was im 6. Kapitel ausführlicher behandelt wird). Die Bibel erwähnt zu diesem Punkt des Öfteren die Kontrolle über die Augen. Ihr Männer, es ist unmöglich, sich eine reine Gedankenwelt zu bewahren, wenn man ein fernsehsüchtiger »Dauerglotzer« ist. In einer Woche werden Sie mehr Morde, Ehebrüche und Perversionen sehen, als unsere Großväter in ihrem ganzen Leben gelesen haben.

An dieser Stelle besteht dringender Handlungsbedarf. Jesus sagt: *»Und wenn dein Auge dir Anstoß zur Sünde gibt, so wirf es weg! Es ist besser für dich, einäugig in das Reich Gottes hineinzugehen, als mit zwei Augen in die Hölle geworfen zu werden«* (Mk 9,47). Niemand, der es zulässt, dass verdorbene Sex-Programme durch das Wohnzimmer flimmern und erotische Magazine im Haus herumliegen und die Gedanken beschäftigen, wird sexueller Begierde entgehen!

Hiob liefert uns weitere Ratschläge: *»Einen Bund habe ich mit meinen Augen geschlossen. Wie hätte ich da auf eine Jungfrau lüstern blicken sollen?«* (Hi 31,1). Wie würde Hiob Ihrer Meinung nach in unserer heutigen Kultur leben? Er verstand die Weisheit von Sprüche 6,27: *»Kann man Feuer wohl tragen in seinem Gewandbausch, ohne dass einem die Kleider verbrennen?«* Ihr Männer, Hiobs Bund verbot einen zweiten Blick. Das bedeutet, alle Frauen mit Würde zu behandeln und sie mit Achtung anzusehen. Wenn ihr Kleid oder ihr Benehmen Sie in den Bann zieht, dann schauen Sie ihr in die Augen und nirgendwo anders hin. Versuchen Sie, sich so schnell wie möglich der Situation zu entziehen!

Die Gedankenwelt umfasst auch unsere Zunge (vgl. Kapitel 11 des Buches), denn Jesus sagte: *»Aus der Fülle des Herzens redet der Mund«* (Mt 12,34). Paulus geht noch weiter ins Detail: *»Unzucht aber und alle Unreinheit oder Habsucht sollen nicht einmal unter euch genannt werden, wie es Heiligen entspricht; auch Unanständigkeit und albernes Geschwätz und Witzelei, die sich nicht gehören, stattdessen aber Danksagung«* (Eph 5,3-4). Wir sollen uns nicht mit sexuell-gefärbten Witzen, vulgären Anspielungen und Anstößigkeiten abgeben. Viele Christen neigen nämlich dazu, um zu beweisen, dass ihnen so etwas nicht fremd ist.

Schutzmaßnahmen[23]

Ihr Männer, wir müssen Schutzmaßnahmen in unserem Leben ergreifen – besonders wenn wir mit Frauen zusammenarbeiten. Vermeiden Sie Vertraulichkeiten mit anderen Frauen außer Ihrer Ehepartnerin. Legen Sie Ihr Innerstes nicht vor einer anderen Frau bloß, und schütten Sie nicht Ihr Herz vor ihr aus. Vertraulichkeit ist ein großes Bedürfnis im Leben der meisten Menschen; das Gespräch über persönliche Dinge – besonders über eigene Probleme – kann diesem

Bedürfnis entsprechen und den Wunsch nach mehr wecken. Viele Affären fangen auf diese Weise an.

Berühren Sie auch nicht andere Frauen. Behandeln Sie Frauen nicht mit der gleichen ungezwungenen Zuneigung, wie Sie es bei weiblichen Mitgliedern Ihrer Familie tun. Wie viele Tragödien haben mit brüder- oder väterlichen Berührungen begonnen und setzten sich mit tröstenden Umarmungen fort. Sie sollten sogar das Risiko eingehen, von einigen Frauen als »distanziert« oder »kalt« angesehen zu werden.

Wann immer Sie mit einer Frau Essen gehen oder sich auf Reisen befinden, lassen Sie sich von einer dritten Person begleiten. Das mag vielleicht etwas seltsam erscheinen, aber es bietet Ihnen die Gelegenheit, Ihre Gründe zu erläutern, die viel häufiger Respekt anstatt Vorwürfe oder Unverständnis hervorrufen. Viele Geschäftspartnerinnen werden sich im Umgang mit Ihnen sogar sicherer fühlen.

Flirten Sie nie – nicht einmal im Spaß. Flirten ist im Wesentlichen Schmeichelei. Sie halten sich möglicherweise für clever, aber oftmals weckt es in Ihrem Gegenüber nur unerfüllbare Wünsche.

Realität

Sie sollten sich Ihrer Sexualität bewusst sein. Erliegen Sie nicht eitlem Geschwätz, das Ihnen einreden will, Sie seien ein vom Geist erfüllter Christ, dem »so etwas nie passieren würde«. Ich erinnere mich noch sehr gut an einen Mann, der entrüstet behauptete, dass er über eine solche Sünde erhaben sei. Er fiel innerhalb von wenigen Monaten. Sehen Sie der Wahrheit ins Auge: König David fiel – das kann auch Ihnen passieren!

Das Bewusstsein der Gegenwart Gottes

Zum Schluss sollten Sie an die Anwesenheit Gottes denken. Das bewahrte Josef, als er durch Potifars Frau versucht wurde. *»Wie sollte ich dieses große Unrecht tun und gegen Gott sündigen?«* (1Mo 39,9). Deshalb floh er. *»Die jugendlichen Begierden aber fliehe, strebe aber nach Gerechtigkeit, Glauben, Liebe, Frieden mit denen, die den Herrn aus reinem Herzen anrufen!«* (2Tim 2,22).

Ihr Männer, der Druck unserer Gesellschaft mit ihren Zwängen und *Pornotopien* lastet schwer auf uns. Die Statistiken verraten uns, dass sich viele Christen diesem Druck schon gebeugt haben. Um nicht ein Teil dieser Statistiken zu werden, müssen wir uns disziplinieren. Sind wir Manns genug? Sind wir Männer Gottes? Ich bete, dass wir es sind!

Denkanstöße

- »Weite Teile der heutigen evangelikalen Gemeinde sind in ihrem Kern ›korinthisch‹. Sie schmoren im Saft ihrer eigenen Lust« (S. 21). Stimmen Sie – in Bezug auf Ihre Gemeinde und hinsichtlich Ihres eigenen Lebens – dieser Aussage zu oder nicht?
- »In dieser Stunde wird Gott uns ganz unwirklich, er verliert alle Realität. ... Nicht mit Hass gegen Gott erfüllt uns der Satan hier, sondern mit Gottvergessenheit« (Dietrich Bonhoeffer). Hat sich das auch in Ihren Kämpfen gegen die Versuchung bewahrheitet? Was ist die effektivste Methode, um moralischen Verfehlungen vorzubeugen?
- Ist 1. Thessalonicher 4,3-8 zu eng gefasst, um für männliche Christen in unserer Zeit als verbindlich betrachtet zu werden? Warum oder warum nicht? Wenn nicht, wie können wir diese Bibelstelle umsetzen, um in unserem Kampf um sexuelle Reinheit den Sieg davonzutragen?
- Was hat *Gottes* Heiligkeit mit unserer Heiligkeit zu tun (vgl. 3Mo 19,2)?
- Wie können wir hoffen, unsere Gedanken und unser Handeln rein zu erhalten, wenn wir uns die vorherrschende Unmoral in unserer Gesellschaft bewusst machen?
- Ist der warnende Hinweis, »Schutzmaßnahmen« in unseren Beziehungen zu Frauen zu ergreifen, in unserem Leben wirklich erforderlich? Ist es nicht eine Zurückweisung von Frauen – oder von uns selbst?

Anwendung / Konsequenz

Welchen Punkt hat Gott bei Ihnen in diesem Kapitel am konkretesten angesprochen? Sprechen Sie jetzt gleich mit ihm darüber!

Zum Nachdenken

Schreiben Sie mindestens zwölf spezielle, praktische Anwendungen hinsichtlich der sexuellen Moral aus Davids Erfahrung in 2. Samuel 11 auf!

3

Ein erfülltes Eheleben

In der Regel habe ich bei christlichen Hochzeiten die beste Aussicht, da ich von dem glücklichen Paar nur etwa einen Meter entfernt stehe. Ihre Haut spiegelt den gelblichen Schein der hinter mir flackernden Kerzen wider. Ich kann alles sehen – ihre feuchten Augen, die zitternden Hände, das verstohlene Zwinkern, die Ernsthaftigkeit ihrer Herzen. Ich höre die Worte, die schon ihre Eltern gesprochen haben: »... in guten wie in schlechten Tagen, in Reichtum und in Armut, in Krankheit und Gesundheit ...« Sie unterwerfen sich den größeren Zusammenhängen des Lebens, der Solidarität der christlichen Gemeinschaft, der Andersartigkeit des Partners, dem Leben selbst.

Während ich die Zeremonie genieße, lasse ich alles um mich herum für einen Moment verschwimmen und stelle mir die Hochzeit Christi vor, wenn er uns zu sich nehmen wird. Anschließend wende ich mich wieder dem vor mir stehenden »lebenden Gleichnis« zu. Wie wird das Paar in all den Jahren miteinander auskommen? Wird sie ihren Ehemann ehren? Wird er seine wunderbare Frau lieben, wie Christus die Gemeinde geliebt und sich für sie hingegeben hat? Wird er sie mit einer aufbauenden, heiligenden Liebe lieben? Wird er sie lieben wie sich selbst? Ich bete, dass dies so sein wird.

So war es im Leben von Robertson McQuilkin (1927–2016), dem ehemaligen Präsidenten des *Columbia Bible Colleges*, und seiner Frau Muriel, die viele Jahre lang an Alzheimer erkrankt war. Im März 1990 verkündete Dr. McQuilkin in einem Brief sein Ausscheiden aus dem Dienst mit den Worten:

> Meiner lieben Frau Muriel mangelt es seit ungefähr acht Jahren an geistiger Gesundheit. Bislang war ich in der Lage, beides zu tragen: ihre stetig wachsenden Bedürfnisse und meine Verpflichtungen in der Leitung des *Columbia Bible Colleges*. Aber seit Kurzem ist deutlich erkennbar, dass Muriel die meiste Zeit zufrieden ist, die ich mit ihr verbringe. Während meiner Abwesenheit jedoch leidet sie nicht nur verstärkt an »Unzufriedenheit«, sondern ist mit Furcht erfüllt – ja, sogar mit panischem Schrecken –, dass sie mich verloren hat. Deshalb

sucht sie mich ständig, nachdem ich das Haus verlassen habe. Sie ist dann häufig sehr ärgerlich, weil sie mich nicht finden kann. Deshalb ist mir klar, dass sie mich die ganze Zeit über benötigt.

Vielleicht trägt es zu Ihrem Verständnis bei, wenn ich Ihnen mitteile, was ich bei der Bekanntgabe meines Rücktritts in der Gemeinde erklärt habe. In gewisser Hinsicht fiel die Entscheidung schon vor 42 Jahren, als ich das Versprechen gab, für Muriel zu sorgen, »in Krankheit und Gesundheit ..., bis dass der Tod uns scheidet«. So erklärte ich meinen Studenten und der Fakultät – als ein Mann, der zu seinem Wort steht –, dass Integrität damit ebenso etwas zu tun hat wie Gerechtigkeit. In all den Jahren hat sie für mich vollkommen und aufopfernd gesorgt; selbst wenn ich in den nächsten 40 Jahren für sie sorgen würde, hätte ich die Schuld noch nicht beglichen. Pflicht kann jedoch trostlos und eintönig sein. Aber ich empfinde mehr – ich liebe Muriel. Sie ist mir eine Freude: ihre kindliche Abhängigkeit und ihr Vertrauen in mich, ihre warmherzige Liebe, das gelegentliche Aufblitzen jener Art von Humor, den ich so schätze, ihr fröhlicher Geist und die zähe Unnachgiebigkeit angesichts ihrer unverändert quälenden Frustration. Ich *muss* nicht für sie sorgen, sondern ich *darf!* Es ist eine große Ehre, für einen so wunderbaren Menschen zu sorgen.

Im darauffolgenden Monat unternahmen Barbara und ich einen kurzen Besuch bei den McQuilkins. Wir waren Zeugen von Dr. McQuilkins zartem und liebevollem Umgang mit seiner geliebten Frau, die wenig von dem Geschehen verstand. Die Erinnerung an unseren Besuch ist von nachklingender Schönheit.

Eine derart schöne, christusgleiche Liebe geschieht nicht einfach so. Sie entsprang dem inneren Entschluss eines jungen Ehemannes, der sich 42 Jahre zuvor festgelegt hatte, unter der Autorität göttlicher Weisung zu leben. Er wollte seine Frau so lieben, wie es Epheser 5 einem gottesfürchtigen Mann verdeutlicht. Es sind Weisungen, die jedem christlichen Mann vertraut und verständlich sein müssen und die er meiner Ansicht nach sogar auswendig kennen sollte. Sie sind die absolute Grundlage für eine Ehe – die Basis für die Mühe, die eine in Heiligkeit geführte Ehe erfordert.

Um die Verantwortung eines gottesfürchtigen Mannes zu untersuchen, müssen wir in unseren Gedanken die große Wahrheit von Epheser 5 verankern. In Vers 31 zitiert Paulus aus 1. Mose 2,24:

»Deswegen wird ein Mensch Vater und Mutter verlassen und seiner Frau anhängen, und die zwei werden ein Fleisch sein« (Eph 5,31). Im nächsten Vers fügt er hinzu: *»Dieses Geheimnis ist groß, ich aber deute es auf Christus und auf die Gemeinde.«* Es gibt eine erstaunliche Einheit in der Ehe! Die Aussage, dass Mann und Frau *»ein Fleisch«* werden, deutet etwas von der seelisch-geistlichen Tiefe der Ehe an – den gegenseitigen Austausch der Seelen.

Im Idealfall werden zwei Menschen in der Ehe so sehr zu einer Person, wie es für zwei verschiedene Menschen überhaupt möglich ist! Verheiratete Christen haben den *gleichen* Herrn, die *gleiche* Familie, die *gleichen* Kinder, die *gleiche* Zukunft und die *gleiche* letztendliche Bestimmung – eine erstaunliche Einheit. In dem Augenblick, als ich meine neugeborenen Kinder sah und in den Armen hielt, vollzog sich eine bemerkenswerte Bindung: Sie sind mein Fleisch. Ich stehe meinen Kindern nahe, bin mit ihnen verwoben. Dennoch sind wir nicht ein Fleisch. Ein Fleisch bin ich nur mit meiner Frau. Meiner Meinung nach ist das der Grund, weshalb sich ältere Ehepaare häufig so ähnlich sehen, obwohl ihr Auftreten höchst unterschiedlich ist – sie sind »ein Fleisch«. Es fand ein gegenseitiger Austausch ihrer Seelen statt, beide Seiten haben sich das Leben des anderen angeeignet.

Das ist wirklich ein Geheimnis, welches die noch tiefere eheliche Verbindung zwischen Christus und der Gemeinde illustriert. Aus diesem Grund wird in der Bibel oftmals eine veranschaulichende Sprache verwendet, wenn zur gleichen Zeit von Christus und Ehemännern, von der Gemeinde und Ehefrauen die Rede ist. Wir müssen das geheimnisvolle Wesen unserer gemeinsamen Verbindung stets vor Augen haben, um die Ausdrucksformen der ehelichen Liebe zu verstehen – die *aufopfernde* Liebe, die *heiligende* Liebe und die *Selbstliebe.*

Aufopfernde Liebe

In Epheser 5 wird uns die Verantwortung vorgestellt, die gleichzeitig ein klarer Aufruf zu radikal-aufopfernder Liebe ist: *»Ihr Männer, liebt eure Frauen!, wie auch der Christus die Gemeinde geliebt und sich selbst für sie hingegeben hat«* (V. 25). Diese Aufforderung zu ehelicher Liebe war für die häuslichen Verpflichtungen (oder das Fehlen derselben) der Männer jener Zeit ein harter Schlag – so wie sie es auch heute noch ist.

Es raubt einem den Atem, wenn man diese Worte ernst nimmt – *»liebt eure Frauen!, wie auch der Christus die Gemeinde geliebt und sich selbst für sie hingegeben hat.«* Wenn man sich dieser Aufforderung in aufrichtiger Weise öffnet, trifft viele christliche Männer der Schlag – weil sie den Kürzeren ziehen!

Tod

Der Grund, weshalb dieser Schlag trifft, liegt in dem Umstand, dass es ein Ruf zu *aufopfernder Liebe* ist, die selbst *den Tod* miteinschließt. Nachdem Mike Mason, Autor des Klassikers *Das Geheimnis der Ehe*, dies erkannt hatte, sprach er unverblümt davon, dass die eheliche Liebe wie der Tod ist – sie verlangt alles von uns. Dem stimme ich zu. Wenn Sie das nicht verstehen, wissen Sie nicht, was eheliche Liebe ist. Sie beansprucht alles. Mason geht noch weiter, indem er eheliche Liebe mit einem Hai vergleicht: »Und wer wurde nicht schon fast zu Tode erschreckt von dem dunklen Schatten der Liebe, wenn er so riesig und behände wie ein interstellarer Haifisch, wie ein schwimmender Berg, durch die tiefsten Wasser unseres Seins gleitet – durch Tiefen, von denen wir niemals wussten?«[24]

Wenn wir die Bedeutung dieser Aufforderung erkannt haben, mag uns diese zunächst erschrecken. Doch es ist auch etwas Wunderbares, denn der Mann, der eine solche Liebe erfasst, wird die Gnade erfahren, dass sein Ich stirbt. Die Ehe ist ein Aufruf zum Sterben – ein Mann, der für seine Frau nicht stirbt, bleibt der Liebe fern, zu der er aufgefordert ist. Christliche Eheversprechen sind der Beginn einer lebenslangen Praxis des Sterbens, *eine Übergabe all dessen, was wir sind, und nicht nur dessen, was wir besitzen.*

Ist das ein unerbittlicher Aufruf zur Hinrichtung? Keineswegs! Es ist nicht schwerer als das Sterben des Ichs in der Nachfolge Christi. In Wirklichkeit erfahren solche Männer die größte Freude und tiefste Liebe, die in Liebe für ihre Frauen sterben – sie führen die erfülltesten Ehen. Christi Ruf an christliche Ehemänner besteht nicht in der Aufforderung, Fußabtreter zu sein, sondern zu sterben. Wie wir sehen werden, kann das den Tod unserer Rechte bedeuten, unserer Zeit, unserer Vergnügungen – diese alle sind befreiende Tode. Das ist eine wahrhaft männliche Angelegenheit, Männersache – denn ein Mann muss stark sein, um zu sterben.

Leiden

Als Christus sich für uns *»selbst ... hingegeben hat«*, starb er nicht nur, sondern er litt auch für uns. Dieses Leiden fand nicht nur am Kreuz statt, sondern es war und ist das Leiden, das die Identifikation mit seiner Braut, der Gemeinde, hervorruft. Deshalb hörte Saulus, der die Gemeinde fanatisch verfolgte, Jesus plötzlich rufen: *»Saul, Saul, was verfolgst du mich?«* (Apg 9,4). Christus leidet mit seiner Braut, ebenso wie Ehemänner mit und für ihre Frauen leiden sollten.

Wenn Sie Ihr Leben fest mit dem eines anderen Menschen verbunden haben, dann hat für Sie eine wilde Fahrt mit gewaltigen Höhen und Tiefen begonnen. Genauso werden Sie, wenn Sie Gott wirklich lieben, Schwierigkeiten durchzustehen haben, die einem Herzen ohne Liebe unbekannt sind– so wie in der Ehe. Sie werden mit Ihrer Frau die Ungerechtigkeiten, Gemeinheiten und Enttäuschungen teilen, die ihr widerfahren. Sie werden ihre Verstimmungen, Unsicherheiten und ihre Verzweiflung mitbekommen. Natürlich werden Sie auch eine Reihe von Freuden kennenlernen, die Menschen, die nicht lieben, nie erfahren. Sie werden durch manch dunkles Tal hindurch müssen, aber auch zu den Sternen hinauffahren!

Fürsprache

Über den Abend, an dem sich Christus für uns hingab, lesen wir in Johannes 17, dass Jesus im Gebet für seine Nachfolger eintrat: für seine Jünger und für alle, die später noch zum Glauben kommen würden. Nachdem er das Gebet für seine zukünftige Braut beendet hatte, ging er ans Kreuz. Darauf folgten sein *Tod*, seine *Auferstehung, Himmelfahrt* und seine *Erhebung auf den Thron* zur Rechten des Vaters, wo er beständig Fürsprache für uns hält. Das veranschaulicht uns, dass die Hingabe an unsere Frau die Fürsprache im Gebet beinhaltet. Setzen Sie sich im Gebet etwas mehr für Ihre Frau ein als nur mit einem »Herr, segne die gute, alte Maria in allem, was sie tut«? Wenn nicht, sündigen Sie gegen sie und gegen Gott. Die meisten christlichen Männer, die behaupten, ihre Frauen zu lieben, haben für die geistlichen Bedürfnisse ihrer Frauen nicht mehr übrig als ein hastiges Nicken. Sie sollten jedoch eine Auflistung ihrer Bedürfnisse besitzen und sie aus Liebe zu ihr leidenschaftlich vor Gott bringen, solche, die sie Ihnen mitteilt, und solche, die unausgesprochen bleiben. Beten gehört zu den ehelichen Pflichten eines christlichen Ehemannes!

Der unbequeme Befehl lautet: »*Ihr Männer, liebt eure Frauen!, wie auch der Christus die Gemeinde geliebt und sich selbst für sie hingegeben hat.*« Männer, wir werden von Gott aufgefordert, für unsere Frauen zu sterben, ihr Leid als unser Leid auf uns zu nehmen und bei Gott *Fürsprache* für sie zu halten.

Heiligende Liebe

Eine Ehe unter der Leitung Christi ist eine gegenseitig heiligende Beziehung – sie lässt uns in unserer Heiligung vorwärtskommen. Zum Zeitpunkt unserer Heirat sind die meisten von uns mit einem voll möblierten Haus zu vergleichen – viele Möbel müssen hinausgeworfen werden, um für den anderen Raum zu schaffen. Die Ehe hilft beim Entleeren dieser Räume. Echte eheliche Liebe offenbart Räume, die mit lauter Egoismus angefüllt sind. Sind diese Räume erst einmal gereinigt, tun sich andere Ecken der Ichbezogenheit auf. Unter ihnen befinden sich Selbstbestimmung und Eigensinn – ein andauernder Hausputz ist erforderlich. Mir hat die Ehe sicherlich dabei geholfen. Mir war gar nicht bewusst, wie egoistisch ich vor meiner Heirat war! George Gilder behauptet sogar in seinem viel diskutierten Buch *Men and Marriage*, dass die Ehe die einzige Institution sei, die die abgrundtiefe Unkultiviertheit des Mannes bändige.[25] Mit den Jahren kann uns eine gute Ehe zum Besseren verändern – sodass wir fast nicht wiederzuerkennen sind. Tatsächlich findet in der Ehe eine gegenseitige Heiligung statt.

Doch die Betonung der Bibel liegt auf der Verantwortung des Ehemannes, seine Frau zu lieben: »*... um sie zu heiligen, sie reinigend durch das Wasserbad im Wort, damit er die Gemeinde sich selbst verherrlicht darstellte, die nicht Flecken oder Runzel oder etwas dergleichen hat, sondern dass sie heilig und tadellos ist*« (Eph 5,26-27). Das ist es, was Christus mit seiner Braut durch die eheliche Verbindung tun wird, denn bei seiner Rückkehr wird ihm die wiedergeborene und gereinigte Gemeinde in absoluter Vollkommenheit übergeben. Dann wird die größte Romanze in der Geschichte der Menschheit besiegelt.

Bis dahin ist diese himmlische Hochzeit ein Vorbild für die aufbauende Wirkung, die ein liebender Ehemann auf seine Frau haben soll. Er soll ein Mann des Wortes Gottes sein, der ein gottesfürchtiges Leben führt, für seine Frau betet und sich für sie aufopfert. Seine eigene geistliche Haltung soll ihr bei der Umgestaltung in das Bild Christi helfen. Der Mann, der seine Frau heiligt, hat verstanden, dass dies seine von Gott zugewiesene Verantwortung ist.

Wenn wir für einen Augenblick die geistliche Verantwortung unserer Ehefrauen, die sie uns gegenüber haben, außer Acht lassen, stellt sich die Frage: Erkennen Sie, dass es in Ihrer Verantwortung liegt, die Heiligung Ihrer Frau anzustreben? Um noch weiter zu gehen – und seien Sie ehrlich: Akzeptieren Sie das? Die Ehe wird etwas von ihrer Frau an den Tag bringen, was Sie schon von sich selbst kennen – nämlich dass sie eine Sünderin ist. Die Ehe bringt alles zum Vorschein: ihre Schwächen, ihre schlimmsten Widersprüchlichkeiten, Dinge, die andere niemals sehen werden. *Seine Ehefrau zu lieben bedeutet, sie nicht als Heilige, sondern als Sünderin zu lieben.* »Wenn wir andere Menschen ihrer Heiligkeit wegen lieben, dann lieben wir sie gar nicht«[26], sagt Mason. Sie sehen Ihre Frau, wie Sie sich selbst sehen – und Sie lieben sie wie sich selbst. Sie erkennen ihre beiderseitige Not und vertiefen sich in das Wort Gottes, um es mit Ihrem Herzen zu vernehmen. Durch Gottes Gnade versuchen Sie, es auszuleben, damit Ihre Frau durch Ihr Leben ermutigt wird, um auf diese Weise noch schöner für Christus zu werden.

Das wirft einige Fragen auf: Ist meine Frau seit unserer Heirat Christus noch ähnlicher geworden? Oder ist sie trotz meiner Person Christus ähnlich? Hat ihre Christusähnlichkeit wegen mir abgenommen? Heilige ich sie oder behindere ich sie? Ist sie eine bessere Frau, seitdem sie mich geheiratet hat? Ist sie eine bessere Freundin als zuvor? Eine bessere Mutter?

Ihr Männer, unsere Berufung ist klar: heiligende Liebe.

Selbstliebe

Die griechische Mythologie erzählt von einem jungen Mann, der niemanden liebte, bis zu dem Tag, an dem er entdeckte, wie sein Gesicht sich im Wasser widerspiegelt, und er sich in sein eigenes Spiegelbild verliebte. Er war so sehnsüchtig vor Liebe, dass er sich schließlich verzehrte, starb und zu einer Blume wurde, die seinen Namen trägt – Narziss bzw. Narzisse.[27] Narzisstische Selbstliebe ist jedoch keine gute Sache! Wir werden vom Narzissmus abgestoßen und sollten ihn sorgfältigst zu vermeiden suchen.

Doch erstaunlicherweise werden wir in Epheser 5 zu einer erhabenen Selbstliebe aufgerufen: »*So sind auch die Männer schuldig, ihre Frauen zu lieben wie ihre eigenen Leiber. Wer seine Frau liebt, liebt sich selbst. Denn niemand hat jemals sein eigenes Fleisch gehasst, sondern er nährt und pflegt es, wie auch der Christus die Gemeinde. Denn wir sind Glieder seines Leibes*« (Eph 5,28-30). Das Sich-selbst-Lieben, indem wir unsere Frauen lieben, basiert auf der Einheit des Ein-Fleisch-Seins, über die wir bereits gesprochen haben – dem tiefen Seelenaustausch in der Ehe, der sogar so weit führen kann, dass man sich gegenseitig ähnlich sieht. Diese Liebe pries Shakespeares Lorenzo, als er sagte, dass Jessica »mir in beständigem Gemüt verwahrt«[28] sein soll. Unsere eheliche Liebe ist unser treues Herz!

Unsere Frauen wie unsere eigenen Leiber zu lieben, ist eine großartige Sache. Es bedeutet, ihr die gleiche Wichtigkeit, den gleichen Wert zuzuschreiben, »das gleiche existenzielle Gewicht zuzugestehen, das wir für uns selbst in Anspruch nehmen.«[29] Sie wird für uns so real, wie wir selbst es für uns sind. Sie ist ich.

Wie können wir unsere Frauen wie unsere eigenen Leiber lieben? Wie können wir uns um sie sorgen, wie wir es bei uns selbst tun? Die Antwort erstreckt sich auf drei Bereiche.

Körperliche Liebe

Der erste ist der *physische* Bereich. Dr. Robert Seizer spricht in seinem Buch über seine Arbeit als Arzt von der operativen Entfernung eines Tumors und der gleichzeitigen Notwendigkeit, dabei einen Gesichtsnerv zu durchtrennen. Das bedeutete, dass der Mund einer jungen Frau zukünftig durch eine dauerhafte Lähmung verzerrt sein würde. Dr. Seizer erzählt:

> Ihr junger Ehemann befindet sich im Raum. Er steht auf der gegenüberliegenden Seite des Bettes, und zusammen scheint es ihnen im abendlichen Lampenlicht gut zu gehen, ganz privat und zurückgezogen. Wer sind sie, frage ich mich, er und dieser schiefe Mund, den ich gemacht habe, dass sie sich gegenseitig so freizügig, sehnsüchtig anblicken und berühren? Die junge Frau fragt: »Wird mein Mund für immer so bleiben?« – »Ja«, bestätige ich, »er wird es, weil der Nerv durchtrennt ist.« Sie nickt stumm. Doch der junge Mann lächelt. »Ich mag das«, sagt er. »Es ist irgendwie süß.« … Selbstvergessen beugt

> er sich nieder, um ihren schiefen Mund zu küssen. Ich bin ihnen so nahe, dass ich sehen kann, wie er seine Lippen verdreht, um sich ihren Lippen anzupassen und ihr zu zeigen, dass sie sich noch küssen können.[30]

Das ist die Art und Weise, in der wir lieben müssen. Ihr Körper ist mein Körper, ihr Trost ist mein Trost, ihre Zierde ist meine Zierde, ihr Anliegen ist mein Anliegen.

Emotionale Liebe

Der zweite Bereich, in dem wir unsere Frauen wie unsere eigenen Leiber lieben können, ist der *emotionale.* So viele Männer machen die emotionalen Unterschiede zwischen Männer und Frauen zu einem Gegenstand herabwürdigenden Humors. Sie würdigen die weibliche Veranlagung herab, gerade so, als wäre ihr die männliche Gelassenheit überlegen. Sie erkennen die Unterschiede, machen den Frauen aber keine Zugeständnisse und versuchen auch nicht, sie zu verstehen. Kein Mann kann so etwas tun und gleichzeitig behaupten, Gott gehorsam zu sein! Es ist eine oberflächliche Männlichkeit, die sich einbildet, es sei ein weiblicher Wesenszug, anderen Menschen Verständnis entgegenzubringen. Wenn sich ein Mann darüber im Klaren ist, dass Gott Mann und Frau sich ergänzende Wesensarten gegeben hat, dann ist das ein Kennzeichen vollständig entwickelter wahrer männlicher Reife.

Soziale Liebe

Als Drittes gibt es natürlich noch den *sozialen* Bereich. Erma Bombeck deutet humorvoll an, dass einige »hochgeistliche Herren« meinen, ihre Frauen würden den ganzen Tag damit verbringen, ihren Kindern Spielzeug in den Sandkasten zu tragen oder alte Socken auszusortieren.

Natürlich haben Frauen eine Vielzahl von sozialen Kontakten: zu Hause, im Büro, in der Schule. Aber ich erinnere mich an eine sehr gewinnbringende Situation, als meine Frau für eine Woche ihre Schwester in Connecticut besuchte und mir die Verantwortung für unsere vier kleinen Kinder überließ. Ich bereitete die Mahlzeiten, wechselte Abertausende von Windeln, verband offene Wunden, schlichtete Streitereien, badete die Kinder und schaffte eine Katastrophe nach der anderen aus der Welt. Ich hatte zu tun, *bevor* ich aufstand und *nachdem* ich zu Bett gegangen war. Diese Erfahrung war so eindrücklich, dass ich in Gedanken eine neue Küche erfand – nach dem Vorbild einer Autowaschanlage: Der Boden neigt sich in der Mitte des Raumes zu einem großen Abflussrohr. Ein Schlauch hängt an der Wand, dessen Druckstrahl darauf wartet, nach den Mahlzeiten alles hinunterzuspülen. Es war eine Situation, auf deren Wiederholung ich durchaus verzichten konnte, aber wie meine Frau sagte: »Es war *gut* für dich!«

Ihr Männer, wir werden zu einer von Gott angeordneten Selbstliebe aufgefordert: unsere Frauen zu lieben wie unsere eigenen Leiber, für sie zu sorgen wie Christus für seine Gemeinde. Unsere Frauen wie uns selbst zu lieben, erstreckt sich auf drei Bereiche: den physischen, den emotionalen und den sozialen. Wir haben unseren Frauen die gleiche Energie, Zeit und Kreativität zu widmen wie uns selbst. Wir sollen unsere treuen Seelen liebevoll umsorgen. Eine Frau, die so geliebt wird, ist zu beneiden. Darüber hinaus ist der Mann, der so liebt, zu beneiden – denn er ist Christus ähnlich.

Ihr Männer, vor welch eine Herausforderung stellt uns Epheser 5! *Aufopfernde* Liebe (Liebe, die wie der Tod ist!), *heiligende* Liebe (Liebe, die auferbaut) und *Selbstliebe* (seine Frau genauso zu lieben wie seinen eigenen Leib). Wenn das nach etwas verlangt, dann nach geistlicher Schwerstarbeit. Wie Walter Trobisch sagte: »Die Ehe ist keine Errungenschaft, die abgeschlossen ist. Sie ist ein dynamischer Prozess zwischen zwei Menschen, eine Beziehung, die sich beständig verändert, die wächst oder stirbt.«[31]

Ihr Männer – der Aufruf, unsere Frauen zu lieben, wie Christus die Gemeinde liebt, erfordert bestimmte Eigenschaften.

Verpflichtung

Wir müssen mit der Tugend der Verpflichtung anfangen. Mit den Jahren habe ich meine Anforderungen an Paare, die von mir getraut werden möchten, angehoben. Ich erzähle ihnen, dass Heiratsversprechen eine willentliche Verpflichtung zur Liebe sind – egal, welche Gefühle man hat. Ich erkläre ihnen, dass es eine unsinnige Annahme ist, sein Versprechen brechen zu können, weil man für den anderen keine Liebe mehr »empfindet«. Ich stelle heraus, dass die Schrift uns auffordert: *»Zieht die Liebe an!«* (Kol 3,14). Trotz der irrigen Meinung, eine solche Liebe wäre scheinheilig, ist es doch niemals Heuchelei, wenn man sich mit der christlichen Gnade bekleidet. Ich sage ihnen, dass ich ihre Trauung nicht durchführen werde, falls sie nur annähernd den Gedanken hätten, aus der Ehe wieder herauszukommen, sobald der Partner nicht all ihren Erwartungen entspräche. Die Wahrheit ist, dass Ehen auseinderbrechen, die auf dem Gefühl des »Verliebtseins« basieren. Die Ehe jener Paare wird Bestand haben, die sich an die Versprechen bei ihrer Trauung erinnern. Es gibt keinen Ersatz für den Bund der Ehe und die damit einhergehende *Verpflichtung.*

Treue

Wenn ein Mann sich verpflichtet, seine Frau zu lieben, *»wie auch der Christus die Gemeinde geliebt und sich selbst für sie hingegeben hat«* (Eph 5,25), wird er ihr niemals untreu werden. Eine Sache, mit der die Gemeinde rechnen kann, ist die Treue ihres Bräutigams. Darauf kann sich auch eine Frau verlassen, deren Ehemann wie Christus liebt. In seinem Vortrag »Der Ehering oder das Geheimnis und die Pflichten der Ehe« sprach Jeremy Taylor, der große Prediger des 17. Jahrhunderts, die Verantwortung zur Treue an:

> Vor allem ... lass ihn[, den Bräutigam,] ihr gegenüber eine heilige Treue aufrechterhalten und eine unbefleckte Reinheit. Das drückt nämlich der Ehering aus. Er verbindet zwei Herzen durch ein ewiges Band; er kommt dem flammenden Schwert des Cherubim gleich, das den Eingang zum Paradies bewacht. ... Reinheit ist der Liebe Sicherheit; sie bewahrt all die Geheimnisse der Ehe – wie auch die eines Heiligtums. Unter diesem Riegel befinden sich die Geborgenheit der Familie, gegenseitige Zuneigung, die Heilung von unbeabsichtigten Kränkungen.[32]

Männer, unsere Frauen müssen die Möglichkeit haben, in unserer Treue zu ruhen. Unsere Augen ... unsere Worte ... unser Zeitplan ... unsere Leidenschaft ... alles bei uns muss diese Sprache sprechen: »Ich bin und werde dir immer treu sein.«

Kommunikation

Als Nächstes folgt die Tugend der Kommunikation. Einmal wurde den Leserinnen eines populären Frauenmagazins die Frage gestellt: »Wenn Sie Ihren Mann ändern könnten, welche Veränderungen würden Sie dann an ihm vornehmen?«[33] Eine überwältigende Übereinstimmung bestand in dem Wunsch, ihn gesprächsbereiter zu machen. Sie deuteten allerdings auch an, dass sie an ihren Ehemännern noch lieber die Fähigkeit zum Zuhören entdecken würden. Eugene Peterson bemerkt:

> Der typische Ehemann vergräbt sich während des Frühstücks in seiner Morgenzeitung und zieht es vor, den Bericht der Nachrichtenagentur über den neuesten Regierungsskandal in Europa zu lesen, die Ergebnisse des gestrigen Leichtathletik-Wettbewerbs und die Meinung einiger Kolumnisten zu erfahren, denen er nie begegnen wird, anstatt der Stimme eines Menschen zuzuhören, mit dem er gerade noch das Bett teilte, der ihm den Kaffee einschenkte und ihm Spiegeleier zubereitete. Und das, obwohl er durch das Zuhören dieser lebendigen Stimme, die ihm Liebe und Hoffnung verheißt, mehr emotionale Tiefe, intellektuellen Austausch und Informationen bekommen könnte, die ihm die *New York Times*, das *Wall Street Journal* und der *Christian Science Monitor* zusammen nicht liefern können.[34]

Ihr Männer, das Bedürfnis unserer Frauen nach Kommunikation verlangt von uns, dass wir uns regelmäßig Zeit zum Gespräch nehmen. Es geht darum, dass wir wirklich miteinander sprechen, nicht nur Fakten austauschen, sondern auch Gefühle. Sie müssen lernen, in Metaphern und Gleichnissen zu reden, in Sätzen, die beispielsweise mit Worten anfangen wie: »Mir ist jetzt nach ...« Und es bedeutet, dass Sie zuhören müssen. Ein amerikanisches Wirtschaftsblatt empfiehlt einem leitenden Angestellten, 65 Prozent seiner Zeit mit Zuhören zu füllen.[35] Wie viel mehr sollte das der kluge Ehemann beherzigen!

Auferbauung

Als Nächstes empfehle ich wärmstens die Tugend der Auferbauung. Winston Churchill besuchte einst ein feierliches Bankett in London, in dessen Verlauf man den Würdenträgern die Frage stellte: »Wer würden Sie gern sein, wenn Sie nicht die Person sein könnten, die Sie sind?« Natürlich waren alle Anwesenden auf Churchills Antwort gespannt, der während der Feier neben seiner geliebten Clemmie saß. Schließlich war nicht zu erwarten, dass Churchill Julius Caesar oder Napoleon nennen würde. Als schließlich die Reihe an Churchill kam, stand der alte Mann auf und antwortete. »Wenn ich nicht der sein könnte, der ich bin, würde ich am liebsten« – an dieser Stelle unterbrach er sich und ergriff die Hand seiner Frau – »der zweite Ehemann von Lady Churchill sein.«[36] An diesem Abend hatte »der Alte« durch seine Worte sicherlich einige Punkte gesammelt. Aber seine Worte stehen auch stellvertretend für jeden, der eine gute Ehe führt.

Die Verpflichtung, seine Ehefrau aufzubauen, ist von größter Bedeutung. Wenn Sie meinen, dass das, was Ihre Frau tut, weniger wichtig sei als Ihr Handeln, dann liegen Sie vollkommen falsch und befinden sich in großen Schwierigkeiten. Komplimente bezüglich ihrer Liebenswürdigkeit und ihrer täglichen Verrichtungen sollten selbstverständlich sein, ebenso wie der Erweis von Respekt durch allgemeine Liebenswürdigkeiten.

Achtung

In Verbindung damit muss Wert auf das Erweisen von Ehrerbietung gelegt werden. Viele Männer verzichten um ihrer Frauen willen niemals auf ihre Vergnügungen. Für einige Männer ist Golf gleichbedeutend mit Dantes *Paradiso*, aber der Eingang eines Kaufhauses entspricht für sie eher den Pforten von Dantes Hölle mit der Aufschrift: »Lasst, die ihr eingeht, jede Hoffnung fahren.«[37] Doch wenn Sie Ihre Frau lieben, muss es Zeiten geben, in denen Sie dem herrlichen Grün entsagen, weil Sie ihre Interessen schätzen und sie einfach lieben.

Zeit und Romantik

Zum Schluss muss ich noch die Bereiche Zeit und Romantik erwähnen. Vor Jahren lagen im mittleren Westen der USA während eines Sturmes ein Farmer und seine Frau im Bett, als plötzlich ein Tornado das Dach abhob und sie samt ihrem Bett wegsaugte. Die Frau begann zu schreien, und ihr Mann rief ihr zu, dass jetzt keine Zeit zum Schreien wäre. Sie rief zurück, dass sie so glücklich sei, sie könne einfach nichts dagegen machen– es war das erste Mal in 20 Jahren, dass sie zusammen ausgingen!

Im Jahr 1986 startete *Psychology Today* eine Umfrage unter 300 Ehepaaren, was sie zusammenhalten würde. Einer der Hauptfaktoren für ihr Zusammenbleiben war die Zeit, die sie miteinander verbracht hatten.[38] Stellen Sie sicher, dass Sie diese Priorität setzen! Ihr Terminkalender offenbart, was Ihnen wichtig ist – deshalb schreiben Sie die Termine Ihrer Frau auch in Ihren Kalender. Setzen Sie wöchentlich gemeinsame Zeiten fest, damit ein Beisammensein nicht einfach so »geschieht«. Seien Sie kreativ! Verabreden Sie sich zu einem Rendezvous! Überraschen Sie Ihre Frau! Übertreiben Sie es ruhig einmal!

Wann haben Sie ihr das letzte Mal die Tür geöffnet und gesagt: »Ich liebe dich!«? Wann haben Sie ihr zuletzt ein Kompliment gemacht, ihr einen Liebesbrief geschrieben, ihr Blumen gesandt, sich mit ihr verabredet, ihr besondere Aufmerksamkeit zukommen lassen?

Es ist nicht das Schwinden der Liebe, was mich verletzt,
sondern dass sie sich allmählich aus meinem Leben stahl.
Edna St. Vincent Millay

Viele weitere »Tugenden« könnten angeführt werden. Die meisten sind in den Ausführungen bereits stillschweigend genannt – z. B. Empfindsamkeit, Einfühlungsvermögen, Geduld –, das Entscheidende ist jedoch, daran zu *arbeiten*. Im Feuer einer gerade entflammten Liebe erscheint die Ehe so leicht, dass man Bäume fällen könnte. Aber in Wirklichkeit ist sie so leicht wie das Stehen auf einem Holzscheit. Es erfordert volle Konzentration, das Entwickeln von Geschick und jede Menge Arbeit.

Arbeiten Sie an der zweitwichtigsten Beziehung Ihres Lebens? (Gott steht an erster Stelle.) Haben Sie sich in letzter Zeit dafür eingesetzt? Ohne Anstrengung kein Erfolg, ohne Fleiß kein Preis.

Wir wollen uns gemeinsam vor dem Wort Gottes beugen: »*Seid mannhaft, seid stark! Alles bei euch geschehe in Liebe!*« (1Kor 16,13-14). Disziplinieren Sie sich zur Gottesfurcht!

Denkanstöße

- Stimmen Sie Mike Masons Vergleich zwischen ehelicher Liebe und dem Tod zu? Warum oder warum nicht? Was verlangt die Liebe zu Ihrer Frau von Ihnen? Sind Sie gewillt, den Preis zu bezahlen?
- Empfinden Sie im Allgemeinen, was Ihre Frau fühlt – ihre Freuden und Leiden, ihre Hochgefühle, aber auch ihre Verstimmungen? Was können Sie tun, um sie wissen zu lassen, dass Sie sich mit ihr emotional und geistlich verbinden wollen?
- »Beten gehört zu den ehelichen Pflichten eines christlichen Ehemannes!« Stimmen Sie dieser Aussage zu? Wie häufig beten Sie für Ihre Frau? Und mit ihr? Was können Sie tun, um dies vermehrt zu einer Gewohnheit werden zu lassen?
- Was haben Sie in letzter Zeit getan, um Ihrer Ehefrau zu helfen, näher zu Christus zu kommen? Schreiben Sie wenigstens sechs konkrete Dinge auf, die Sie innerhalb der nächsten zwei Wochen tun werden, um das geistliche Wachstum Ihrer Frau zu fördern!
- Was widerfährt einer Ehe, wenn der Mann sich selbst nicht liebt? Was bedeutet es aus biblischer Sicht, sich selbst zu lieben? Wie wird sich eine solche Haltung in der Praxis äußern?
- Wie lassen sich die Aussagen in Kolosser 3,14 und 1. Korinther 16,13-14 in Ihrer Ehe umsetzen? Nennen Sie Einzelheiten!

Anwendung / Konsequenz

Welchen Punkt hat Gott bei Ihnen in diesem Kapitel am konkretesten angesprochen? Sprechen Sie jetzt gleich mit ihm darüber!

Zum Nachdenken

Lesen Sie Epheser 5,22-23 und machen Sie sich anschließend ein paar Notizen über die geistliche Bedeutung der christlichen Ehe! In welcher Verbindung stehen die Unterordnung der Frau und die Liebe des Ehemannes zueinander? Was lehrt Sie die Beziehung zwischen Christus und seiner Gemeinde über Ihre Ehe?

4
Verantwortungsvolle Vaterschaft

Ich erinnere mich noch genau an die Geburt unseres ersten Kindes am 10. August 1963 – es war eine brennend heiße südkalifornische Nacht. Es war so heiß, dass ich tagsüber meine schwangere Frau zum Meer bei *Huntington Beach* fuhr, um dort Abkühlung zu finden. Ich grub im Sand eine Mulde für sie, und wir legten uns in die Sonne. Die kühle Brise des Mar Pacifica erfrischte uns, und schneller, als wir es merkten, hatten wir beide einen ordentlichen Sonnenbrand.

Am Nachmittag machten wir uns auf den Weg zurück in die Hitze und den Smog von Los Angeles. Während der Fahrt rollten wir dummerweise das Sonnendach unseres VWs auf und wurden noch mehr von der Sonne gebraten. Bald waren wir überall am Körper rot wie Krebse.

Nach dem Abendessen legten wir uns trotz unserer Schmerzen und der unerträglichen Hitze ins Bett, und bei meiner Frau begannen die Wehen – das ist ungefähr alles, was ich über unseren Sonnenbrand noch weiß. Meine Frau war mit ganz anderen Schmerzen beschäftigt, und ich war so aufgeregt, dass ich meine vergaß. In dieser Nacht geschah eines der größten Ereignisse unseres Lebens, weil Gott uns unser erstes Kind schenkte: ein wunderschönes, kleines Mädchen, das wir Holly nannten. Ich kann mich noch an alles erinnern, selbst an die Farben der Krankenhauswände. Es scheint mir, als wäre es erst gestern gewesen.

Ein anderes Ereignis hat sich ähnlich lebendig in meinen Gedanken festgesetzt. Am 23. Juli 1986 – 23 Jahre später – in einem anderen Krankenhaus im entfernten Illinois brachte mein Baby Holly *ihr* erstes Kind zur Welt. Sie gebar einen wunderbaren, kleinen Jungen, Brian Emory, den sein Vater mit dem gleichen Entzücken in den Armen hielt.

Beide Erfahrungen waren zutiefst übernatürlich, denn ich sah Gottes Schöpfung: Blut, Erde, Wasser, Wind und Feuer. Obwohl beide Ereignisse nur jeweils ein kleiner Punkt im Lauf der Zeit waren, fühlte ich eine heilige Verbundenheit von Vergangenheit und Gegenwart. Ebenso spürte ich *Gnade*, den ungehinderten Fluss der Güte Gottes zu mir und meiner Familie.

Heute, als Großvater von 21 Enkelkindern, wird es zunehmend offensichtlicher, dass meine größten Schätze neben dem Leben in Christus die Mitglieder meiner Familie sind. Ich würde wohl auch in das brennende Haus zurückgehen – nachdem ich meine Kinder in Sicherheit gebracht habe –, um die Fotoalben und Geburtstagskarten zu retten.

Eines Tages, wenn alles vergangen ist und ich nicht länger sehen, hören oder sprechen kann – ja, nicht einmal mehr ihre Namen weiß –, werden die Gesichter meiner Lieben in meinem Herzen sein.

In der Mitte meines Lebens fand ich zunehmend Erfüllung bei meiner Familie und bei deren Familien. Alle meine Kinder sind überzeugte Christen und wollen ihr Leben für Christus leben. Ich sage das mit Demut, da Eltern sich oftmals für die Probleme ihrer Kinder verantwortlich fühlen oder andersherum sich die Ehre zuschreiben, wenn sie gut geraten sind. Ich weiß, dass meine Kinder allein durch die Gnade Gottes das sind, was sie sind, und dass unser aller Weg noch weitergeht.

Ich stehe mit meinen Kindern in einer beiderseitig erfüllenden Beziehung. Sie sind von mir unabhängig, wünschen sich aber doch meine Gesellschaft und meinen Rat. Wir haben gegenseitige Achtung voreinander. Sie rufen mich an, und ich rufe sie an, und wir alle freuen uns auf den Urlaub, den wir zusammen verbringen können.

Obgleich ich kein perfekter Vater bin, habe ich Ihnen das alles mitgeteilt, weil ich einiges gelernt habe, was ich weitergeben möchte – von Mann zu Mann, an jene, die am Anfang oder auch mitten in der Vaterrolle stecken.

Die bloße Tatsache der Vaterschaft hat Sie mit ungeheurer Macht ausgestattet, um im Leben Ihrer Söhne und Töchter etwas zu bewirken, denn sie verspüren eine angeborene, gottgegebene Sehnsucht nach Ihnen. Neulich habe ich diesbezüglich eine bemerkenswerte Aussage gefunden:

> Von Zeit zu Zeit habe ich eine Sehnsucht nach meinem Vater empfunden, die geradezu physisch war, etwas Leidenschaftliches, obwohl sie nichts mit Sexualität zu tun hatte – etwas Infantiles, Tiefgehendes. Es verwirrte mich, stürzte mich sogar in Depression. Es ist ein Geheimnis, was genau ich von meinem Vater wollte. Ich habe diese Sehnsucht in anderen Männern gesehen – und bemerke sie jetzt in meinen eigenen Kindern, ihre Sehnsucht nach mir. Ich glaube, es ein- oder zweimal in den Gefühlen meines Vaters gegenüber seinem

> Vater erkannt zu haben. Vielleicht ist es eine Art Telemachus-Trieb, die Überreste des Kindes im Mann, etwas, das sich immer noch nach dem heroischen Schutz des Vaters sehnt. Es ist nicht der Wunsch, in den Mutterleib zurückzukehren, sondern etwas anderes, nämlich vom Vater in der Welt beschützt zu werden. Ein Junge ersehnt sich die Ausstrahlung und Fähigkeiten seines Vaters. Es ist ein tiefes Verlangen, das manchmal etwas traurig anmutet – im Allgemeinen ein ziemlich mannhafter Wesenszug, der aber auch irgendwie unmännlich ist. Was mich überrascht, ist der Umstand, wie ärgerlich ein Mann manchmal wird, wenn er an etwas festhält, das im Wesentlichen eine unerwiderte Leidenschaft darstellt.[39]

Unsere Söhne haben ein natürliches Verlangen nach uns! Vielleicht haben Sie schon Ähnliches erfahren: Sie sind gerade vom Joggen zurückgekehrt, sitzen vor der Tür, schwitzen wie ein Schwein und riechen auch danach, und Ihr Sohn oder ein kleiner Nachbarsjunge setzt sich zu Ihnen, lehnt sich bei Ihnen an und sagt: »Du riechst so gut.« Das ist die Ursehnsucht nach dem Vater. Und die Herzen unserer Töchter neigen sich den unseren von Natur aus mit gleicher Sehnsucht zu.

Es ist eine erschreckende Tatsache, dass wir unsere Kinder entweder annehmen oder mit scheinbar unheilbaren Wunden verdammen können. Unsere Gesellschaft ist mit Millionen von Töchtern übersät, die nach Zuneigung suchen, die ihnen ihre Väter nie zuteilwerden ließen – und einige dieser Töchter stehen bereits am Ende ihres Lebens. Ein weiteres Extrem besteht darin, dass es unzählige Söhne gibt, denen eine gesunde gleichgeschlechtliche Beziehung zu ihren Vätern verweigert wurde und die nun für den Rest ihres Lebens in Perversion und Unmoral ihre sexuelle Identität suchen.[40]

Ihr Männer, als Väter habt ihr eine solche Macht! Ihr werdet diese furchterregende Macht behalten, bis ihr sterben werdet, ob ihr wollt oder nicht – in eurer Haltung gegenüber Autoritäten, in eurer Einstellung gegenüber Frauen, hinsichtlich Gott und der Gemeinde. Was für eine beängstigende Verantwortung! Es ist wirklich die Macht über Leben und Tod.

Aus diesen Gründen leben wir in einer Zeit großer sozialer Krisen. Ganze Teile unserer Gesellschaft sind der männlichen Leiterschaft beraubt. Auf der anderen Seite finden sich starke Männer, die ihre besten Leitungseigenschaften ins Geschäftsleben investieren, aber zu Hause vollständig versagen. Wir sind die Männer! Und wenn Gottes Ziel nicht mit den Söhnen der Gemeinde erreicht wird, wird es überhaupt nicht erreicht.

Ihr Männer, es gibt nur wenige Gebiete, auf denen geistliche Arbeit mehr Dividende abwirft als bei der Vaterschaft. Wenn Sie ein Vater und gewillt sind, daran zu arbeiten, können Sie ein guter Vater werden. Wenn Sie zu schweißtreibenden Anstrengungen bereit sind, werden Sie reichen Segen ernten.

Das Wort Gottes ist dabei eine große Hilfe, da es die Grundlage für ein »Vaterschafts-Training« liefert – ausgedrückt in einem markanten Satz: *»Und ihr Väter, reizt eure Kinder nicht zum Zorn, sondern zieht sie auf in der Zucht und Ermahnung des Herrn!«* (Eph 6,4). Die Grundaussage kann am einfachsten mit den beiden Imperativen »tut nicht« und »tut« zusammengefasst werden. Das »Tut nicht« bezieht sich auf *»Ihr Väter, reizt eure Kinder nicht zum Zorn!«*, während das »Tut« meint: *»Zieht sie auf in der Zucht und Ermahnung des Herrn!«*

Das »Tut nicht« der Vaterschaft

Das »Tut nicht« ist vollkommen klar, denn es bedeutet: *»Reizt eure Kinder nicht zum Zorn,* damit sie nicht anfangen, vor Groll und Ärger zu kochen.« Die *Gute Nachricht Bibel* erfasst den Gedanken sehr gut: *»Ihr Väter, behandelt eure Kinder nicht so, dass sie widerspenstig werden!«* Die Direktheit und Einfachheit dieses »Tut nicht« fordert uns auf, ehrlich über die Bereiche nachzudenken, in denen wir unsere Kinder zur Verzweiflung treiben.

Kritik

Nahezu an die Spitze der Liste der zu vermeidenden Dinge gehört die Kritik. Jedes Jahr, wenn wir in unserer Familie den Weihnachtsbaum schmücken und ich einen kleinen rotgrünen Perlenkranz aus Glas am Baum anbringe, denke ich an den kleinen Jungen, von dem ich den Kranz geschenkt bekam, als ich noch sein Fußballtrainer war. Sein sarkastischer, ihn demütigender Vater lief am Spielfeldrand auf und ab, während er seinen Jungen mit den Worten »Feigling« und »Mädchen« schlecht machte. Es war das einzige Elternteil, das ich jemals vor die Wahl gestellt habe, entweder zu schweigen oder den Platz zu verlassen. Ich frage mich manchmal, wie es diesem Jungen, der mittlerweile erwachsen ist, ergangen ist.

Winston Churchill hatte mit Lord Randolph Churchill einen solchen Vater. Er mochte Winstons Blicke und seine Stimme nicht, und er ertrug es nicht, mit ihm im selben Raum zu sein. Er machte ihm niemals Komplimente, sondern kritisierte ihn nur. Churchills Biografen veröffentlichten auszugsweise die Briefe des jungen Winston, in denen er beide Elternteile um die Aufmerksamkeit seines Vaters bat: »Ich hätte viel lieber die Lehre eines Maurergesellen begonnen. ... Das wäre etwas Natürliches gewesen ... und ich hätte meinen Vater kennengelernt ...«[41]

Väter, die ihre Kinder kritisieren, entmutigen sie dadurch häufig nur. Die Parallelstelle zu diesem »Tut nicht« in Kolosser 3,21 deutet an, dass Kinder, denen Nörgelei und Spott[42] widerfuhren, *»mutlos werden«*, – vergleichbar mit dem gebrochenen Geist eines Pferdes. Man kann solch ein Pferd an der Art und Weise erkennen, wie es sich bewegt, ebenso wie ein entmutigtes Kind an seinem Blick und an seiner Haltung.

Kritik äußert sich auf vielerlei Weise, nicht nur in offenen Worten. Manche Eltern loben ihre Kinder prinzipiell nicht – »wenn ich lobe, bedeutet das schon etwas«; doch sie tun es nie. Dann gibt es noch das verhaltene und das zwiespältige Lob, das der Junge erhält, der gerade ein Tor geschossen hat: »Das war okay, mein Sohn; aber mach es in der nächsten Woche besser.« Oftmals sind es auch nicht die Worte – es ist der Ton in der Stimme oder der Blick, der eine deutliche Sprache spricht. Warum sind Väter so kritisch? Vielleicht, weil sie von ihren Vätern so behandelt wurden. Oder sie sind kritische Menschen, die das in der Öffentlichkeit gut verbergen, sich aber zu Hause im täglichen Miteinander nicht zurückhalten können. Für solche Väter ist das oben zitierte Wort Gottes wie ein Treffer ins Schwarze: Reize deine Kinder nicht durch Kritik!

Übermäßige Strenge

Manche Väter bringen ihre Kinder zur Verzweiflung, indem sie zu streng und dominant sind. Sie sollten sich daran erinnern, dass das Erziehen von Kindern dem Festhalten von nasser Seife gleichkommt – ist der Griff zu fest, schießt sie aus der Hand, ist er zu schwach, rutscht sie leicht weg. Ein sanfter, aber fester Einfluss – und Sie behalten die Kontrolle.

Wir können die verheerenden Auswirkungen übermäßiger Strenge auf die evangelikalen Gemeinschaften in all den Jahren gar nicht abschätzen. In meinem Dienst hatte ich bei Beerdigungen Menschen zu begleiten, die praktisch ihr ganzes Leben unter den Folgen ihrer harten und gesetzlichen Erziehung zu leiden hatten – Menschen, die niemand aufzufangen vermochte. Bei anderen war es nicht so tragisch. Sie konnten die Gesetzlichkeit aufgrund von biblisch-fundiertem Wissen hinter sich zurücklassen, aber sie hatten für den Rest ihres Lebens emotional damit zu kämpfen.

Warum sind manche Väter über die Maßen streng? Viele sind es, weil sie ihre Kinder vor einer zunehmend gottfeindlichen Gesellschaft schützen wollen – und einengende Regeln scheinen ihnen dazu das beste Mittel zu sein. Andere wollen die Persönlichkeit ihrer Kinder kontrollieren und verwenden dabei Regeln, Geld, Freundschaft oder physische Gewalt. Sie lesen die Bibel durch ihren persönlichen Filter und leiten aus ihr die Erlaubnis zum Herrschen ab. Wiederum andere missverstehen den Kern des Glaubenslebens und versuchen, nach den Bedingungen des Gesetzes und nicht unter der Gnade zu leben. Manche Väter sind übermäßig streng, weil sie um die Meinung anderer besorgt sind. »Was werden sie denken, wenn mein Kind dort hingeht? Oder wenn es diese Kleidung trägt? Oder wenn sie davon erfahren, welche Musik es hört?« Nicht gerade wenige Kinder von Predigern wurden zum Aufstand gegen die Eltern veranlasst, weil ihre Väter ihr Leben nach den Erwartungen der Gemeindeglieder formen wollten. Was für eine schwerwiegende Sünde gegen unsere Kinder!

Stattdessen sollten wir unsere Vaterschaft damit beginnen, dieses winzige, hilflose Etwas geborgen in den Armen zu halten und unsere Einflussnahme allmählich und in kluger Voraussicht zurückzunehmen, während es heranwächst. Als gewissenhafte Väter müssen wir zu vielen Dingen »Nein« sagen. Folglich sollten wir so oft wie möglich versuchen, »Ja« zu sagen, um unser »Nein« für wichtige Situationen aufzusparen.

Unser »Nein« muss biblisch begründet sein. Während unsere Kinder heranwachsen, sollten wir uns darauf vorbereiten, Regeln anhand der Bibel und grundsätzlich erklären zu können. Wir müssen lernen, unseren Kindern Gott vertraut zu machen, indem wir uns klarmachen, dass sie lernen müssen, eigene Entscheidungen zu treffen.

Ihr Väter, treibt eure Kinder nicht zur Verzweiflung, indem Ihr übermäßige Strenge ausübt! Lernen Sie als Vater, das Leben Ihrer Kinder mit dem sanften Druck Gottes in der Hand zu halten und sie mit seiner Liebe zu formen.

Reizbarkeit

Wir haben es alle schon beobachtet – und vielleicht auch getan! Der Vater kommt nach einem anstrengenden Tag mit zerfurchter Stirn zur Tür herein – die Arbeit ist ihm mal wieder über den Kopf gewachsen. Sein dreijähriger Sohn läuft auf ihn zu, doch der Vater ist erst einmal damit beschäftigt, seinen Frust bei seiner Frau abzulassen. »Einen Moment, Jimmy.« Jimmy zerrt an den Hosen des Vaters – keine Reaktion. Er zieht ein weiteres Mal. Sein Vater explodiert, nimmt ihn hoch und schlägt ihn, weil er »böse« war. Nur der Herr weiß, wie viele Kinder »mutlos werden«, weil ihre Väter »schwere Tage« hinter sich haben.

Das Leben ist manchmal mit dieser Karikatur zu vergleichen, in der der Chef seinen Ärger an seinem Angestellten auslässt; der Angestellte wiederum kommt nach Hause und zeigt sich gegenüber seinen Kindern gereizt; anschließend tritt der Sohn den Hund; und der Hund rennt auf die Straße und beißt die erste Person, die ihm über den Weg läuft – den Chef!

Wir Väter dürfen es niemals zulassen, dass unsere Belastungen uns in diesen bedauerlichen Kreislauf hineindrängen. Die Kosten sind zu hoch!

Einige sagen, dass du deinen Mitmenschen anständig behandelst, dich aber bei Frau und Kind zu Haus' in einen Teufel verwandelst? Ihre Kinder wissen das!

Widersprüchlichkeit

Nur wenige Dinge verärgern ein Kind mehr als Widersprüchlichkeit. Das Pferd ist zu bemitleiden, dessen Reiter ihm unterschiedliche Signale sendet, z. B. ihm die Sporen gibt und gleichzeitig an den Zügeln zieht. Umso mehr tut einem das Kind leid, dessen launischer Vater immer wieder die Regeln ändert und das ständig widersprüchliche Botschaften empfängt.

Ihr Väter mögt euch mit den Worten entschuldigen: »Ich bin so beschäftigt ... Ich habe nun mal Schwierigkeiten, mich zu erinnern. Ich bin halt ein spontaner Mensch!« Aber Ihr Kind wird Ihnen das nicht verzeihen.

Seien Sie konsequent! Geben Sie Ihrem Kind *niemals* ein Versprechen, das Sie nicht halten können! Können Sie sich an unerfüllte Versprechen erinnern? Reitstunden, die nie zustande gekommen sind? Ausflüge zum Eisessen oder ins Fußballstadion? Sie mögen es vergessen, aber Sie haben einen kleinen Jungen oder ein Mädchen, die sich noch in 80 Jahren daran erinnern werden.

Lieblinge bevorzugen

Eine der ärgerlichsten und äußerst niederschmetternden Sünden eines Vaters ist es, wenn er eines seiner Kinder bevorzugt. Ich sage das, obschon ich der Letzte wäre, der Ihnen rät, alle Kinder gleich zu behandeln. Einige Kinder brauchen eine festere Hand, andere mehr Freiheit. Manche benötigen mehr Anleitung, andere weniger. Einige wiederum haben mehr Halt nötig als andere. Manchen Kindern muss mehr Mut zugesprochen werden. Aber kein Kind sollte einem anderen vorgezogen werden.

Es war die Sünde Isaaks, dass er Esau Jakob vorzog. Es war ausgerechnet auch die Sünde Jakobs, der Josef mehr liebte als seine Brüder. Wie der begünstigende Vater, so der zurückgesetzte Sohn! Wie niederschmetternd, wie entmutigend zu wissen, dass man weniger beachtet wird – weniger geliebt ist.

Ihr Männer, das große »Tut nicht« der Vaterschaft lautet: *»Reizt eure Kinder nicht.«* Das Leben verrät uns die sich daraus ergebenden »Tut nicht«:

- Kritisiert nicht!
- Seid nicht übermäßig streng!
- Seid nicht gereizt!
- Seid nicht widersprüchlich!
- Bevorzugt nicht das eine Kind vor dem anderen!

Gott hat unsere Kinder so geschaffen, dass sich ihre Herzen uns zuneigen. Unsere Macht ist furchterregend! Wir müssen uns Gottes Wort zu Herzen nehmen.

Das »Tut« der Vaterschaft

Auf das umfassende »Tut nicht« der Vaterschaft folgt das ausdrückliche »Tut« – *»zieht sie auf in der Zucht und Ermahnung des Herrn!«* Im Ganzen gesehen, verlangt das ein dreifaches »Tut«: *Zärtlichkeit, Disziplin* und *Belehrung.*

Zärtlichkeit

Die Worte *»zieht sie auf«* haben die Bedeutung von »nähren oder ernähren« wie in Epheser 5,29; dort wird mit dem gleichen griechischen Wort ausgedrückt, dass ein Mann seinen Körper »nährt und pflegt«. Calvin betont, dass der Hauptgedanke des Ausdrucks *»zieht sie auf«* darin liegt, liebenswürdig und freundlich mit seinen Kindern zu reden.[43]

In meiner Jugend war der Vater meines besten Freundes das, was man einen ganzen Mann nennt. Er war 32 Jahre lang als Unteroffizier bei der Küstenwache. Er war groß und stattlich und hatte in seinen besten Jahren mit Joe Louis im Ring gestanden. Wenn er die Straße entlangkam, grüßten ihn die Offiziere zuerst. Er konnte roh und ungehobelt sein. Aber wissen Sie, wie er seinen 130 Kilo schweren Sohn nannte? »Lieber David.« Ich war »lieber Kent« – und ich hatte überhaupt nichts dagegen. Im Gegenteil, ich fühlte mich großartig. Er hielt sich nicht an das Klischee, dass »echte Männer keine Gefühle zeigen«. Im Gegenteil, er küsste seinen erwachsenen Sohn – ein wahrer Mann.

Auch wir sollten Zärtlichkeit zeigen. Männer sind zu keinem Zeitpunkt männlicher als dann, wenn sie zärtlich zu ihren Kindern sind – ob sie einen Säugling in den Armen halten, ihre Kinder im Grundschulalter lieben oder sie ab und zu drücken, wenn sie im Jugendalter oder erwachsen sind.

Hören wir hierzu einmal den weisen christlichen Denker Elton Trueblood, der diesen Grundsatz weiter ausführt:

> Ein Kind braucht auch das Wissen, dass sein Vater und seine Mutter sich lieben, unabhängig von ihrer Beziehung zu ihm. Es ist die Verantwortung des Vaters, das Kind wissen zu lassen, dass er eine tiefe Liebe für die Mutter des Kindes empfindet. Es gibt keinen guten Grund, weshalb alle Zuneigungsbekundungen heimlich geschehen oder im Verborgenen gehalten werden sollten. Ein Kind, das mit dem Wissen aufwächst, dass seine Eltern sich lieben, besitzt eine wunderbare Grundlage für Stabilität.[44]

Verbale und körperliche Zärtlichkeit fallen einem Vater nicht schwer, der nach dem Wort Gottes lebt. Ihr Männer, wie schneiden wir dabei ab?

Disziplin

Als Nächstes kommt die »Zucht«. Das ist ein hartes Wort, das »Disziplin, sogar durch Bestrafung« bedeutet. Pilatus verwendete das gleiche Wort, als er über Jesus sagte: *»Ich will ihn nun züchtigen und losgeben«* (Lk 23,16). Wenn nötig, beinhaltet Disziplin sicherlich auch das Ausüben von körperlicher Zucht. Doch es umfasst jede notwendige Hilfe, um *»den Knaben seinem Weg gemäß«* zu erziehen (Spr 22,6).

Es ist ein Trauerspiel, dass so viele Männer das der Mutter des Kindes überlassen haben. Es ist nicht nur der Mutter gegenüber unfair, sondern es raubt auch dem Kind Sicherheit und Selbstachtung, die durch väterliche Erziehungsmaßnahmen entstehen.[45] Überlassen Sie es Ihrer Frau, Ihre Söhne und Töchter zu disziplinieren? Wenn das der Fall ist, so ist es ein trauriger Verstoß gegen die häusliche Verantwortung. Dann handeln Sie nicht nach dem Wort Gottes!

Belehrung

Abschließend ist Belehrung oder »Ermahnung« notwendig – verbale Belehrung und Warnung. Belehrung bedeutet wörtlich »vor den Sinn stellen«. Da dies häufig auf eine Konfrontation hinausläuft, besteht eine Verbindung zu dem vorangegangenen Gegenstand der Disziplin. Genau an diesem Punkt scheiterte der Hohe Priester Eli in der Erziehung seiner Söhne auf ganzer Linie:

> *Da sprach der HERR zu Samuel: Siehe, ich will etwas tun in Israel, dass jedem, der es hört, beide Ohren gellen sollen. An jenem Tage werde ich über Eli alles kommen lassen, was ich gegen sein Haus geredet habe: Ich will es anfangen und vollenden. Denn ich habe ihm mitgeteilt, dass ich sein Haus für ewig richten will um der Schuld willen, denn er hat erkannt, dass seine Söhne sich den Fluch zuzogen, aber er hat ihnen nicht gewehrt.* (1Sam 3,11-13)

Das griechische Wort für »gewehrt« in der *Septuaginta* hat die gleiche Wurzel wie »Ermahnung« in Epheser 6,4. Eli versäumte es, seinen Söhnen entgegenzutreten. Er unterließ es, sie aufgrund ihrer Sünde zu *ermahnen*. Aus diesem Grund wurden sie von Gott getötet.

Belehrung und Ermahnung sind für eine gute Erziehung absolut notwendig. Ihr Männer, um unserer Verantwortung nachzukommen, müssen wir:

- unseren Kindern verbale Belehrungen erteilen,
- sie regelmäßig in die Familienandachten und Gebetszeiten einbeziehen,
- gemeinsam mit unseren Frauen sorgfältig prüfen, was die Gedankenwelt unserer Kinder prägt,
- ihnen verdeutlichen, dass das Gemeindeleben eine bedeutungsvolle Erfahrung ist,
- vor allem sicherstellen, dass das geöffnete Buch unseres Lebens – unser Vorbild – unsere Belehrungen untermauert, denn unsere Kinder lernen am meisten dadurch, dass sie uns beobachten.

Im hohen Alter von 81 Jahren wurde die damalige Generalin der Heilsarmee, Evangeline Booth, gefragt, wann sie zum ersten Mal den Wunsch hatte, der Heilsarmee beizutreten. »Schon sehr früh«, war ihre Antwort. »Ich sah meine Eltern [die Gründer der Heilsarmee], wie sie mit den Menschen arbeiteten und deren Lasten trugen. Tag und Nacht. Sie mussten mit keinem Wort erklären, was Christentum ist.«[46]

Das »Tut« der Vaterschaft – *Zärtlichkeit, Disziplin und Belehrung* – erfordert zusammengenommen eine große Sache, wie ein gewisser, äüßerst beschäftigter Arzt erkannte. Er erschien zu den Mahlzeiten, sorgte für das Haushaltsgeld und erteilte Ratschläge, oftmals ohne den Problemen der Familie wirklich zuzuhören. Eines Nachmittags, als er einen Artikel für ein angesehenes medizinisches Journal vorbereitete, kroch sein kleiner Sohn in das verbotene Heiligtum des väterlichen Arbeitszimmers. »Papa«, sagte er und machte so auf sich aufmerksam. Ohne ein Wort zu sagen, öffnete der Arzt die Schreibtischschublade und gab dem Jungen einige Süßigkeiten.

Einige Augenblicke später rief der Junge erneut: »Papa«, und sein geistesabwesender Vater reichte ihm einen Bleistift. »Papa«, fuhr der Junge unbeirrt fort. Der Arzt reagierte daraufhin mit einem Seufzer, der andeuten sollte, dass er zwar von der Anwesenheit des Jungen Notiz genommen hatte, aber nicht gestört werden wollte. »Papa!«, rief der Junge ein weiteres Mal aus.

Verärgert drehte der Arzt seinen Stuhl herum und meinte genervt: »Was in aller Welt ist so wichtig, dass du darauf bestehst, mich in meiner Arbeit zu unterbrechen? Siehst du nicht, dass ich beschäftigt bin? Ich habe dir etwas Süßes und einen Bleistift gegeben. Nun sag, was willst du noch?«

»Papa, ich will bei dir sein!«

Das »Tut« der Vaterschaft kann nicht durch einen Stellvertreter ausgeführt werden. Sie selbst müssen Ihre Kleinen ins Bett bringen und mit ihnen und für sie beten. Sie müssen dabei sein, wenn Ihre Kinder in der Schule an Aufführungen, Reden, musikalischen Darbietungen oder sportlichen Ereignissen beteiligt sind. Es ist notwendig, dass Sie regelmäßige Zeiten einplanen, um *mit jedem einzelnen Kind* etwas zu unternehmen. Es liegt in Ihrer Verantwortung, erfolgreiche Familienurlaube zu planen und den Zusammenhalt in der Familie zu fördern und zu festigen.

Jetzt, in der Mitte meines Lebens, denke ich manchmal wehmütig: »Wo ist die Zeit zwischen den beiden unauslöschlichen Erinnerungen geblieben – der Geburt meiner Tochter und der ihres Sohnes?« Um ehrlich zu sein, einige dieser Jahre waren lang und hart. Ich dachte, durch manche schwere Zeiten würden wir nie hindurchkommen. Doch wenn man sich an diese Ereignisse in allen Einzelheiten erinnert, scheint keine Zeit zwischen ihnen gelegen zu haben. Das ist der Grund, dass ich, wann immer ich die Gelegenheit habe, ein Baby in den Armen zu halten, die Eltern ermuntere, jeden Augenblick auszukosten und solche Erfahrungen nicht mit Riesenschritten zu durcheilen. Die nur kurze Zeit, die uns zur Erziehung unserer Kinder zur Verfügung steht, sollte uns eine gewaltige Motivation liefern, das Beste daraus zu machen und uns zeigen, wie wichtig die Ratschläge der Heiligen Schrift über Vaterschaft für uns sind.

Ihr Männer, Zeit ist der Kokon der Ewigkeit – es gibt keine andere Zeit als die gegenwärtige. Mir ist bewusst, dass wir alle durch Lebensphasen hindurchgehen, in denen wir wenig Zeit für unsere Familien haben; das gehört zum natürlichen Rhythmus des Lebens. Aber wir müssen uns übermäßige »Geschäftigkeit« nicht aussuchen, so wie es häufig der Fall ist! Wir müssen uns davor hüten, unseren Terminkalender vollzupacken, indem wir »Ja« zu Dingen sagen, die ein »Nein« für unsere Familien bedeuten. Jetzt ist die Zeit, in der wir uns Zeit nehmen müssen. Es gibt keine andere! Werden Sie – werde ich – es tun?

Ihr Männer, wir müssen unsere Vaterschaft auf den Prüfstand stellen! Was sagt Ihnen Ihr Herz, wenn Sie die anschließenden Fragen lesen? Sind Sie schwach oder stark?

- Kritisieren Sie Ihre Kinder oder bauen Sie sie auf?
- Sind Sie übermäßig oder in angemessener Weise streng – indem Sie Ihren Kindern nach und nach mehr Freiheiten zugestehen?

- Sind Sie im Umgang mit Ihren Kindern ungeduldig und reizbar oder geduldig und selbstbeherrscht?
- Ist Ihre Erwartungshaltung konstant?
- Haben Sie Ihre Versprechen eingelöst?
- Bevorzugen Sie eines Ihrer Kinder?
- Gehen Sie sowohl mit Ihren Söhnen als auch mit Ihren Töchtern liebevoll um?
- Setzen Sie auch disziplinarische Erziehungsmaßnahmen ein?
- Verbringen Sie Zeit mit Ihren Kindern – im Familienverbund und einzeln?

Was für eine furchterregende Macht wir doch besitzen! Alle unsere Kinder ersehnen »die Ausstrahlung und Fähigkeiten« ihres Vaters (S. 51). Ihre Herzen sind uns zugewandt! Und unser Herr möchte, dass sich unsere Herzen ihnen zuwenden. Wir lesen von dieser Wahrheit, als sie auf bemerkenswerte Weise durch den Engel Gabriel in Bezug auf den Auftrag Johannes' des Täufers geäußert wurde. Dieser Auftrag sollte darin bestehen, für den Herrn ein Volk vorzubereiten und *»der Väter Herzen zu bekehren zu den Kindern«* (Lk 1,17). Jetzt, nachdem Christus erschienen ist, ist das ein fortwährendes Ergebnis seines Rettungswerkes. Wenn ein Mann sein Herz wirklich Christus schenkt, wird es sich auch seinen Kindern zuwenden.

Unterstellen Sie sich der Herrschaft Christi – erlauben Sie ihm, Ihr Herz zu Ihren Kinder zu neigen. Bitten Sie den Herrn, dass er Ihnen durch den Heiligen Geist Kraft schenkt, Ihre Vaterschaft verantwortungsvoll auszuüben. Geistliche Arbeit um der Seelen Ihrer Kinder willen.

Denkanstöße

- Was waren Ihre Erwartungen oder Wünsche an Ihren Vater? Sind sie eingetroffen? Warum oder warum nicht? Was erwarten oder wünschen Ihre Kinder von Ihnen? Erfüllt sich das? Warum oder warum nicht?
- Leben Sie das »Tut nicht« und das »Tut« gemäß Epheser 6,4 aus?
- Sind Sie als Vater zu streng oder zu nachsichtig? Was können Sie praktisch tun, um auf diesem Gebiet ausgeglichener zu handeln?

- Haben Sie jemals den gleichen Fehler wie Jakob mit Josef begangen, indem Sie ein Kind dem anderen vorzogen? Wie können Sie das unterbinden? Was sollten Sie stattdessen tun?
- Was lehrt Sprüche 22,6 über Elternschaft? Funktioniert dieser Grundsatz der Heiligen Schrift auch noch in der heutigen Zeit?
- Welchen Fehler beging der Priester Eli bei seinen Söhnen? Wie handeln Sie diesbezüglich? Wie können Sie es besser machen?

Anwendung / Konsequenz

Welchen Punkt hat Gott bei Ihnen in diesem Kapitel am konkretesten angesprochen? Sprechen Sie jetzt gleich mit ihm darüber!

Zum Nachdenken

Schreiben Sie einige in der Bibel erwähnte Wesensmerkmale Ihres himmlischen Vaters auf! Welche dieser Merkmale sollten Sie als Vater erstreben? Führen Sie konkrete Möglichkeiten auf, wie Sie jedes der zuvor genannten Merkmale in Ihrem Leben mit Ihren Kindern umsetzen können! Teilen Sie Ihre Ergebnisse anschließend Ihren Kindern mit!

5
Freundschaft

In der Architektur amerikanischer Vorstädte hat eine interessante Entwicklung stattgefunden. Schon lange sind die Zeiten vorbei, als die Häuser vor dem Eingang noch eine große Veranda besaßen, durch die man leichten Zugang zum Haus hatte und schneller mit den Anwohnern in der Nachbarschaft Bekanntschaft schließen konnte.

In den 90er-Jahren ließ die Architektur direkter auf die augenblicklichen Werte schließen. Der auffälligste Teil des Hauses scheint die zwei oder drei Autos fassende Garage zu sein. Innerhalb des Hauses befinden sich riesige Badezimmer mit Dachfenstern und begehbare Kleiderschränke, die größer sind als der Raum, in dem ich während meiner Kindheit schlief. Zum modernen Baustil gehören kleinere Wohn- und Esszimmer und mittlerweile auch kleine Küchen, da Gespräche untereinander nicht länger Priorität haben. Die Häuser von heute präsentieren sich mit kleineren Gärten, und immer mehr besitzen auffallend hohe Zäune.

Das alte Sprichwort »My home is my castle«[47] (dt. »Mein Zuhause ist meine Burg«) bewahrheitet sich heutzutage. Der Burggraben ist mit dem Rasen vor den Häusern vergleichbar, die Zugbrücke ist die Zufahrt, und das Fallgitter entspricht dem vollautomatischen Garagentor, das man mit elektronischer Steuerung passiert. Ist er erst einmal im Inneren angekommen, entledigt sich der Besitzer seiner Rüstung und kehrt ein zu Haus und Herd, bis er bei Tagesanbruch erneut seine Geschäftsausrüstung anlegt und mit der Aktentasche in der Hand sein Ross besteigt – vielleicht einen Bronco oder einen Mustang –, den Knopf drückt und zur Schlacht hinausreitet.

Das heutige Zuhause spiegelt unsere modernen Werte von Individualismus, Isolation und Privatleben wider.

Dort ist diese Höhle
    In der Luft hinter meinem Körper,
Die niemand berührt.
Ein Kloster, eine Stille,
    eine Blüte des Feuers umschließend.[48]

Es ist nicht ungewöhnlich, dass man nicht einmal die unmittelbaren Nachbarsfamilien kennt! Die amerikanische Durchschnittsfamilie zieht viermal um, auch wenn es der Arbeitsplatz nicht erforderlich macht. Die Menschen ziehen von Haus zu Haus und sind auf der Suche nach dem unerreichbaren »etwas«. Uns fehlen Wurzeln, Kontinuität und Gemeinschaft – dadurch sind für Freundschaften, besonders für tiefe Freundschaften, schwere Zeiten angebrochen.

Das trifft besonders auf Männer zu. Alan Loy McGinnis, Autor des Bestsellers *The Friendship Factor* (dt. etwa: *Der Freundschafts-Faktor*), sagt, dass Amerikas führende Psychologen und Therapeuten schätzen, dass nur zehn Prozent aller Männer wirkliche Freunde im Leben haben.[49] Die zehnjährige Forschungsarbeit von Michael McGill, bei der 5000 Männer und Frauen befragt wurden und die im Jahr 1985 veröffentlicht wurde, untermauert dies. Er berichtet:

> Zu sagen, dass Männer keine engen Freunde haben, erscheint oberflächlich betrachtet zu hart. ... Aber die Daten deuten darauf hin, dass dies nicht weit von der Wahrheit entfernt ist. Selbst die engsten Freundschaften (von denen es nur wenige gibt) erreichen selten den tiefen Austausch, den eine Frau für gewöhnlich mit vielen anderen Frauen hat. ... Männer legen keinen Wert auf Freundschaft.[50]

Warum?, fragen wir uns.

Wir alle wissen, dass Männer von Natur aus nicht so leicht zwischenmenschliche Beziehungen eingehen wie Frauen. Bei Männerfreundschaften stehen meistens Aktivitäten im Mittelpunkt, während Frauen mehr den persönlichen Austausch suchen. Männer sind weniger bereit, ihre Gefühle und Schwächen zu zeigen als Frauen. Sie richten sich mehr auf das Geschäftsleben aus und verstehen Freundschaften typischerweise als Bekanntschaften, die sich nebenbei ergeben haben, anstatt als Beziehungen. Männer fürchten auch, dass man ihnen abnormes Verhalten unterstellt, wenn sie eine offensichtlich enge Freundschaft zu einem anderen Mann unterhalten. Und natürlich gibt es einige, die unter dem John-Wayne-Syndrom leiden, dass »wahre Männer niemand anderen brauchen«.

Tragischerweise berauben solche Männer sich selbst, ihre Frauen, ihre Kinder und die Gemeinde, da sie nie so sein können, wie Gott sie gern haben möchte.

Ein derartiges Denken ignoriert sowohl die Weisheit der Heiligen Schrift als auch die des Lebens. Kurz nach der Erschaffung Adams sagte Gott: *»Es ist nicht gut, dass der Mensch allein ist«* (1Mo 2,18). Obwohl sich das direkt auf die Erschaffung Evas bezieht, ist es ebenso eine grundlegende ontologische Aussage über den Charakter des Mannes, der – ob er es sich eingesteht oder nicht – ein auf Beziehung angelegtes Wesen ist. Seine Entwicklung und seine Bedeutsamkeit werden in Beziehungen herausgearbeitet.

Christus ist unser Vorbild. Sein Dienst konzentrierte sich auf eine tiefe Freundschaft zu den zwölf Jüngern, die er wiederholt *»Freunde«* (Joh 15,13-15) nannte. Des Weiteren gab es den engeren Kreis von drei Jüngern, zu denen er eine tiefere Freundschaft aufbaute und denen er sein Herz offenbarte.

Als Christ hat man durch Christus eine Beziehung zu dem dreieinigen Gott und zu dem Leib Christi, der Gemeinde. Gott wird unser Vater, und untereinander werden wir für ewig zu Brüdern und Schwestern. *Beziehungen!* Die Warnung, dass *»wir unser Zusammenkommen nicht versäumen, wie es bei einigen Sitte ist«* (Hebr 10,25), war und ist ein Aufruf zu Beziehungen und Freundschaften mit anderen Gläubigen und somit nicht in unser Belieben gestellt.

Wenn Sie verheiratet sind, muss Ihre Frau Ihr engster Freund sein, aber zu sagen, dass »meine Frau mein bester Freund ist«, kann ein Ausweichmanöver sein. Sie brauchen ebenso christliche Männerfreundschaften, die die geheimen Wünsche Ihres Herzens aus dem Blickwinkel des eigenen Geschlechts verstehen. Menschen, die Ihnen nicht nur ihren Rat anbieten und für Sie beten, sondern Sie nötigenfalls auch zur Verantwortung ziehen, was Ihre Verpflichtungen angeht. Im Folgenden wollen wir ein hervorragendes Beispiel dieser Art von Freundschaft untersuchen.

Eine große Freundschaft

Wenn es jemals einen »Mann der Männer« gab, dann war es Jonatan; und wenn es jemals einen Mann gab, der die Notwendigkeit eines Freundes spürte, dann war es Jonatan. Die Herrschaft der Philister über Israel war in jenen Tagen so umfassend, dass sie im Land keine Hufschmiede duldeten, aus Furcht, sie würden den Israeliten Schwerter und Speere machen. Tatsächlich gab es im gesamten Königreich nur zwei Schwerter: die von König Saul und seinem Sohn Jonatan.

Ganz Israel lag unter einem dunklen Schleier der Depression und Verzweiflung – nur Jonatan musste man davon ausnehmen. Er sah die Sache anders. Er glaubte, dass wenn es Gottes Wille ist, Israel gerettet werden könnte – zumindest größtenteils. Während andere den Blick senkten, blickte er nach oben und sah einen großen und herrlichen Gott, der ihn zu der Zeit befreien konnte, die er für geeignet hielt.

Mit dieser Überzeugung und seinem Schwert bewaffnet, griffen Jonatan und sein Waffenträger ganz allein einen Posten der Philister an. Die Worte, mit denen er zum Aufbruch rief, sagen alles: *»Komm, lass uns hinübergehen zu dem Posten dieser Unbeschnittenen! Vielleicht wird der HERR etwas für uns tun, denn für den HERRN gibt es kein Hindernis, durch viel oder durch wenig zu helfen«* (1Sam 14,6).

Mit der Gewissheit, dass Gott die Feinde in seine Hand geben würde, ging Jonatan zu einem schrecklich einsamen Angriff über. Es war ein Angriff Mann gegen Mann. Die Erde wurde mit Blut getränkt, und die Sonne schien auf zerschlagene Körper, als Jonatan seine Gegner einen nach dem anderen in Stücke schlug, bis 20 Philister auf einer halben Ackerlänge verstreut lagen. Der mit Blut bespritzte Jonatan war ein ganzer Kerl!

Jonatans Heldentat entfachte ein Feuer unter seinen Volksgenossen; ein Aufstand brach los, und es folgten einige gute Tage für Israel. Doch durch Sauls anschließende Sünde und Verwerfung brach eine noch dunklere Zeit über Israel herein (Kapitel 15–17), und Jonatan stand noch einsamer da als jemals zuvor. Sogar sein mutiges Herz war davon betroffen, indem auch er vor Goliat erzitterte. Er dachte, dass es niemanden gab, der die gleiche Gesinnung hatte wie er – bis er David traf. Er traute seinen Ohren nicht, als David dem Riesen zurief:

> *Du kommst zu mir mit Schwert, Lanze und Kurzschwert. Ich aber komme zu dir mit dem Namen des HERRN der Heerscharen, des Gottes der Schlachtreihen Israels, den du verhöhnt hast. Heute wird der HERR dich in meine Hand ausliefern, und ich werde dich erschlagen und dir den Kopf abhauen. ... Und die ganze Erde soll erkennen, dass Israel einen Gott hat. Und diese ganze Versammlung soll erkennen, dass der HERR nicht durch Schwert oder Speer rettet. Denn des HERRN ist der Kampf, und er wird euch in unsere Hand geben!* (1Sam 17,45-47)

Dann rannte David Goliat schnell entgegen und traf ihn mit einem geschleuderten Stein direkt zwischen den Augen! Nur wenig später stand David mit dem großen, bluttriefenden Kopf des Riesen vor Saul und redete mit dem Vater Jonatans. Jonatan hatte doch noch jemanden gefunden, dessen Herz mit seinem im Einklang stand – einen *Freund.*

Es folgte das Aufblühen einer tiefen Männerfreundschaft, eine der berühmtesten Freundschaften in der gesamten Weltliteratur. Alle wesentlichen Aspekte und Ratschläge über wahre Freundschaft kann man von ihr lernen.

Die Gegenseitigkeit einer Freundschaft

Das anfängliche Element in Jonatans und Davids großer Freundschaft war das gegenseitige Einvernehmen ihrer beider Seelen. Der Bericht macht es ganz deutlich: *»Und es geschah, als er aufgehört hatte, mit Saul zu reden, verband sich die Seele Jonatans mit der Seele Davids«* (1Sam 18,1). Jonatan erkannte, dass David das Leben aus der gleichen göttlichen Perspektive betrachtete (Gott ist souverän und handelt nach seinem Wohlgefallen, und jeder Lebensbereich muss ihm unterstellt sein). Als er das sah, hing seine Seele augenblicklich an der Davids. Hier war ein Mann, dessen Herz gleich dem seinen schlug!

So ist das bei tiefen Freundschaften. Es heißt nicht, dass Freunde in allen Dingen die gleichen Ansichten haben. Häufig ist sogar genau das Gegenteil der Fall. Aber sie teilen die gleiche Weltanschauung und dieselbe Sicht über das Leben. Aus diesem Grund reicht die christliche Freundschaft über alles hinaus, was zwischen Ungläubigen besteht, denn eine solche Freundschaft ist in einem übernatürlichen, beiderseitigen Verständnis der Seelen gegründet. Der Heilige Geist bringt die Seelen dazu, im Gleichklang zu klingen.

- Sie haben sich derselben Autorität gebeugt.
- Sie kennen denselben Gott.
- Sie gehen denselben Weg.
- Sie streben nach denselben Dingen.
- Sie träumen dieselben Träume.
- Sie sehnen sich nach denselben Erfahrungen von Heiligkeit und Anbetung.

Jonatans Seele verband sich mit der Seele Davids. Wenn das bei Ihnen geschieht, werden Sie es erkennen – es ist wunderbar.

Die Liebe einer Freundschaft

Dem beiderseitigen Einvernehmen der Seelen folgt Liebe, wie der nächste Satz andeutet – *»und Jonatan gewann ihn lieb wie seine eigene Seele«* (V. 1). Das ist eine erstaunliche Aussage, weil diese Liebe direkt erfolgte. Sie entwickelte sich nicht in einem Monat oder einem Tag, sondern in einem Augenblick! Davids glühende Seele begegnete einem tiefen Bedürfnis in der Seele Jonatans: »Jetzt habe ich doch noch jemanden gefunden, der so lebt wie ich!« Er liebte ihn wirklich wie sich selbst, und indem er das tat, liebte er seinen Nächsten wie sich selbst – auf diese Weise erfüllte er das Gesetz Gottes.

Diese Liebe würde sich auszahlen, denn aufrichtige, selbstlose Liebe besitzt eine unwiderstehliche Anziehungskraft. Wie wir noch sehen werden, wurde David von der gleichen Liebe bewegt.

Die Hingabe einer Freundschaft

Jonatans erstaunlichem Gleichklang mit der Seele Davids und der Unmittelbarkeit seiner Liebe schloss sich eine tiefgehende Hingabe an. *»Und Jonatan und David schlossen einen Bund, weil er ihn lieb hatte wie seine eigene Seele. Und Jonatan zog das Oberkleid aus, das er anhatte, und gab es David, und seinen Waffenrock und sogar sein Schwert, seinen Bogen und seinen Gürtel«* (1Sam 18,3-4).

Was für ein erhabenes geistliches Schauspiel – Symbol einer edlen Seele! Jonatan, der Königssohn, steht demütig in seinen Unterkleidern, während der Hirtenjunge die Fürstenrobe und die Waffenrüstung anlegt. Es war ein *Akt* der *Ehre*, der *Gleichstellung* und *Verwundbarkeit* vonseiten Jonatans. Die Kleider eines Königs zu tragen, war eine große Ehre, wie Hamans verhängnisvoller Wunsch zeigt, als er das Gewand des persischen Königs tragen und sich damit in der Öffentlichkeit präsentieren wollte (vgl. Est 6,6-9). Das symbolische Entkleiden Jonatans hob Davids Status als Schafhirte formell auf und rückte ihn als Gleichgestellten an die Seite des Königssohns. Es war eine Handlung, durch die er sich bewusst der Verwundbarkeit preisgab und sich einem echten Risiko aussetzte. Die an Shakespeare erinnernde Geste bedeutete: »Mein Leben für dein Leben.« Genau so meinte Jonatan es auch.

Wir fragen uns vielleicht, ob eine solche Freundschaft, außer als in der Heiligen Schrift, überhaupt möglich ist. Schließlich waren diese

Männer geistliche Riesen. Lassen Sie uns jedoch beobachten, was geschah, als die 20-jährige Anne Sullivan in Tuscumbia, Alabama, ankam, um der siebenjährigen blinden und tauben Helen Keller Privatunterricht zu geben. Diese konnte nur tierische Laute ausstoßen und verfiel häufig in schlimme Wutausbrüche. Vier Wochen lang versuchte Anne Sullivan, zu dem Bewusstsein des Mädchens vorzudringen, bis der berühmte 5. April 1887 anbrach – der Tag, den Helen Keller 60 Jahre später beschrieb. Das Mädchen hielt einen Becher unter ein Rohr, während Anne Wasser hineinpumpte und mit der anderen Hand wiederholt das Wort Wasser (engl. *water*) buchstabierte – und plötzlich verstand Helen! Später sagte sie: »Ein Funke der Bedeutung folgte dem anderen von Hand zu Hand, und auf wundersame Weise war Zuneigung geboren.«[51]

Anne Sullivan widmete nahezu ihr ganzes Leben Helen Keller. Mit zehn Jahren schrieb Helen an berühmte Persönlichkeiten in Europa – in französischer Sprache. Sie beherrschte fünf Sprachen und zeigte weitaus größere Begabung als ihre Lehrerin. Anne Sullivan blieb Helen weiterhin treu und saß neben ihrer berühmten Schülerin in Radcliffe, während sie die Vorlesungen in ihre Hand buchstabierte. Anne Sullivans Hingabe ließ zu keiner Zeit nach. Sie war damit zufrieden, Helens Freundin zu sein, sie zu ermutigen und – sie zu einer Königin zu machen.

Die tiefsten Freunde haben den gemeinsamen Wunsch, den anderen zum König zu erheben. Sie arbeiten für den Aufstieg und die Verdienste des anderen und freuen sich darüber. In solchen Freundschaften gibt es keine Haken und Ösen und auch nicht die Neigung zu Manipulation oder Kontrolle. Es gibt weder Neid noch Ausschließen – einfach nur den Wunsch nach dem Besten für den anderen. Dostojewski hatte diesen Gedanken, als er schrieb: »Einen Menschen zu lieben, bedeutet, ihn so zu sehen, wie Gott ihn haben wollte.«

Besitzen Sie das große Glück, einen solch engen Freund zu haben? Ihr Männer, sind wir »Königsmacher«?

Die Treue einer Freundschaft

Jonatan hielt David wild entschlossen die Treue, als ihre Freundschaft wuchs. Das ist äußerst bemerkenswert, denn nach dem ersten Schwung seiner theatralischen Hingabe an David wurde er von seinem Vater (zweifellos mehr als einmal) daran erinnert: *»Denn all die Tage, die der*

Sohn Isais auf Erden lebt, wirst weder du noch deine Königsherrschaft Bestand haben« (1Sam 20,31). Während Saul David schlecht machte, lesen wir davon, dass Jonatan *»mit seinem Vater Saul Gutes von David«* redete (1Sam 19,4). Bei einer Gelegenheit überredete er ihn sogar zu dem Schwur, David keinen Schaden zuzufügen – ein Schwur, den Saul nicht einhielt.

Treue ist für das Überleben einer Freundschaft unentbehrlich. Wie viele einst blühende Freundschaften sind aufgrund von treulosen Worten zerbrochen? Pascal brachte es auf den Punkt: »Ich nehme es als ein Factum, wenn sie genau wüssten, was die einen von den anderen reden, es gäbe keine vier Freunde auf der Welt.«[52] Sie werden niemals eine tiefe Freundschaft erfahren, solange nicht gegenseitiges Vertrauen und Treue vorhanden sind.

Ermutigung in einer Freundschaft

Während der ständigen Flucht vor Saul erlebte David Zeiten, in denen er am Boden war. Nachdem er beispielsweise die Stadt Keila von den Philistern befreit hatte, erfuhr er, dass die Bewohner dieser Stadt ihn in die Hände Sauls ausliefern wollten. Deshalb floh er enttäuscht und äußerst mutlos nach Horescha in die Wüste Sif. Doch Jonatan kam zu seinem Zufluchtsort: *»Da machte sich Jonatan, der Sohn Sauls, auf und ging zu David nach Horescha und stärkte seine Hand in Gott«* (1Sam 23,16). Was für ein Freund! *»Ein Freund liebt zu jeder Zeit, und als Bruder für die Not wird er geboren«* (Spr 17,17). Jonatans Ermutigung war mehr als ein »es wird schon alles gut werden«. Jonatan richtete Davids Blicke nach oben und verhalf ihm zurück zu der Perspektive, die ihn anfangs zu dem Hirtenjungen hingezogen hatte. Ohne Zweifel beinhaltete das Belehrung, Gebet und gemeinsame Anbetung.

Der Apostel Paulus erfuhr ähnlichen Trost durch seinen Freund Titus: *»Aber der die Niedrigen tröstet, Gott, tröstete uns durch die Ankunft des Titus; ... sodass ich mich noch mehr freute«* (2Kor 7,6-7). Das ist der »TitusEffekt« – die Initialzündung eines ermutigenden Freundes.

Nachdem wir die wunderbaren Aspekte der tiefen Freundschaft zwischen Jonatan und David aufgelistet haben – *Gegenseitigkeit, Liebe, Hingabe, Treue* und *Ermutigung* –, ist zu bemerken, dass sie größtenteils von Jonatan ausgingen. Doch dabei blieb es nicht. Wiederholt war die Freundschaft dieser beiden bemerkenswerten Männer durch gegenseitige Hingabe gekennzeichnet. Der Höhepunkt dieser Hingabe war das beiderseitige Versprechen, für die Familie des anderen zu sorgen, falls einer sterben sollte (vgl. 1Sam 20,14-17). Sie verknüpften ihr Leben und das ihrer Kinder miteinander. Später, als sie ihr Versprechen erneut bekräftigten, heißt es: *»Und sie küssten einander und weinten miteinander, David aber am allermeisten«* (1Sam 20,41). Offenbar hatte Jonatans Freundschaftsbezeugung in David unerwartet große Hingabe geweckt.

Eine Männerfreundschaft hat himmlische Sphären erreicht, wenn Männer einander solche Versprechen machen. Ich schätze überaus jenen heiligen Moment während unseres Urlaubs in den Bergen Colorados, als mein alter Freund aus Kindertagen – inzwischen verheiratet und mit Familie – meine Frau und mich traf und nach einer spätabendlichen Mahlzeit sagte: »Wenn dir einmal etwas zustößt, Kent, werden Judy und ich uns um Barbara und die Kinder kümmern.« Es war ein heiliges Versprechen, das ich gern erwiderte.

Ein großer Verlust

David war dazu bestimmt, König zu werden; er und Jonatan planten ein Leben Seite an Seite während Davids Regentschaft. Aber es sollte anders kommen, denn Jonatan und seine Brüder starben durch die Hand der Philister gemeinsam mit ihrem Vater auf dem Gebirge von Gilboa. David wurde von Trauer niedergedrückt. In seinem Kummer schrieb er ein Klagelied und befahl, dass es allen Männern von Juda gelehrt werden sollte. Es endet mit den Worten:

Wie sind die Helden gefallen mitten im Kampf!
Jonatan liegt durchbohrt auf deinen Höhen.
Mir ist weh um dich, mein Bruder Jonatan!
Über alles lieb warst du mir.
Wunderbar war mir deine Liebe, mehr als Frauenliebe.
Wie sind die Helden gefallen,
verloren gegangen die Waffen der Schlacht!
(2Sam 1,25-27)

Dass David Jonatans Liebe *»mehr als Frauenliebe«* schätzte, hätte er nicht gesagt, wenn er eine gute monogame Ehe geführt hätte! Das ist ein Beleg für die Armut der Beziehung zu seinen Frauen – eine zwangsläufige Folge der Sünde der Polygamie (vgl. 5Mo 17,17). In Davids Aussage finden wir jedoch keine sexuelle Anspielung, sondern einfach nur die Verherrlichung einer tiefen Freundschaft – das gegenseitige Einvernehmen ihrer beiden Seelen, Jonatans Hingabe, Treue und Ermutigung. Dinge, die David in keiner anderen zwischenmenschlichen Beziehung je erfahren sollte.

Davids und Jonatans Freundschaft zeigt uns, was eine tiefe Freundschaft sein kann und sollte. C. S. Lewis sagte: »Freundschaft ist … das Werkzeug, mit dem Gott jedem die Schönheiten der andern offenbart.«[53] Genau das veranschaulicht uns ihre Freundschaft. Sie zeigt uns die Schönheiten, die wir in einer tiefen Männerfreundschaft erfahren können, die in Gott gegründet ist, und sie setzt den Maßstab für alle engen Freundschaften.

Gesichtspunkte von Freundschaft

In unseren Tagen ist eine harte Zeit für Freundschaften angebrochen. Nur wenige Männer haben gute Freunde, und noch weniger führen tiefe Freundschaften. Individualismus, Autonomie, Privatleben und Isolation sind kulturelle Gütesiegel, aber eine tiefe, hingegebene und verletzbare Freundschaft nicht. Das ist eine große Tragödie für uns selbst, die Familie und die Gemeinde, denn gerade durch zwischenmenschliche Beziehungen entwickeln wir uns zu der Person, die Gott aus uns machen möchte. Doch wir können ebenso tiefe Freundschaften schließen wie Freundschaften im allgemeinen Sinne (enge, gute und flüchtige Freundschaften), wenn wir sie so schätzen, wie wir es sollten, und wenn wir einige einfache Gesichtspunkte in Bezug auf Freundschaft beherzigen.

Gebet

Wir müssen besonders um die Hilfe Gottes hinsichtlich einer inneren Veränderung beten, die unsere Fähigkeit zur Freundschaft steigert. Wir müssen um die Möglichkeit beten, Freundschaften zu entwickeln. Solche Bitten in Bezug auf Beziehungspflege kommen den meisten Männern möglicherweise nicht von selbst in den Sinn, aber es sind Gebete, die Gott gern beantwortet, wie meine eigene Erfahrung und die vieler anderer christlicher Männer zur Genüge bezeugen. Brauchen Sie einige gute Freundschaften? Die geistliche Logik verlangt, mit dem Gebet anzufangen.

Freundlichkeit

Ein weiser, alter Farmer arbeitete am Wegesrand, als eine Familie, die in eine nahegelegene Stadt zog, anhielt und ihn fragte, ob es eine »freundliche« Stadt sei. Der Farmer äußerte, dass er das nicht beurteilen könne. Doch die Familie drängte ihn zu einer Antwort, und so fragte er sie nach der Stadt, aus der sie kamen. Sie erwiderten, dass es eine schreckliche Stadt sei – mit unhöflichen und engstirnigen Menschen. Der alte Farmer antwortete: »Das ist genau das, was Sie auch hier erleben werden.«

Wir müssen an unserer Freundlichkeit arbeiten, ganz gleich, wie wir veranlagt sind. Es ist nötig, dass wir *bewusst freundlich* sind, *Fragen stellen* und *uns in Situationen bringen, in denen wir Freundschaften eingehen können.* Wenn Sie Ihre Gemeinde ausschließlich am Sonntagmorgen besuchen, berauben Sie sich selbst und die Gemeinde der Freundschaft, die alle so dringend nötig haben. Wir müssen uns der Freundschaft in den Weg stellen: bei Bibelseminaren in der Gemeinde, Hausbibelkreisen, Studierfreizeiten für Männer, beim Männerfrühstück und besonders hinsichtlich der Dienste in der Gemeinde. Frauen sind darin viel besser als Männer. Wir müssen von ihnen lernen, wie man die Initiative ergreift.

Arbeit

Nur wenige wertvolle Dinge im Leben geschehen einfach so. Wenn sie sich ereignen, dann gewöhnlich deshalb, weil wir ihren Wert erkannt und uns darum bemüht haben. Sie können so ungefähr alles bekommen, was Sie wollen, wenn Sie sich nur dafür einsetzen. Wenn Sie unbedingt Millionär werden wollen, werden Sie es sehr wahrscheinlich schaffen. Wenn Sie die Absicht haben, Ihren Doktor zu machen, und bereit sind, den Preis dafür zu zahlen, werden Sie Ihr Ziel erreichen. Im Allgemeinen bekommen wir das, worauf wir aus sind. Das Gleiche trifft auf Freundschaften zu. Jene, die Freunde haben, messen ihnen Bedeutung bei. Das ist der Grund, weshalb Frauen mehr Freundinnen haben als Männer Freunde.

Ermutigung

Wenn wir uns vornehmen, andere zu ermutigen, sie zu bestätigen, werden wir Freunde gewinnen. Mark Twain sagte: »Von einem

Kompliment kann ich zwei Monate lang leben.« Er hat recht! Ich habe einen Freund, der mir alle zwei bis drei Monate einige Zeilen schreibt, die mich ermutigen und in meiner Festigkeit stärken sollen. Komplimente besitzen eine ungeheuer belebende Kraft. Seien Sie mit aufrichtigen Ermutigungen großzügig – und Sie werden Freunde haben.

Zuhören

Wenn Sie daran arbeiten, ein guter Zuhörer zu sein, werden Sie sogar noch leichter Freundschaften entwickeln können. Die Weisheit »Wo Zuhörer sind, findet sich auch ein Redner« trifft nicht nur auf öffentliche Reden, sondern auch auf Gespräche an sich zu. Hören Sie gut zu, und Sie werden als »hervorragender« Gesprächspartner angesehen! Und was noch bedeutsamer ist: Die Menschen werden bemerken, dass sie Ihnen wichtig sind. Darin liegt der Schlüssel zur Freundschaft.

Annahme

Das Leben ist voller versteckter Ablehnungen – ein sarkastisches Lächeln, vielsagendes und peinliches Schweigen, exklusive Zirkel. Dadurch werden viele veranlasst, mit einem dicken Schutzpanzer durch den Tag zu gehen. Wenn wir uns darin üben, andere anzunehmen, werden sie das Funkeln in unseren Augen wahrnehmen, die Bewegung unseres Kopfes, unsere Stimmlage – und sie werden erkennen, dass sie angenommen sind. Eine offene, annehmende Seele ist wie ein hell erleuchtetes Zuhause in einer kalten Nacht.

Gastfreundschaft

Bei der Aufforderung der Bibel, Gastfreundschaft zu üben, denken wir augenblicklich, dass dieser Auftrag an Frauen gerichtet sei. »Das ist etwas, worin sich meine Frau, meine Mutter oder meine Tochter hervortun sollte. Ihr Frauen, hört das Wort Gottes!« Genau das tun sie – und zwar zum reichen Segen für ihre Seelen. Doch der Befehl ergeht an beide Geschlechter. Ihr Männer, wir sollten die Initiative bei der Ausübung von Gastfreundschaft ergreifen (vgl. 1Petr 4,9), ganz gleich, ob verheiratet oder ledig! Wenn wir das tun, werden wir nicht nur mit dem Knüpfen von Freundschaften beginnen, sondern möglicherweise, ohne es zu wissen, Engel beherbergen (vgl. Hebr 13,2).

Wir müssen entgegen dem kulturellen Konsens handeln und nach Freundschaft streben und sie ausleben, wenn wir so sein wollen, wie Gott uns haben möchte. Gottes Wort verlangt nach einer Männlichkeit, die zu tiefer Freundschaft fähig ist, auch wenn das bedeutet, dass man sich gegen die Gesellschaft stellen muss.

Wir müssen hart an unseren Beziehungen arbeiten und den Eigenheiten unserer Domizile mit ihren Burggräben, Zugbrücken und Fallgittern Widerstand leisten. Ebenso müssen wir die Technologie überwinden, die zur Autonomie und zur Vereinsamung führt: die Versuchung durch Fernsehen und Internet.

Doch die größte Notwendigkeit besteht darin, unsere egoistischen und zur Selbstgenügsamkeit neigenden Herzen zu überwinden, denn das Leben des Christen ist durch eine Beziehung zu Gott *und seinem Volk* gekennzeichnet. Gottes Wahrheit erfährt und lebt man am wirkungsvollsten in Beziehungen. Freundschaften beinhalten die Verheißung der Gnade!

Denkanstöße

- Was können wir von der Aussage Jesu lernen, die von uns als seinen Freunden spricht (Joh 15,13-15)?
- »Wenn Sie verheiratet sind, muss Ihre Frau Ihr engster Freund sein« (S. 66). Stimmen Sie dem zu? Wirklich? Wie zeigt sich eine solche Freundschaft (Sexualität einmal außer Acht gelassen)? Wie wächst sie unter den Belastungen, die eine Beziehung mit sich bringt?
- Welche Wahrheiten in Bezug auf christliche Freundschaften weist die Beziehung zwischen David und Jonatan auf (1Sam 14–18)? Zählen Sie alle auf, die Ihnen einfallen!
- Haben Sie schon einmal den »Titus-Effekt« erlebt (2Kor 7,6-7)? Beschreiben Sie diesen »Titus-Effekt« in Ihren eigenen Worten! Wie können Sie Titus ähnlicher werden? Warum ziehen es einige Männer vor, dem aus dem Weg zu gehen?
- In welchem Verhältnis steht das Gebet zu Ihren Freundschaften? Gott wird niemanden zwingen, Ihr Freund zu sein – oder?
- Was lehren 1. Petrus 4,9 und Hebräer 13,2 über Freundschaft? Wie können Sie diese Aussagen auf Ihr Leben anwenden?

Anwendung / Konsequenz

Welchen Punkt hat Gott bei Ihnen in diesem Kapitel am konkretesten angesprochen? Sprechen Sie jetzt gleich mit ihm darüber!

Zum Nachdenken

Nennen Sie die Personen, die Sie als gute oder enge Freunde ansehen. Schreiben Sie hinter jedem Namen auf, weshalb Sie diese Person als Freund betrachten. Fassen Sie anschließend zusammen, wonach Sie bei Freunden suchen und warum Sie solche Beziehungen schätzen.

Wesen

6
Gedankenwelt

Die vielfältigen Eigenschaften des menschlichen Gehirns erstaunen in zunehmendem Maß die Wissenschaftler. Seine zwölf bis 14 Billionen Zellen sind nur ein Schatten seiner Komplexität, denn jede Zelle sendet Tausende von Signalen aus, und eine einzige Zelle kann mit 10 000 Zellen verbunden sein, von denen jede fortwährend Informationen austauscht. Diese zwölf bis 14 Billionen Gehirnzellen mit ihren 10 000 Verbindungen machen das menschliche Gehirn zu einem beispiellosen Computer. Die Aktivität des Gehirns ist mit 1000 elektronischen Schalttafeln verglichen worden, von denen eine Einzige schon groß genug ist, um ganz New York zu versorgen. Jede dieser Schalttafeln arbeitet in Höchstgeschwindigkeit daran, Fragen und Befehle aufzunehmen und auszusenden. Anders ausgedrückt: Im Gehirn eines einzelnen Menschen ist mehr elektronische Kapazität vorhanden als in allen Radiogeräten und Fernsehern der ganzen Welt zusammen!

Dem Gehirn des Menschen fehlt nichts. Es ist fähig, die feinsten Impulse zu senden und zu empfangen – von der Vorstellung eines Universums, in dem sich die Zeit krümmt, bis zum Entwurf der polyphonen Struktur einer Bach'schen Fuge oder dem Übermitteln und Empfangen einer Botschaft von Gott selbst. Leistungen, die ein Computer nie vollbringen wird.

Dieses schwindelerregende Potenzial des menschlichen Gehirns erreicht seinen Höhepunkt in der Fähigkeit, mittels des Heiligen Geistes von der Gesinnung Christi Besitz zu ergreifen. Diese Fähigkeit bestätigt Paulus, wenn er sagt: *»Wir aber haben Christi Sinn«* – einen Sinn, der beständig erneuert wird (1Kor 2,16; vgl. Röm 12,2). Ein Computer wird niemals in der Lage sein, Gottes Gedanken zu verstehen, noch wird solch ein Gerät je fähig sein, das Herz Gottes zu kennen oder seinen Willen auszuführen. Doch das geheimnisvolle Etwas, das zwischen unseren Ohren sitzt, hat diese Fähigkeit. Genau dafür wurde es auch geschaffen – die Gesinnung Christi zu haben.

Dieses geistliche Potenzial der Gedanken eines Christen offenbart die große Not der heutigen Gemeinde: *Christen ohne christliche Gesinnung.* Christen, die nicht christlich denken – eine tragische Tatsache, die weitaus mehr auf bekennende christliche Männer zutrifft als auf Frauen, wie wir im Anschluss sehen werden.

Einige prophetische Stimmen haben vor geraumer Zeit begonnen, Alarm zu schlagen, wie beispielsweise der frühere Generalsekretär der Vereinten Nationen, Charles Malik, der dem ehrenwerten Publikum bei der Einweihung des *Billy Graham Centers* im *Wheaton College* erklärte: »Glauben Sie mir, meine Freunde, das heutige Denken steckt in einer tiefen Krise, möglicherweise in einer größeren als jemals zuvor. Wie wir durch gesunde christliche Prinzipien Ordnung in unser Denken bringen und unseren Verstand auf dieser Grundlage formen und mit Informationen versorgen, ist eines der ... größten Themen, mit denen wir uns beschäftigen können.«[54]

Harry Blamires sagte in seinem viel diskutierten Buch über das Denken von Christen, dass Christen nicht wie Christen denken, obschon sie vielleicht wie Christen anbeten und bitten: »Das christliche Denken hat sich dem weltlichen Treiben in einem Ausmaß von Schwäche und Seelenruhe gebeugt, das in der Geschichte des Christentums beispiellos ist.«[55] An anderer Stelle sieht er unsere Generation unter einer geistlichen Appetitlosigkeit *(anorexia religiosa)* leiden: unter dem verlorenen Hunger, in Christus zu wachsen.[56]

Die Ursache dieser Katastrophe liegt in der abnehmenden Bereitschaft, unser erstaunliches und von Gott gegebenes Gehirn angemessen zu versorgen. Christen lassen ihre zwölf Billionen Gehirnzellen schutz- und gedankenlos im Stich – und es mangelt ihnen an Disziplin.

Wenn wir uns Gottes Wort zuwenden, wird uns bewusst, dass die Schreiber der Bibel das Problem weniger auf technische Weise verstanden und dennoch mehr persönlichen Nutzen daraus zogen. *»Mehr als alles, was man sonst bewahrt, behüte dein Herz! Denn in ihm entspringt die Quelle des Lebens«* (Spr 4,23). Die *Schlachter2000* drückt Sprüche 23,7 so aus: *»Denn wie er in seiner Seele berechnend denkt, so ist er.«* Die Bibel teilt uns mit, dass der *Input* den *Output* bestimmt – dass unsere Programmierung festlegt, was am Ende herauskommt.

Das göttliche Programm

Im Neuen Testament verstand das niemand besser als der Apostel Paulus. Nachdem er in seinem Brief an die Philipper die Bewahrung des Herzens und der Gedanken erwähnt hat, verordnet er sein persönliches

Programm in einem einzigen Satz: *»Übrigens, Brüder, alles, was wahr, alles, was ehrbar, alles, was gerecht, alles, was rein, alles, was liebenswert, alles, was wohllautend ist, wenn es irgendeine Tugend und wenn es irgendein Lob gibt, das erwägt!«* (Phil 4,8).

Alle von Paulus aufgeführten Bestandteile sind ausdrücklich positiv. Das Wahre, das Ehrbare, das Gerechte, das Reine, das Liebenswerte und das Wohllautende widersetzen sich einer negativen Auslegung. Jeder dieser Punkte war und ist *eine Frage der persönlichen Entscheidung* – unsere Entscheidungen machen den Unterschied in der Welt. Wir alle können uns für eine Gedankenwelt *entscheiden*, die eine christliche Gesinnung herbeiführt.

Ich empfinde große Sympathie für Menschen, deren Vergangenheit aus einer Kette von falschen Entscheidungen besteht. Ich habe Verständnis dafür, dass eine Veränderung sehr schwer fällt, wenn man jahrelang dem Unreinen, Trügerischen und Negativen den Vorzug gab. Aber als jemand, der sein Denken an der Bibel ausrichtet, gewähre ich weder mir noch einem anderen Menschen Pardon, der seine gegenwärtigen Entscheidungen mit der Vergangenheit zu entschuldigen versucht. Brüder, *als Christen sind wir dazu befreit, eine christliche Gesinnung an den Tag zu legen.* Das liegt im Bereich unserer Möglichkeiten, und es ist auch unsere Pflicht.

Wenn wir uns damit beschäftigen, inwieweit Paulus' Programm unsere Gedanken beeinflussen sollte, dann erfordert bereits seine positive Ausrichtung die entschlossene Zurückweisung von negativem Input: *»Übrigens, Brüder, alles, was unwahr, alles, was unehrbar, alles, was ungerecht, alles, was unrein, alles, was unliebenswert, alles, was nicht wohllautend ist, wenn es irgendeine Untugend gibt und etwas, das des Lobes nicht wert ist, das erwägt nicht!«* Paulus war kein naiver Optimist. Er kannte die dunkle Seite menschlicher Erfahrungen – das erste Kapitel des Römerbriefes legt davon Zeugnis ab. Er entschied sich jedoch, solche Dinge nicht zum Bestandteil seines geistigen Programms werden zu lassen.

Wir müssen die folgende Wahrheit zu einem Fundament unseres Christenlebens machen: *Eine christliche Gesinnung verlangt ein klares Nein; eine christliche Gesinnung ist ohne die Tugend der Verweigerung unmöglich.*

Charles Colson erzählt, wie er sich mit dem Präsidenten einer der drei führenden Fernsehgesellschaften Amerikas zum Essen traf. Dabei erkannte er die einzigartige Gelegenheit, sein Gegenüber zu beeinflussen, und teilte ihm daher mit, dass Millionen Christen Anstoß an dem Programm des Senders nehmen. Da er wusste, dass Fernsehintendanten ein großes Interesse am Profit besitzen, regte Colson an, dass es ein gutes Geschäft wäre, ein gutes Familienprogramm zu senden. »Immerhin«, fügte Colson hinzu, »gibt es 50 Millionen wiedergeborene Christen in Amerika.« Der Fehdehandschuh war geworfen – das Folgende beschreibt Colson so:

> Er schaute mich zweifelnd an. Ich versicherte ihm, dass dies das neueste Ergebnis einer Gallup-Umfrage sei.
>
> »Was schlagen Sie vor, Mr. Colson? Sollen wir vielleicht mehr Sendungen wie, sagen wir, ›*Die Stunde des Siegers*‹ bringen?«
>
> »Ja!«, rief ich aus. »Das ist ein großartiger Film mit einer wunderbaren christlichen Botschaft.«
>
> »Nun gut«, sagte er, »CBS hat ihn gerade vor ein paar Monaten zur Hauptsendezeit ausgesstrahlt. Kennen Sie die Einschaltquote?«
>
> Augenblicklich wusste ich, dass ich mich in Schwierigkeiten befand.
>
> »Daraufhin erklärte er: »An diesem Abend zeigte NBC den Film ›*Am goldenen See*‹, mit 25,2 Prozent aller eingeschalteten amerikanischen Haushalte die Nr. 1, dicht gefolgt von ›*Das geheime Leben meiner Mutter*‹, einer Sendung über eine Mutter, die ihre Vergangenheit als Prostituierte verheimlichte. Es war mit 25,1 Prozent die Nr. 2.
>
> Und mit einigem Abstand und 11,8 Prozent als dritter kam ›*Die Stunde des Siegers*‹ von CBS – ein finanzieller Flop. Von den 60 Sendungen, deren Zuschauerzahlen in dieser Woche eingeschätzt wurden, lag ›*Dallas*‹ an erster Stelle, ›*Die Stunde des Siegers*‹ folgte erst an 57. Stelle.«
>
> »Also«, folgerte mein Gesprächspartner, »wo sind denn nun Ihre 50 Millionen wiedergeborenen Christen, Mr. Colson?«
>
> Gute Frage. Wo sind wir?
>
> Wenn gerade mal die Hälfte der von Gallup ermittelten 50 Millionen wiedergeborenen Christen an diesem Abend die christliche Botschaft gesehen hätte, wäre ›*Die Stunde des Siegers*‹ an die Spitze der Zuschauerquoten gerutscht. Doch die beunruhigende Wahrheit ist, wie Studien von säkularen und von denen des christlichen Fernsehsenders zeigen, dass sich die Fernseh-Gewohnheiten von Christen nicht von denen der Nicht-Christen unterscheiden!
>
> Da beim Fernsehen nun mal der Profit zählt, gibt man seinen Zuschauern – der Öffentlichkeit –, was sie wollen. Es ist nichts anderes als ein Spiegelbild unserer selbst.[57]

Die Christen geben den gleichen *Input* in ihren kollektiven Computer wie der Rest der Welt. Laut Statista sieht der Durchschnittsdeutsche etwa drei Stunden am Tag fern.[58] Die Statistik in christlichen Haushalten beträgt nur eine halbe Stunde weniger.[59]

Statistiken belegen, dass Kinder bis zu ihrem 18. Lebensjahr etwa 2000 Stunden mehr mit digitalen Medien verbringen als in der Schule.[60] Professor Neil Postman sagt, dass ein amerikanisches Kind während der ersten 20 Lebensjahre etwa eine Million Werbespots sieht, was einen Schnitt von ungefähr 1000 pro Woche darstellt![61]

Die Auswirkungen des Fernsehens sind gewaltig:

- eine verkürzte Konzentrationsspanne
- das Nachlassen sprachlicher Fähigkeiten
- eine verminderte Fähigkeit zur Abstraktion
- die Gleichsetzung von Erwachsensein und Kindheit

Um sein Publikum zu locken und zu binden, stellt die Unterhaltungsindustrie gesellschaftliche Tabus zur Schau: Ehebruch, Promiskuität, Homosexualität, Inzest, Gewalt und Sadismus.[62] Das Ergebnis ist, dass diese niedrigsten Handlungen alltäglich werden und sogar moralische Akzeptanz gewinnen.

Es gibt eine deutlich erkennbare Verbindung zwischen diesen Dingen und dem Lebenshintergrund von Verantwortlichen des Fernsehens, der im Kontrast zu dem ihres Publikums steht. Von den leitenden Fernsehmachern in den USA gehen nur sieben Prozent regelmäßig zur Kirche, und 44 Prozent besitzen keine religiöse Zugehörigkeit. Hingegen besuchen 55 Prozent der Zuschauer die Kirche und nur zehn Prozent von ihnen sind keiner Religion zugehörig.[63] Zu leugnen, dass es einen bewussten Angriff auf das christliche Denken und seine traditionellen Werte gibt, wäre gleichbedeutend mit der Ansicht, dass Saddam Hussein eine freundlichere und gerechtere Welt angestrebt hätte.

Bei meinen Aussagen bin ich mir im Klaren darüber – und beherzige diesbezüglich normalerweise »alle« Warnungen –, wie problematisch der Gebrauch von Wörtern wie »alle«, »jeder« und »immer« ist. Absolute Erklärungen sind gefährlich. Aber in diesem Fall tue ich es dennoch: *Für einen Christen ist es unmöglich, eine christliche Gesinnung aufrechtzuerhalten, wenn er seine Abende größtenteils, Monat für Monat, Woche für Woche, tagein, tagaus vor dem Fernseher verbringt oder sich DVDs anschaut.*

Das trifft auf *alle* Christen *immer* und in *jeder* Situation zu! Ein geistiges Programm biblischer Prägung kann niemals mit weltlicher Denkweise harmonieren.

Es gibt Dinge, die wir aus unserem Denken verbannen müssen, wenn wir eine christliche Gesinnung pflegen wollen – das reicht über das Fernsehen hinaus bis hin zu dem, was wir lesen, uns anhören und worüber wir lachen.

Mein Rat? Schalten Sie den Fernseher ab! Das meine ich ernst. Sie werden viel freie Zeit geschenkt bekommen, wenn Sie nicht mehr vor dem Fernseher sitzen – und Sie werden nahezu zwangsläufig eine tiefgründige Persönlichkeit und ein besserer Christ. Selbst wenn Sie mit Ihren Freunden Poker spielen würden, wäre das noch besser, weil Sie dabei *Umgang mit Menschen pflegen!*

Ich rege nicht zu einer neuen Gesetzlichkeit an, die das Fernsehen und das Kino verbietet. (Es finden sich viele Sendungen, die des Anschauens wert sind; und obschon das Christentum seinem Wesen nach eine Gegenkultur ist, ist es nicht anti-kulturell.) Aber ich fordere Gläubige dazu auf, die Kontrolle über ihr Denken zu gewinnen – über das, was hineingelangt und wieder herauskommt. Wenn Sie das, was Sie sehen und hören, nicht kontrollieren können, müssen Sie vielleicht darauf verzichten. *»Wenn aber dein rechtes Auge dir Anstoß zur Sünde gibt, so reiß es aus und wirf es von dir!«* (Mt 5,29). Meine Frau und ich haben uns aus diesem Grund entschieden, unsere Kinder ohne Fernsehen aufwachsen zu lassen – wir haben es nie bereut. Unsere Entscheidung ist nicht auf *jeden* übertragbar, aber möglicherweise auf *Sie*.

Der Psalmist hält für jene einen weisen Rat bereit, die im Zeitalter der Medien leben: *»Ich will mit lauterem Herzen wandeln in meinem Hause. Ich will keine heillosen Dinge ins Auge fassen«* (Ps 101,2-3). Wir müssen Christus gestatten, der Herr über unsere Hauptsendezeit zu sein.

Einige von Ihnen werden dies mit ihrem Ehepartner eingehend besprechen und den Willen Gottes im Gebet erfragen müssen. Aber auch für unverheiratete Männer, die Probleme haben, ihre Gedankenwelt zu kontrollieren, besteht die Notwendigkeit, diesbezüglich nach dem Willen Gottes zu fragen und sich jemanden zu suchen, der ihnen eine Hilfe ist. Wir sollten uns nicht damit zufriedengeben, wie andere Christen zu sein, oder eine Gemeinde zu haben, die wie andere evangelikale Gemeinden ist. Lasst uns anders sein, weil wir eine *christliche Gesinnung* haben.

Bewusste Programmierung

In dem Text, den wir eingangs beleuchtet haben, spricht Paulus sich dafür aus, unsere Gedanken auf das Wahre, das Ehrbare, das Gerechte, das Reine, das Liebenswerte, das Wohllautende, das Tugendhafte und das Lobenswerte zu konzentrieren, und schließt mit der Aufforderung ab: »*Das erwägt!*« (Phil 4,8). Das Wort, das er hierbei verwendet, ist das griechische *logizomai*. Von ihm leiten wir das in der Mathematik gebräuchliche Wort *Logarithmus* her, das uns an einen Computer denken lässt. Es bedeutet ein »besonnenes und ausdauerndes Nachdenken, so als würde jemand ein mathematisches Problem erwägen«.[64] Die Art und Weise, wie ich mit meiner Post umgehe, bietet hierfür ein Beispiel. Ehrlich gesagt, das meiste wandert in den Papierkorb. Ich lese den Absender, um zu sehen, ob es sich um Werbung handelt, dann öffne ich es vielleicht, überfliege ein paar Zeilen – und schon wird es weggeschmissen. Doch wenn es ein Katalog mit Outdoor-Artikeln ist, blättere ich ihn lange und sorgfältig durch – besonders viel Zeit und Aufmerksamkeit widme ich den ultra-leichten Graphitangelruten. Doch wir sollen über die wunderbaren Dinge nachdenken, von denen Gott möchte, dass wir sie in unseren »Computer« aufnehmen. Gott ruft uns in seinem Wort auf, unsere Gedankenwelt umfassend und positiv zu disziplinieren.

Die Heilige Schrift

Das kann nur durch ein tiefgehendes und kontinuierliches Eintauchen in das Wort Gottes geschehen, das vom Wirken des Heiligen Geistes begleitet werden muss. Jeder Christ hat unabhängig von seiner Bildung die Möglichkeit, sich Gottes Wort auszusetzen.

Generalleutnant William K. Harrison war der höchstdekorierte Soldat des 30. Infanterieregiments, das von General Eisenhower als das beste Infanterieregiment des Zweiten Weltkriegs angesehen wurde. Harrison war der erste Amerikaner, der an der Spitze der Alliierten in Belgien landete. Er empfing für seine Tapferkeit jede denkbare Auszeichnung, ausgenommen die *Congressional Medal of Honor.* Er erhielt das *Distinguished Silver Cross*, den *Silver Star*, den *Bronze Star for Valor* und das *Purple Heart* (denn er war einer der wenigen Generäle, die im Kampf verwundet wurden). Zu Beginn des Korea-Krieges diente er als Stabschef bei den Vereinten Nationen – und aufgrund seines Charakters und seiner Selbstbeherrschung wurde er schließlich von Präsident

Eisenhower ausgewählt, die langen und ermüdenden Verhandlungen zur Beendigung des Krieges zu führen.

General Harrison war ein geachteter Soldat, der ein geschäftiges und äußerst bewegtes Leben führte und zudem ein Mann des Wortes Gottes war. Als 20-jähriger Kadett der *West Point Akademie* begann er, das Alte Testament einmal und das Neue Testament viermal im Jahr durchzulesen. General Harrison behielt diese Angewohnheit bis zu seinem Lebensende bei, selbst mitten im Krieg während der jeweils zwei- bis dreitägigen Ruhepausen im Anschluss an Gefechte – sodass er bis zum Ende des Krieges nicht in Verzug geriet.

Als sein schwächer werdendes Augenlicht dies im Alter von 90 Jahren nicht mehr zuließ, hatte er das Alte Testament 70-mal und das Neue Testament 280-mal durchgelesen! Somit verwundert es nicht, dass seine Gottesfurcht und Weisheit geradezu sprichwörtlich waren und der Herr ihn 18 Jahre lang gebrauchte, um die *Officers Christian Fellowship* (OCF) zu leiten.[65]

Die Geschichte von General Harrison zeigt uns zwei Dinge. Erstens: Es ist möglich – sogar für den am meisten Beschäftigten von uns –, sich systematisch von Gottes Wort zu ernähren. Niemand könnte beschäftigter sein oder ein anstrengenderes Leben führen als General Harrison.

Zweitens: Sein Leben ist ein leuchtendes Beispiel eines Menschen, der seine Gedanken mit dem Wort Gottes füllte. Seine engsten Vertrauten sagten, dass jeder Bereich seines Lebens (der häusliche, geistliche und berufliche) und jedes der großen Probleme, dem er gegenüberstand, von der Heiligen Schrift durchdrungen war. Die Leute staunten über sein Bibelwissen und die Fähigkeit, es auf jeden Lebensbereich anzuwenden.

Er lebte die Erfahrung des Psalmisten aus:

Wie liebe ich dein Gesetz!
Es ist mein Nachdenken den ganzen Tag.
Dein Gebot macht mich weiser als meine Feinde.
Denn ewig ist es mein!
Verständiger bin ich als alle meine Lehrer.
Denn deine Zeugnisse sind mein Überlegen.
Einsichtiger als Greise bin ich.
Denn deine Vorschriften habe ich gehalten.
(Ps 119,97-100)

Prägen Sie sich Folgendes gut ein: *Sie werden niemals eine christliche Gesinnung erlangen, wenn Sie nicht regelmäßig die Bibel lesen.* Denn das, was Ihnen unbekannt bleibt, kann keinen Einfluss auf Sie ausüben. Wenn Sie mit Gottes Wort erfüllt sind, kann Ihr Leben von Gott durchdrungen und geleitet werden: Ihre Beziehungen zu Hause, die Erziehung Ihrer Kinder, Ihr Berufsleben, Ihre ethischen Entscheidungen, Ihr moralisches Innenleben. Der Weg zu einer christlichen Gesinnung führt über das Wort Gottes!

Um es noch einmal zu wiederholen: Wir müssen vorsichtig sein, aus dem Bibellesen kein Gesetz zu machen, nach dem Motto: »Gute Christen lesen die Bibel einmal im Jahr durch.« Das verlangt die Bibel an keiner Stelle. Manche Menschen können einfach nicht gut oder nicht schnell genug lesen; und die Bibel lediglich schnell zu lesen, ist nicht die Lösung. Wie Lucy zu Charlie Brown sagte: »Ich habe soeben einen Kurs im Schnelllesen abgeschlossen und letzte Nacht habe ich *Krieg und Frieden* in nur einer Stunde geschafft. Es handelt von Russland.«

Mein Bruder hatte als Legastheniker das Pech, seine Schulausbildung in einer Zeit erhalten zu haben, in der noch wenig über Lernbehinderungen bekannt war; er lernte, gerade so gut zu lesen, dass er in seinem Beruf zurechtkommen konnte. Vor Kurzem wurde er Christ. Das motivierte ihn neu, Gottes Wort kennenzulernen, und es veranlasste ihn, Kassetten mit Bibeltexten zu kaufen. Zusätzlich liest ihm seine Frau aus der Bibel vor. Seine Fähigkeit zu lesen verbessert sich jedes Jahr.

Die meisten Menschen werden jedoch feststellen, dass es das Beste ist, die Bibel einmal im Jahr durchzulesen, weil dazu nur fünf Seiten pro Tag notwendig sind und es ein erreichbares Jahresziel darstellt. Was auch immer Ihren Fähigkeiten entspricht: Als Christ müssen Sie das Wort Gottes regelmäßig lesen und studieren. Wenn Sie das nicht tun, beschränken Sie das Wirken Gottes und werden niemals eine vollkommene christliche Gesinnung erlangen.

In jedem christlichen Buchladen werden Sie unterschiedliche Monats- und Jahrespläne zum Bibellesen erwerben können. Dort sollten Sie auch nachfragen, falls Sie Interesse an der Bibel auf Kassette oder CD haben. Ich empfehle Ihnen, von diesen Möglichkeiten Gebrauch zu machen.

Christliche Literatur

Neben dem Lesen der Bibel sollten wir auch gute Bücher lesen. Der brillante jüdische Gastgeber einer Radio-Talkshow, Dennis Prager – ein Mann, der sicherstellt, dass er gut informiert ist – sagte in einem Interview:

> Eine Sache ist mir bei den Evangelikalen aufgefallen: Sie lesen nicht. Sie lesen weder die Bibel noch die Werke großer christlicher Denker; sie haben nie von Thomas von Aquin gehört. Wenn sie Presbyterianer sind, haben sie nie etwas von den Gründern des Presbyterianismus gelesen. Ich verstehe das nicht. Als Jude erscheint mir das verwirrend. Die Aufforderung zum Studieren ist so tief im Judentum verwurzelt, dass wir im Studium geradezu versinken. Gott hat uns ein Gehirn geschenkt, sollten wir es nicht zum Dienst für ihn verwenden? Wenn ich ein evangelikales, christliches Haus betrete und sehe alles in allem 30 Bücher, von denen die meisten Bestseller sind, dann kann ich das nicht begreifen. Ich als Jude besitze ganze Bücherkisten mit christlicher Literatur. Warum besitze ich mehr christliche Bücher als 98 Prozent der amerikanischen Christen? Das erscheint mir widersinnig.[66]

Es *ist* widersinnig – besonders, weil die Hingabe an Christus im Zusammenhang mit einem Glauben steht, der weit über die Erfahrungen des täglichen Lebens hinausgeht. Traurigerweise besteht der größte Teil des nicht-lesenden christlichen Publikums aus Männern, die lediglich 25 Prozent aller christlichen Bücher kaufen.[67]

Ihr Männer, dem Reichtum aller Heiligen der vergangenen Jahrhunderte zu entsagen, bedeutet, bewusst einer geistlichen Magersucht zuzustimmen. Bedeutende Werke christlicher Autoren vergrößern, inszenieren und erhellen für uns lebenspendende Wunder. Andere haben den Weg beschritten, den wir uns so sehnlich wünschen. Sie haben die Fallstricke und Warnschilder am Wegesrand für uns dokumentiert. Sie haben uns auch Beschreibungen geistlicher Kostbarkeiten hinterlassen, die uns weiterhelfen und uns nach oben ziehen können.

Als ich mich auf Vorträge und Niederschriften zum Thema »Denken« vorbereitete, sandte ich 30 christlichen Leitern einen Fragebogen – zu ihnen zählten Charles Colson, James Dobson, Carl F. H. Henry, J. I. Packer, Warren Wiersbe und Calvin Miller. Ich erhielt 26 Antwortschreiben. Die Umfrage beinhaltete vier Fragen:

1. Welche fünf Bücher – weltlichen oder geistlichen Inhalts – haben den größten Einfluss auf Sie ausgeübt?
2. Welche geistlichen Bücher haben Sie am stärksten geprägt – welches favorisieren Sie?
3. Welcher Roman ist Ihr Lieblingsroman?
4. Welcher Biografie geben Sie den Vorzug?

Die am häufigsten erwähnten theologischen und erbaulichen Bücher waren: C. S. Lewis' *Pardon, ich bin Christ*; Oswald Chambers' *Mein Äußerstes für sein Höchstes*, Johann Calvins *Institutiones*, A. W. Tozers *Streben nach Gott* und Thomas von Kempens *Nachfolge Christi*. Die am häufigsten genannten Biografien waren: Mr. und Mrs. Howard Taylors *Das geistliche Geheimnis des Hudson Taylor* und Elisabeth Elliots *Im Schatten des Allmächtigen*. Die beliebtesten Romane waren: Leo N. Tolstois *Anna Karenina* und Fjodor M. Dostojewskis *Die Brüder Karamasow* (Letzteres wurde z. B. von Charles Colson, Wayne Martindale, Harold Myra, J. I. Packer und Eugene Peterson bevorzugt). Diese Titel bilden einen hervorragenden Querschnitt seriöser christlicher Werke, die Sie zum Lesen auswählen können, falls Sie das bisher noch nicht getan haben.

Ihr Männer, es ist notwendig, dass wir unsere Gedankenwelt mit guten Dingen füllen. Ich schlage keinen übereilten Großeinkauf vor (George Will zum Beispiel ist in der Lage, zwei dicke Bücher pro Woche zu lesen). Doch viele tun schon gut daran, wenn sie sich vornehmen, zwei oder drei gute Bücher im Jahr zu lesen.

Welch erstaunliche zwei Kilogramm befinden sich doch zwischen unseren beiden Ohren: ein Instrument, das eine größere Kapazität besitzt als Tausend mit Höchstgeschwindigkeit arbeitende Schalttafeln der Stadt New York. Unser Verstand ist größer als alle Computer zusammengenommen, denn wir sind in der Lage, Christi Gesinnung anzunehmen und über die Gedanken Gottes nachzudenken; wir können sein Herz in uns tragen und sind zu seinen Werken befähigt. Was für eine ewige Tragödie ist es also, wenn wir diesen erlösten Verstand besitzen und dennoch keine christliche Gesinnung zeigen!

Wir müssen unser Denken schützen. Wir dürfen den uns umgebenden Medien nicht erlauben, uns ihr Programm aufzuzwingen. Wir müssen »Nein« sagen zu der Wüste, die in unsere Häuser eindringen will.

Und wir müssen uns bewusst darum bemühen, uns durch das Lesen der Bibel dem göttlichen Programmierer zu unterstellen. Das erfordert ein hohes Maß an geistlicher Arbeit. *»Übe dich aber zur Gottesfurcht; denn die leibliche Übung ist zu wenigem nütze, die Gottesfurcht aber ist zu allen Dingen nütze, weil sie die Verheißung des Lebens hat, des jetzigen und des zukünftigen«* (1Tim 4,7-8). Geben Sie sich unter Gebet dem Lesen und Studieren des Wortes Gottes hin.

Lesen Sie des Weiteren die großen Werke der Menschen, die den Weg vor Ihnen gegangen sind. Treffen Sie Ihre Entscheidung noch heute mit Gebet.

Denkanstöße

- Was sagt Ihnen der Vergleich zwischen der Behauptung von Harry Blamires (»Das christliche Denken hat sich dem weltlichen Treiben in einem Ausmaß von Schwäche und Seelenruhe gebeugt, das in der Geschichte des Christentums beispiellos ist.«) und dem Wort aus Sprüche 4,23? Sind unsere Gedankeninhalte wirklich von Bedeutung?
- Was drückt Philipper 4,8 über die Gedankenwelt aus? Stehen wir in der Gefahr, das Leben mit den Augen eines naiven Optimisten zu betrachten und die Belastungen und Spannungen des Lebens zu leugnen? Wenn das nicht zutrifft, was lehrt uns diese Bibelstelle dann?
- Welche Aussage liefern uns Matthäus 5,29 und Psalm 101,2-3 über eine disziplinierte Gedankenwelt? Ist es tatsächlich möglich, diese Verse Tag für Tag auszuleben? Wie?
- Auf welche Weise kann uns Gottes Wort in diesem Lebensbereich helfen (vgl. Ps 119,97-100)? Handeln Sie entsprechend dieser Verse? Warum oder warum nicht?
- Haben Sie die Bibel jemals in einem Jahr durchgelesen (oder zumindest in zwei oder drei Jahren)? Sind Sie bereit, Gott dieses Versprechen jetzt zu geben, um mit der ganzen Heiligen Schrift vertrauter zu werden und die Stimme Gottes durch sein Wort besser hören zu können?
- Führen Sie wenigstens drei oder vier christliche Bücher auf, die einen bedeutenden Einfluss auf Ihr Leben genommen haben. Nennen Sie anschließend mindestens zwei christliche Bücher, die Sie lesen wollen. Wann werden Sie damit beginnen, diese Bücher zu lesen?

Anwendung / Konsequenz

Welchen Punkt hat Gott bei Ihnen in diesem Kapitel am konkretesten angesprochen? Sprechen Sie jetzt gleich mit ihm darüber!

Zum Nachdenken

Gibt es Bereiche in Ihrer Gedankenwelt, in denen es Ihnen an Disziplin mangelt? Womit kämpfen Sie am meisten? Mit sexuellem Verlangen? Selbstmitleid? Alten Wunden? Stolz? Sorgen? Oder anderen Dingen? Was können Sie praktisch und geistlich tun, um in diesen Bereichen voranzukommen?

7
Hingabe

Als sich mein persönliches Verständnis vom inneren Leben mehr und mehr entwickelte, lernte ich, dass neben den wohlbekannten Aufforderungen zum Gebet in der Bibel zwei wichtige Gründe im Menschen selbst liegen, weshalb wir beten sollen.

Der erste besteht in der Wirkung des Gebets auf unseren Charakter. Gebet ist wie eine »Belichtungszeit« Gottes. Unsere Seelen funktionieren wie fotografische Platten, und das leuchtende Bildnis Christi ist das Licht. Je mehr wir unser Leben der weißglühenden Sonne seines gerechten Lebens aussetzen (sagen wir für fünf, zehn, fünfzehn, dreißig Minuten oder eine Stunde täglich), desto tiefer wird sein Bildnis in unseren Charakter gebrannt – seine Liebe, Wahrheit, Integrität, Demut und sein Erbarmen. Wie wir bereits gesehen haben, traf dies auf General William Harrison zu, der 70 Jahre lang ein diszipliniertes Leben der Hingabe führte. Die Menschen sagen, dass in seiner Gegenwart Christus deutlich zu spüren war.

Den zweiten Grund finden wir in der Tatsache, dass das Gebet unseren Willen dem Willen Gottes unterordnet. E. Stanley Jones, ein berühmter Missionar und Mann des Gebets, erklärte es folgendermaßen:

> Wenn ich von meinem Boot einen Bootshaken auswerfe, mich dabei aber am Land festhalte und ziehe, ziehe ich dann das Land zu mir oder ziehe ich mich an Land? Im Gebet ziehe ich Gott nicht zu meinem Willen herab, sondern ich richte meinen Willen auf seinen aus.[68]

Was für einen attraktiven Gewinn bietet uns die Zeit, die wir im Gebet in der Gegenwart Gottes verbringen! Hierin liegt die geistliche Trostlosigkeit unserer Tage begründet. Wie Dallas Willard in seinem Buch über geistliches Wachstum schreibt: »Das ›offene Geheimnis‹ vieler ›bibelgläubigen‹ Gemeinden ist, dass ein verschwindend geringer Anteil von denen, die über das Gebet reden, ... auch wirklich das praktiziert, wovon sie sprechen.«[69] Das trifft besonders auf Männer zu – zu unserem Nachteil und zu unserer Schande. Wie die Statistiken von George Gallup zeigen, beten Männer beträchtlich weniger als Frauen.[70]

Meine eigene Erfahrung im Gespräch mit Gemeindeleitern stimmt damit überein: Viele geben offen zu, dass ihr Gebetsleben undiszipliniert, ja, kaum vorhanden ist. Gelegentlich habe ich gehört, dass im gegenseitigen Bekennen des Versagens ein kläglicher Trost gesucht wird – »Du bist schon irgendwie in Ordnung und ich glaube, ich auch.«

Warum versagen so viele Männer bei der persönlichen Hingabe und im Gebet? Zum Teil aus dem gleichen Grund, weshalb sie die Gemeinden weniger besuchen und weniger lesen: Sie sind für geistliche Dinge nicht so sensibilisiert und offen wie Frauen. Hinzu kommt, dass Männer von der zeitraubenden Leistungsethik des Geschäftslebens dominiert werden, die ihnen das Gefühl verleiht, meilenweit von der Ruhe zum Nachdenken und vom Gebet entfernt zu sein. Doch die meisten versagen, weil sie schlichtweg nicht wissen, wie sie sich ein inneres geistliches Leben aneignen können.

Die Belehrungen dieses Kapitels über ein Leben in Hingabe sowie das folgende über das Gebet werden Ihnen helfen, ein fruchtbringendes inneres Leben zu entwickeln – wenn Sie sich die Ratschläge zu Herzen nehmen.

Doch vorab gibt es einige notwendige Einschränkungen. Erstens: Ein Leben des Gebets und der Hingabe kann nicht auf ein paar Regeln reduziert werden. Diese Bereiche der geistlichen Erfahrung sind viel zu dynamisch und persönlich, um sie in einer vereinfachenden Formel festzuhalten.

Zweitens: Wir müssen vorsichtig sein, dass wir aus den verwendeten Teilüberschriften (Nachsinnen, Bekennen, Anbetung, Gehorsam, Bitten) nicht den Schluss ziehen, dass Hingabe auf eine bestimmte Reihenfolge festgelegt ist, denn so etwas gibt es nicht und hat es nie gegeben. Der Lebensrhythmus verlangt es manchmal, dass wir durch ein »Herr, bitte, hilf mir« direkt mit dem Bitten anfangen. Andere Zeiten verbringen wir nahezu ausschließlich mit dem Bekennen, dem Nachsinnen oder der Anbetung.

Wie wir im vorangegangenen Kapitel besprochen haben, ist das Lesen des Wortes Gottes unbedingt erforderlich, um eine christliche Gesinnung zu entwickeln. Alle Christen sollten systematisch die Bibel lesen – wenn möglich einmal im Jahr –, damit ihre Gedanken ständig mit den Informationen der Heiligen Schrift gefüttert werden.

Haben wir das verstanden, schließt sich ein weiterer Schritt an: Das Nachsinnen – das bedeutet, einen Teil des göttlichen Wortes persönlich anzuwenden und zu verinnerlichen.

Nachsinnen

Zuhören

Das Nachsinnen nimmt seinen Anfang mit der Übung, Gottes Wort zuzuhören. Eugene Peterson weist darauf hin, dass Psalm 40,7 im hebräischen Original eine hervorragende Metapher beinhaltet, die die Notwendigkeit des Zuhörens bildlich darstellt. Das kommt in der *Elberfelder Bibel* auch sehr gut zum Ausdruck, denn dort heißt es wörtlich: »*Ohren hast du mir gegraben.*« Der metaphorische Begriff »graben« lässt, wenn man einmal von dem Werk Gottes absieht, einen Kopf ohne Ohren vermuten – »ein Dummkopf. Augen, Nase und Mund, aber keine Ohren.«[71]

Diese bemerkenswerte Metapher steht im Zusammenhang mit einer religiösen Betriebsamkeit, die für Gottes Stimme taub ist: »*An Schlacht- und Speisopfern hattest du kein Gefallen, ... Brand- und Sündopfer hast du nicht gefordert.*« Das Problem bestand darin, dass die religiösen Weggefährten des Psalmisten von der Ausführung ritueller Opfer aus dem Wort Gottes gelesen hatten, die Botschaft aber verfehlten. Gott hatte gesprochen, doch sie haben nichts gehört.

Was tut Gott also? Er nimmt Spitzhacke und Schaufel und durchgräbt den »Granit des Schädels« von der Seite her. Dadurch entstehen Öffnungen, die sein Wort zu Herz und Hirn durchdringen lassen. Das Ergebnis besteht im Hören, und der Hörende erwidert: »*Da sprach ich: Siehe, ich komme; in der Rolle des Buches steht über mich geschrieben. Dein Wohlgefallen zu tun, mein Gott, ist meine Lust; und dein Gesetz ist tief in meinem Innern*« (Ps 40,8-9). Die Worte der Bibel müssen nicht bloß gelesen, sondern auch gehört werden. Ihr Ziel ist es, das Herz zu erreichen!

Wie wichtig es ist, dass wir unsere Ohren aufgegraben haben, bestätigen uns die Worte Jesu: »*Wer ein Ohr hat, höre ...*« (Offb 2,7.11.17.29; 3,6.13.22). Wir müssen Gottes Wort *lesen*, aber wir müssen auch dafür beten, dass Gott durch die Granitwände unserer Köpfe hindurch bläst, damit wir sein Wort wirklich *hören* können.

Das Vor-sich-Hersagen der Heiligen Schrift

Wenn der Psalmist vom Nachsinnen über das Gesetz Gottes am Tag und in der Nacht spricht (vgl. Ps 1,2), verwendet er ein Wort, das auch mit »murmeln«[72] übersetzt werden kann – was letztlich einem leisen Vor-sich-Hersagen entspricht. Das gleiche hebräische Wort wird in

Psalm 2,1 auch für das Ersinnen von negativen Dingen benutzt, ebenso wie in Jesaja 59,11 für das Gurren der Tauben. Augustinus übersetzte Psalm 1,2 sogar folgendermaßen: »Und über sein Gesetz schwatzte er Tag und Nacht.«[73] Das Nachsinnen ist an sich eine verbal ausgeführte Tätigkeit. Es bedeutet, dass der Psalmist sich Gottes Wort *einprägte* – denn man kann Bibelverse nicht ständig vor sich hersagen, ohne sie sich einzuprägen; das gilt auch umgekehrt.

Die persönliche Anwendung liegt darin, dass wir – neben dem systematischen Lesen der Bibel – besonders bedeutsame Teile herausgreifen sollten, um sie in Ehrfurcht vor uns herzusagen. Manchmal mag es ein einzelner Vers sein – zum Beispiel Philipper 3,10 mit seinen vier Hervorhebungen, die ich am liebsten vor mir hersage:

Um ihn
und die Kraft seiner Auferstehung
und die Gemeinschaft seiner Leiden zu erkennen,
indem ich seinem Tod gleich werde.

Wenn man sich auf diese Weise langsam und mit Gebet durch die Schrift arbeitet, sind Augen, Ohren und Mund beteiligt, und das Wort Gottes bohrt sich durch den Granit des Kopfes zum Herzen hin. Auf diese Weise werden Verinnerlichung und Hingabe maximiert.

Größere Abschnitte, vor allem klassische Stellen, sind zum Nachsinnen wie gemacht. Die Zehn Gebote, von denen die vier ersten auf Gott und die folgenden sechs auf den Menschen ausgerichtet sind, sollte man in ehrfurchtsvoller Selbstprüfung regelmäßig vor sich her sagen (2Mo 20,1-17; 5Mo 5,1-22). Im Neuen Testament gibt es acht Seligpreisungen, die aufeinanderfolgen: »*Glückselig die Armen im Geist, … die Trauernden, … die Sanftmütigen, … die nach der Gerechtigkeit hungern und dürsten, … die Barmherzigen, … die reinen Herzens sind, … die Friedensstifter, … die um Gerechtigkeit willen Verfolgten …*« (Mt 5,3-10). Das Vaterunser beginnt mit der grundlegenden Vergegenwärtigung: »Unser Vater, der du bist in den Himmeln« (Mt 6,9) – anschließend finden wir drei Bitten in vertikaler Richtung und drei in horizontaler. Es ist ein perfektes Vorbild für das Gebet und das Nachsinnen. Es gibt unendliche Möglichkeiten, einschließlich der sogenannten *kenosis*-Stelle in Philipper 2,5-11, die anfängt mit: »*Habt diese Gesinnung in euch, die auch in Christus Jesus war …*« Weiteren Stoff zum Nachsinnen beinhalten die Gleichnisse Jesu, die Psalmen und die Sinnsprüche von Jakobus. Sowohl die praktischen als auch die eher lehrmäßig abstrakten Bibelstellen liefern göttliches Material zum ehrfürchtigen Nachsinnen.

Die Auswirkungen des Nachsinnens sind übernatürlich:

- **Erweckung** – »*Das Gesetz des HERRN ist vollkommen, es erquickt die Seele*« (Ps 19,8).
- **Weisheit** – »*Das Zeugnis des HERRN ist zuverlässig, es macht den Einfältigen weise*« (Ps 19,8); »*Wie liebe ich dein Gesetz! Es ist mein Nachdenken den ganzen Tag. Dein Gebot macht mich weiser als meine Feinde. Denn ewig ist es mein!*« (Ps 119,97-98).
- **Wachstum im Glauben** – »*Also ist der Glaube aus der Verkündigung, die Verkündigung aber durch das Wort Christi*« (Röm 10,17).

Wir mögen uns von der Aufforderung zum Nachsinnen herausgefordert, überführt oder beeindruckt fühlen. Die Frage ist: Wie sollen wir vorgehen? Die Bibel teilt uns mit, dass wir beständig – »*Tag und Nacht*« (Ps 1,2; vgl. Ps 119,97) – über das Wort nachdenken sollen, sogar wenn wir nachts wach liegen (Ps 63,7; 119,148). Es wäre ideal, wenn wir das Nachsinnen zu einem Teil unserer regelmäßigen Stillen Zeit machen würden, in der wir uns zurückziehen und über Gottes Wort nachdenken. Doch auch während unseres angefüllten Tagesprogramms können wir Gelegenheiten zum Nachdenken über die Bibel finden – im Auto, in der Mittagspause oder an der Bushaltestelle. Wählen Sie sich einen Text aus, schreiben Sie ihn auf ein Kärtchen und stecken Sie es in die Tasche. Holen Sie es dann in einer freien Minute hervor. Sagen Sie den Text vor sich her. Prägen Sie ihn sich ein. Beten Sie ihn. Sprechen Sie ihn laut aus. Teilen Sie ihn anderen mit.

Das Nachsinnen ist ein Muss. Nachdem Mose sein Lied beendet hatte, sagte er zum Volk Israel: »*Richtet euer Herz auf all die Worte, die ich euch heute bezeuge … Denn nicht ein leeres Wort ist es für euch,* ***sondern es ist euer Leben***« (5Mo 32,46-47; Hervorhebung durch den Autor).

Bekennen

Eine dauerhafte Hingabe ist ohne das Bekennen von Sünde nicht möglich. Das kann zu jeder Zeit geschehen. Im Idealfall folgt das Bekenntnis direkt auf die Sünde. Aber nur allzu oft sind wir zu stolz und innerlich aufgewühlt, um unsere Sünde augenblicklich zu bekennen – beispielsweise, wenn wir uns in einer hitzigen Diskussion nicht beherrschen konnten. Doch Hingabe ist unmöglich, wenn wir mit Schuld beladen sind.

Spontanes Bekennen

Wenn wir es versäumt haben, Gott unsere Sünden sofort einzugestehen, muss das Bekenntnis notwendigerweise zu Beginn unserer Stillen Zeit erfolgen. Es ist auch damit zu rechnen, dass weitere versteckte Sünden ans Licht kommen, während wir über die Bibel nachdenken oder sogar Gott anbeten. So ist unsere Stille Zeit möglicherweise mit wiederholtem Bekennen gefüllt. Es ist eine lehrreiche Erkenntnis, dass Psalm 139, der systematisch Gottes Allmacht und Allwissenheit herausstellt, mit der Bitte des Psalmisten an Gott endet, seine Seele zu erforschen:

> *Erforsche mich, Gott, und erkenne mein Herz.*
> *Prüfe mich und erkenne meine Gedanken!*
> *Und sieh, ob ein Weg der Mühsal bei mir ist,*
> *und leite mich auf dem ewigen Weg!*
> (Ps 139,23-24)

Ähnliches rief Jesaja aus, als er anbetete: »*Wehe mir, denn ich bin verloren. Denn ein Mann mit unreinen Lippen bin ich, und mitten in einem Volk mit unreinen Lippen wohne ich. Denn meine Augen haben den König, den HERRN der Heerscharen, gesehen*« (Jes 6,5).

Systematisches Bekennen

Auch wenn wir verstanden haben, dass das Bekennen spontan geschehen sollte, muss unsere Stille Zeit ebenso systematisches Bekennen zum Inhalt haben. Erstens müssen wir bekennen, was wir sind. In Bezug auf unser menschliches Sein sind wir tatsächlich *Sünder.* Zu diesem Punkt habe ich Römer 3,9-20 als am hilfreichsten empfunden, da dieser Text uns wiederholt bestätigt, dass wir Sünder sind – dass sogar unser gesamtes Wesen durch das Böse verdorben ist. Es ist äußerst wichtig, dass wir das regelmäßig bekennen, denn in unserem von Natur aus sündigen Wesen liegt auch die fälschliche Annahme begründet, als ein wiedergeborener und geistlich wachsender Mensch könne man über seinen eigentlichen Zustand erhaben sein. Das ist ein Irrglaube, der nur unsere absolute Verdorbenheit bezeugt.

Zweitens müssen wir unsere einzelnen Sünden bekennen. Ich möchte vorschlagen, dass wir eine Liste unserer Sünden anfertigen, denn das Aufschreiben hilft uns, dass wir ihrer persönlich bewusst werden. C. S. Lewis sagte: »Wir müssen vor ihn bringen, was in uns ist, nicht, was in uns sein sollte.«[74] Wenn wir das getan haben, sollten wir jede einzelne Sünde bei ihrem hässlichen Namen nennen und Gott anschließend für seine Vergebung durch das Blut seines Sohnes danken.

Wie wichtig das Bekennen für ein hingegebenes Leben ist, kann nicht überbetont werden. *»Wenn ich es in meinem Herzen auf Götzendienst abgesehen hätte, so würde der Herr nicht hören«* (Ps 66,18; vgl. Spr 28,13). Nicht bekannte Sünden verschließen den Himmel wie ein Grab. Aber das Bekennen öffnet nicht nur den Himmel, sondern es vertieft auch unsere Vertrautheit mit Gott, wie Francois Fenelon betonte:

> Sagen Sie Gott alles, was in Ihrem Herzen ist, so wie man sein Herz vor einem lieben Freund ausschüttet. ... Menschen, die keine Geheimnisse voreinander haben, mangelt es niemals an Gesprächsstoff; sie müssen ihre Worte nicht auf die Waagschale legen, da sie vor dem anderen nichts zu verbergen haben. Sie haben auch keine Schwierigkeiten, ins Gespräch zu kommen, denn sie reden aus der Fülle ihres Herzens – gerade das, was sie denken, ohne etwas zurückzuhalten. ... Gesegnet sind die Menschen, die zu einem solch vertrauten, uneingeschränkten Umgang mit Gott gelangen.[75]

Anbetung

Die Hingabe sollte ihren Höhepunkt in erhabener Anbetung finden. Diese beginnt mit gesunder Ehrfurcht in der Gegenwart des Gottes, den wir kennen und dem wir dienen.

Ehrfurcht

Gott zu nahen muss immer von Ehrfurcht gekennzeichnet sein und ist besonders in unserer oberflächlichen evangelikalen Kultur vonnöten. Die meisten Christen könnten etwas von dem Schrecken vertragen, von dem Luther ergriffen wurde. Es war »der Schrecken vor dem Unbegrenzten«[76], der ihn zur Anbetung brachte – denn unser Zugang zu dem ehrfurchtgebietenden Gott des Himmels ist real!

Mit der gebührenden Ehrfurcht einher geht die Konzentration. Wir müssen mit unserer ganzen Aufmerksamkeit dabei sein. Luther sagte: »Wir versuchen Gott, wenn wir mit dem Mund plappern und unser Herz gleichzeitig auf etwas anderes gerichtet ist. ... Jegliche Sache, soll sie gut ausgeführt werden, verlangt den ganzen Menschen, all seinen Verstand und seine Fähigkeiten.«[77] Das ist der Grund, weshalb wir die beste Zeit des Tages der Beschäftigung mit Gott widmen müssen, wenn wir am frischesten sind.

Ehrfurcht und Konzentration müssen mit dem Geist der Demut verbunden werden, dessen bewusstes Ziel die Anbetung ist – um Gott würdig zu erheben und ihm großen Wert beizumessen. *»Du bist würdig, unser Herr und Gott, die Herrlichkeit und die Ehre und die Macht zu nehmen, denn du hast alle Dinge erschaffen, und deines Willens wegen waren sie und sind sie erschaffen worden«* (Offb 4,11; vgl. 5,9-13).

Über die Größe Gottes nachdenken

Im Kern der Anbetung steht das Betrachten der Größe Gottes. Zahlreiche Psalmen fordern uns auf, über Gott nachzudenken, wie er in seiner Schöpfung erkannt wird. An keiner Stelle deuten sie an, dass Gott Teil der Schöpfung ist, sondern sie zeigen, dass seine Größe und Majestät in seinen geschaffenen Werken sichtbar wird. Psalm 29 beispielsweise schreibt Gott Herrlichkeit zu durch das sichtbare Ereignis eines gewaltigen Gewitters. Psalm 19 beginnt mit den majestätischen Worten: *»Der Himmel erzählt die Herrlichkeit Gottes, und das Himmelsgewölbe verkündet seiner Hände Werk. Ein Tag sprudelt dem anderen Kunde zu, und eine Nacht meldet der anderen Kenntnis«* (Ps 19,2-3). Der Psalmist fordert den Menschen auf, Gott zuzuhören, wenn er durch seinen Makrokosmos spricht! Im Kontrast dazu rühmt Psalm 139 Gottes Allwissenheit (V. 1-6), Allgegenwart (V. 7-12) und Allmacht (V. 13-16) im Mikrokosmos des menschlichen Verstandes und Körpers.

Die Natur atmet und strahlt die Herrlichkeit Gottes aus. Die Bäume tun das, wenn wir uns Zeit nehmen, sie zu beobachten. Vielleicht haben Sie Bäume schon einmal *wirklich angeschaut* und die gleiche Erfahrung wie Annie Dillard gemacht, indem Sie den Baum in Ihrem Hinterhof als das angesehen haben, was er ist: »Jede Zelle sprüht voller Licht«, es »verschlägt einem den Atem«, und das Herz erhebt sich voller Staunen zu Gott.[78]

Ich erinnere mich, wie ich in der Nähe von *Cabo San Lucas* an der Öffnung einer Bucht fischte; es war ein wolken- und windloser Tag, das herrliche Sonnenlicht tanzte rhythmisch auf dem Wasser und erzeugte platinfarbene und blaue Spiegelungen. Ich entsinne mich, wie ich in eine smaragdgrüne Bucht glitt, die von einer Kakteenwüste umschlossen war. Ich legte einen Schnorchel an und ließ mich von der Bootsseite in eine Welt von Grün, Türkis, Gelb und Rosa gleiten – in eine andere Welt mit einem langsameren und sanfteren Rhythmus. Auch der Sonnenuntergang mit seinem pazifischen Feuer ist mir noch in Erinnerung. Wir saßen im Sand und blickten in den sommerlichen Sternenhimmel. Ich sah wirklich Gott in dem Werk seiner Hände. An demselben Tag staunte ich auch über seine belebte Schöpfung: die ständig gegenwärtigen Möwen im Flug, eine scheinbar endlose See mit Tümmlern und Thunfischen, die ich nicht überblicken konnte, ein gestreifter Speerfisch, der auf seinem Schwanz tanzte und wie ein stürzendes Pferd wieder ins Wasser krachte.

Dann gibt es den Mikrokosmos: ein neugeborenes Baby mit weit geöffneten Augen und Mund, die Arme nach dem Leben ausstreckend – der Höhepunkt von Gottes Schöpfung. Das Gehirn des Säuglings ist ein erstaunlicher Computer, der praktisch alle Eindrücke festhält. Die Augen geben eine ungeheure Menge an Informationen weiter – sie treffen zuerst auf die Hornhaut und werden anschließend von der Linse weitergeleitet, wo das Bild auf die Netzhaut stößt und gleichzeitig 125 Millionen Nervenenden stimuliert. Dies geschieht durch Millionen von mikroskopisch kleinen Schaltern im Sehnerv, der eine Million einzeln isolierter Fasern enthält (damit kein Kurzschluss entstehen kann). Wenn die Information das Gehirn erreicht, startet ein ebenso komplexer Vorgang – und das alles passiert in einer Millionstelsekunde! Auch das Ohr des Säuglings ist auf die umgebenden Schwingungen so eingestellt, dass das Kind eines Tages in der Lage sein wird, Musik zu erzeugen. Was für einen großartigen Gott haben wir!

Bibelgelehrte haben in der Bibel etwa 20 Wesensmerkmale Gottes aufgespürt (diese Anzahl ist allerdings umstritten) – das Nachdenken über diese Wesensmerkmale ist ein althergebrachter Weg zur Anbetung. Zwanzig aufeinanderfolgende Tage mit einem Buch wie A. W. Tozers *Das Wesen Gottes* zu verbringen, kann die Seele eines Menschen zur Herrlichkeit Gottes emporheben. Tozer widmet jedem Wesensmerkmal drei Seiten – Gottes Selbst-Existenz, Gottes ewigem Wesen, Gottes Unbegrenztheit, Gottes Allgegenwart, Gottes Gnade, Gottes Heiligkeit, um nur einige zu nennen.[79]

Zum Schluss noch Folgendes: Nachsinnen und Betrachten treffen zusammen, wenn wir Gottes mächtiges Handeln in den Blick nehmen, das in der Heiligen Schrift beschrieben ist. Nehmen wir beispielsweise die Verklärung Jesu. Lesen Sie Matthäus 17 und Markus 9, und stellen Sie sich vor, was geschah! Versuchen Sie, es aus der Perspektive der Jünger zu sehen: Das Angesicht Jesu leuchtete wie die Sonne, und seine Kleidung erstrahlte in glänzendem Weiß. Über seinem Kopf befanden sich der Große Bär und die Plejaden, und er selbst strahlte wie ein Stern! Oder betrachten Sie die Verklärung aus Jesu Perspektive: Seine Herrlichkeit erleuchtete die Gesichter seiner von Ehrfurcht erfassten Jünger – sein Bild tanzte in ihren weit geöffneten Augen. Nehmen Sie die Szene so genau wie möglich wahr. Denken Sie sich in die Begebenheit hinein, und sinken Sie gemeinsam mit Petrus, Jakobus und Johannes in Anbetung nieder.

In gleicher Weise können Sie bei anderen Ereignissen vorgehen, z. B. bei der Menschwerdung Jesu, seinem Tod und seiner Auferstehung oder den großen Rettungstaten Gottes im Alten Testament. Denken Sie nur an den Zug der Israeliten durch das geteilte Rote Meer oder die Erweckungspredigten Jonas, nachdem er aus dem Bauch des großen Fisches befreit wurde. Zwischen 1. Mose 1 und Offenbarung 22 gibt es genügend wunderbaren Stoff zum ehrfurchtsvollen Nachsinnen.

Verehrung Gottes

Die Hingabe hat ihren Höhepunkt erreicht, wenn die Ehrfurcht und das Nachsinnen über Gott zu einer leidenschaftlichen Verehrung Gottes führen, die sich durch Danksagung und Lob in Wort und Lied äußert. Jonathan Edwards beschrieb seine Erfahrung folgendermaßen:

> Meine Seele verspürte ein starkes Verlangen nach Gott und Christus und nach mehr Heiligkeit, wovon mein Herz erfüllt schien und zu bersten drohte. ... Die meiste Zeit verbrachte ich mit dem Nachdenken über göttliche Dinge, Jahr um Jahr: Häufig durchwanderte ich allein die Wälder und einsamen Gegenden, um nachzusinnen, Selbstgespräche zu führen und mich im Gebet mit Gott zu unterhalten. In solchen Augenblicken pflegte ich immer meine Gedanken hinauszusingen. ... Das Gebet erschien mir als etwas Natürliches wie der Atem, durch das dieses innerliche Brennen meines Herzens entströmen konnte.[80]

Wenn wir Gott verehren, können wir Gottes Wort zum Inhalt unseres *Gebets, Vorlesens* oder *Singens* machen und ihm mit seinen eigenen Worten entgegentreten. Die Psalmen eignen sich perfekt dazu, weil sie ein Handbuch der Anbetung darstellen. Zum Beispiel beginnen und schließen die letzten fünf Psalmen mit einem »Halleluja« (d. h. »Preist den Herrn!«). In Psalm 150 finden wir diesen »Lobpreis« sogar in jedem Satz.[81]

Ebenso gibt es einige wunderbare neutestamentliche Lobeshymnen – beispielsweise im Lukasevangelium, beginnend mit Marias Lobpreis (Lk 1,46-55). In Kolosser 1,15-18 finden wir die bekannte Christus-Hymne, in Johannes 1 und Philipper 2 den Lobpreis auf die Menschwerdung Christi und in Offenbarung 4 und 5 himmlische Lieder.

Natürlich hat auch die christliche Gemeinde Lieder komponiert. Bachs Musik wird im Allgemeinen als christliche Meditation angesehen, die in musikalische Form transponiert wurde. In den Hymnen und geistlichen Liedern der Gemeinde finden wir die reichsten Quellen poetischen Lobpreises in Notenform, mit den Worten von bedeutenden Gläubigen aus vielen Epochen. Zusätzlich könnten wir die schönen, biblischen Lieder unserer Tage erwähnen, von denen viele in der ersten Person geschrieben sind.

In unserer Stillen Zeit sollten wir die Worte unseres Lobpreises nicht vorher festlegen, sondern aus der Fülle unseres Herzens anbeten: »Herr, ich liebe dich und danke dir für ______________. Herr, verherrliche deinen Namen durch mich. ...« Wir sollten Psalmen, Hymnen und geistliche Lieder betend lesen und singen und so mit seinen eigenen Worten vor Gott treten.

Jesu, meines Heilands Leben
wachs' in mir von Tag zu Tag.
Maß soll Jesus allem geben,
was ich tu und sag.
Kate B. Williamson

O lieber Jesu, denk ich dein,
strömt Glück in meine Seele ein;
doch meine höchste Freude ist,
wenn du, o Jesu, bei mir bist.
Bernard de Clairvaux

Wäre die Weite der Schöpfung auch mein,
wär' als Geschenk es doch viel zu gering.
Göttliche Liebe, so teuer, so rein,
fordert mich ganz. Ganz geb' ich mich hin.
Isaac Watts

Du bist würdig,
Du bist würdig,
Du bist würdig, o Gott!
Du bist würdig, würdig zu nehmen
Preis und Ehre und Macht.
Denn du schufst das All,
und aus dir kam das Leben,
in dir ist die Fülle, die Kraft.
Du nur bist würdig, würdig zu nehmen
Preis und Ehre und Macht!
Pauline Michael Mills

Ich lieb dich, Herr, keiner ist wie du,
anbetend neigt sich mein Herz dir zu.
Mein König Gott, nimm dies Lied von mir!
Lass mich, Herr, ein Wohlklang sein vor Dir!
Laurie Klein

Offensichtlich gibt es unendliche Möglichkeiten des Lobpreises – eine Wahrheit, die wir in alle Ewigkeit ausleben werden.

Gehorsam

Führt Anbetung noch zu irgendetwas anderem? Ja – zur Darstellung unserer Leiber und unseres ganzen Lebens in einer vollendeten Verehrung Gottes. Dies spiegelt Jesajas großartige Erfahrung mit Gott wider: *»Hier bin ich, sende mich!«* (Jes 6,8). Nachdem der große Apostel Paulus in seinem anbetenden Lobpreis rühmte: *»Denn aus ihm und durch ihn und zu ihm hin sind alle Dinge! Ihm sei die Herrlichkeit in Ewigkeit! Amen«* (Röm 11,36), fordert er uns umgehend zum Gehorsam auf: *»Ich ermahne euch nun, Brüder, durch die Erbarmungen Gottes, eure Leiber darzustellen als* *ein lebendiges, heiliges, Gott wohlgefälliges Opfer, was euer vernünftiger Gottesdienst ist«* (Röm 12,1).

Thomas von Kempen tat dies immer zu Beginn seiner täglichen Anbetung, indem er im Gebet seinen Gehorsam zum Ausdruck brachte: »... wie du willst; was du willst; wann du willst.«[82] Unsere Hingabe muss darin gipfeln, dass wir Gott jeden Bereich unserer Persönlichkeit, alle unsere Ambitionen, Beziehungen und jede Hoffnung bewusst unterwerfen. Wenn wir das getan haben, sind wir auf dem Höhepunkt persönlicher Hingabe angelangt.

Ich habe am Anfang dieses Kapitels zur Vorsicht gemahnt, dass persönliche Hingabe nicht auf nur wenige grundlegende Dinge wie *Nachsinnen*, *Bekennen*, *Anbetung* und *Gehorsam* reduziert werden kann und darf. Des Weiteren kann sie auch nicht in eine verstandesmäßige Zwangsjacke gesteckt werden. Manchmal werden wir einfach nur zum Bekennen und zum Gehorsam aufgerufen. Ein andermal mag die Anbetung einen größeren Zeitraum einnehmen, oder unsere Stille Zeit wird ausschließlich mit Bitten angefüllt sein. Es wird Zeiten geben, in denen das alles in zwanzig Minuten stattfindet.

Aber eins ist gewiss: Ohne Disziplin wird nichts davon geschehen. Der Grund, weshalb viele Männer nicht regelmäßig Stille Zeit machen, ist, dass sie sie nicht einplanen. Sie wissen nicht, was das ist, weil sie sich niemals die Zeit genommen haben, es herauszufinden. Sie beten nicht, weil sie dazu keine Zeit einplanen. Ihr Charakter wird dem von Christus niemals ähnlicher, weil sie ihr Leben nicht seinem hellen Licht aussetzen. Ihr Wille bleibt ungebrochen, da sie sich nicht an Gott binden.

Die Frage für gebetslose Männer appelliert an ihre Männlichkeit: Sind wir Mann's genug, um nachzusinnen? Zu bekennen? Anzubeten? Gehorsam zu sein? Ins Schwitzen zu kommen und Ausdauer zu beweisen?

Denkanstöße

- Wie viel Zeit verbringen Sie im Allgemeinen im Gespräch mit Gott? Warum ist das Gebet Ihrer Meinung nach ein wichtiger Bestandteil des christlichen Lebens? Antworten Sie nicht mit frommen Floskeln!

- Woran lässt Sie das Wort »Nachsinnen« denken? Warum sollen Sie über Gott, sein Wort und seinen Willen nachdenken (vgl. Ps 1,2; Offb 2,7.11.17.29; 3,6.13.22)?
- Was hat Hingabe mit dem Bekennen von Sünden zu tun, und umgekehrt? Überprüfen Sie diesbezüglich Psalm 139,23-24; 66,18!
- Inwiefern identifizieren Sie sich mit dem Bekenntnis von Jesaja in Kapitel 6,5? Fühlen Sie sich schlecht, wenn Sie sich bewusst machen, dass Gott alles weiß, was Sie denken, tun und sagen? Warum oder warum nicht?
- Sind Sie gewöhnlich zu sehr in Eile, um Gott wahrzunehmen oder seine Stimme zu hören? Was können Sie tun, um mehr Zeit für ihn zu verwenden?
- Finden Sie es schwierig, sich Zeit zu nehmen zum Nachsinnen, Bekennen, Anbeten und zur bewussten Auslieferung an Gott? Wodurch lassen Sie sich daran hindern bzw. davon ablenken?

Anwendung / Konsequenz

Welchen Punkt hat Gott bei Ihnen in diesem Kapitel am konkretesten angesprochen? Sprechen Sie jetzt gleich mit ihm darüber!

Zum Nachdenken

Welche Aspekte wahrer Anbetung finden Sie in den folgenden Bibelstellen: Psalm 146–150; Lukas 1,46-55; Offenbarung 4–5; Jesaja 6,8; Römer 12,1? Was können Sie tun, um darin Erfahrungen zu sammeln?

8
Gebetsleben

E. M. Bounds sagte einmal: »Wenn der Engel der Hingabe verschwunden ist, hat der Engel des Gebets seine Flügel verloren und wird zu einem verunstalteten und lieblosen Etwas.«[83] Das vorangegangene Kapitel handelte von unseren Flügeln der Hingabe *(Nachsinnen, Bekennen, Anbetung und Gehorsam)*. Nachdem nun die Flügel geformt sind und sich im Flug entfalten, kommen wir zum Bitten, dem Ausbreiten unserer Anliegen vor Gott. Es ist meine Hoffnung, dass dieses Kapitel uns zu einem wachsenden Leben im fürbittenden Gebet anleitet und motiviert, sodass Gottes Kraft in unserem persönlichen Leben wie auch im Gemeindeleben sichtbar wird.

Das biblische Hintergrundbild im klassischen Text über das fürbittende Gebet könnte wohl kaum dramatischer sein: ein Soldat, der sich auf den Kampf vorbereitet. Sein Herz schlägt *ka-bum, ka-bum* unter seinem metallenen Brustharnisch. Während er sich auf den Kampf vorbereitet, legt er den Gurt um seine Rüstung und stampft über den Boden wie ein Sportler, der seine Bodenhaftung testen will. Mehrfach zieht er sein großes Schutzschild vor seinen Körper, in der Erwartung der eilends herannahenden Geschosse. Reflexartig greift er an seinen Helm, um ihn wieder zurechtzurücken. Behutsam überprüft er die Schärfe seines Schwertes und steckt es zurück in die Scheide.

Der Feind naht. Schwerter werden aus ihrer Umhüllung gezogen. Es folgen die Klänge einer beängstigenden Symphonie, während sie aufeinander einschlagen. Schließlich verharren die Krieger regungslos und atmen in furchtbarer Verkrampfung.

Doch dann tut der christliche Soldat etwas, das angesichts der Situation an Erstaunlichkeit nicht zu überbieten ist. In inbrünstigem Gebet fällt er auf seine Knie, denn er ist den göttlichen Anweisungen gehorsam und handelt nach dem, was John Bunyan das »Alles-Gebet«[84] nennt. Die Heilige Schrift selbst beschreibt diese Waffe so: *»Mit allem Gebet und Flehen betet zu jeder Zeit im Geist, und wacht hierzu in allem Anhalten und Flehen für alle Heiligen«* (Eph 6,18). Um das Gebet in der Fülle seiner Kraftentfaltung zu erleben, sind fünf Aspekte zu beachten.

Beten im Geist

Paulus sagt »*Betet … im Geist*« und liefert uns dadurch als erstes Element des Gebets das Beten im Geist, also das Beten unter der Leitung des Heiligen Geistes. Doch wie geschieht Beten im Geist? Römer 8,26-27 erläutert dies:

> *Ebenso aber nimmt auch der Geist sich unserer Schwachheit an; denn wir wissen nicht, was wir bitten sollen, wie es sich gebührt, aber der Geist selbst verwendet sich für uns in unaussprechlichen Seufzern. Der aber die Herzen erforscht, weiß, was der Sinn des Geistes ist, denn er verwendet sich für Heilige Gott gemäß.*

Der in uns wohnende Heilige Geist betet kraft seiner höchst intimen Kenntnis in zweifacher Hinsicht: Er betet für uns, und er verbindet sich mit uns in unseren Gebeten, indem er seine Gebete in unsere hineinfließen lässt, sodass wir »im Geist beten«. Judas 20 ruft uns auf, dieses wunderbare Phänomen des Geistes zu gebrauchen und aufrechtzuerhalten: »*Ihr aber, Geliebte, erbaut euch auf eurem heiligsten Glauben, betet im Heiligen Geist.*« Das Gebet im Heiligen Geist ist der Wille Gottes, und er befähigt uns auch zur Ausführung seines Willens, wenn wir es ihm gestatten.

Hierbei geschehen zwei übernatürliche Dinge: Erstens sagt uns der Heilige Geist, wofür wir beten sollen. Ohne seine Hilfe bleiben unsere Gebete auf unsere eigene Vernunft und Intuition beschränkt. Aber mit seiner Unterstützung werden sie vom Himmel selbst mit Inhalt gefüllt. Wenn wir die Führung des Geistes suchen, spricht Gott durch sein Wort zu uns und offenbart uns in jeder wichtigen Angelegenheit seinen Willen. Somit bedeutet geistgeleitetes Beten, Gottes Gedanken nachzudenken. Seine Wünsche, Motive und Ziele werden zu unseren eigenen.

Des Weiteren zeigt er unserem Herzen, für welche Anliegen wir beten sollen, und er gibt uns die vollkommene Überzeugung, dass sie dem Willen Gottes entsprechen. Oswald Sanders, der frühere Direktor der *Overseas Missionary Fellowship* (der ehemaligen *China Inland Mission*), sagt zu diesem Thema:

> Allein die Tatsache, dass Gott uns ein Gebetsanliegen aufs Herz legt und uns dafür beten lässt, ist ein glaubhafter Beweis dafür, dass er beabsichtigt, es zu erhören. Als man Georg Müller von Bristol fragte, ob er wirklich glaube, dass zwei Männer, für deren Errettung er über

> 50 Jahre gebetet hatte, bekehrt würden, antwortete er: »Denken Sie, Gott hätte mich all diese Jahre beten lassen, wenn er nicht vorhätte, sie zu erretten?« Beide Männer bekehrten sich, der eine kurz vor Müllers Tod, der andere danach.[85]

Eine derart zuversichtliche Ausrichtung im Gebetsleben ist nichts Ungewöhnliches. Ich hatte eine ähnliche Überzeugung hinsichtlich meines Bruders, der zu Christus fand, nachdem ich dreißig Jahre lang für ihn gebetet hatte. Wenn Gottes Kinder wirklich »im Geist beten«, empfangen sie diese Art von Führung und Überzeugung – in Bezug auf Menschen, Ereignisse, Projekte und sogar ganze Nationen.

Der zweite Aspekt des »Betens im Geist« ist die Kraftwirkung des Heiligen Geistes im Gebet, die einen müden und sogar schwachen Körper stärkt und Entmutigte dazu befähigt, mit Macht und Zuversicht für das Werk Gottes zu beten. Ihr Männer, lernt, im Geist zu beten! Um dazu fähig zu werden, habe ich »Bete im Geist« als eine ständige Erinnerung ganz oben auf meine Gebetsliste geschrieben, sodass ich geduldig auf den Herrn warte und ihn bitte, mir Gebete im Heiligen Geist zu schenken. Meine Liste enthält zahlreiche langfristige Gebetsanliegen, für die ich regelmäßig bete, aber ich will auch bewusst offen für den Geist bleiben, der entsprechend des göttlichen Willens immer wieder durch seine Führung und Kraft auf meine Gebetsliste Einfluss nimmt. John Bunyan sagt:

> Das Gebet ist ein aufrichtiges, liebevolles und bewusstes Ausschütten des Herzens oder der Seele vor Gott durch Christus, in der Kraft und mit dem Beistand des Heiligen Geistes, um Dinge zu erbitten, die Gott verheißen hat oder die mit Gottes Wort übereinstimmen, zum Besten der Gemeinde, im Glaubensgehorsam und gemäß dem Willen Gottes.[86]

Wir sollten lernen, geisterfüllt zu beten, indem wir die Kraft und Hilfe des Heiligen Geistes in Anspruch nehmen.

Beständiges Gebet

Der nächste Aspekt des Gebets ist die Beständigkeit – *»zu jeder Zeit«*. Auch das war ein Merkmal der apostolischen Gemeinde, wie

Apostelgeschichte 1,14 zeigt: »*Diese alle verharrten einmütig im Gebet mit einigen Frauen und Maria, der Mutter Jesu, und mit seinen Brüdern*« (vgl. Apg 2,42). Paulus fordert die Thessalonicher auf: »*Betet unablässig!*« (1Thes 5,17), und den Philippern gibt er den Rat: »*In allem sollen durch Gebet und Flehen mit Danksagung eure Anliegen vor Gott kundwerden*« (Phil 4,6).

Ist beständiges Beten möglich? Ja und nein. Natürlich können wir nicht während der Arbeit oder bei anderen Gelegenheiten einen ständigen Dialog mit Gott führen, aber hier geht es weniger um das Aussprechen von Worten als um die *Herzenshaltung*.

Thomas Kelly erläutert in seinem Buch:

> Es gibt einen Weg, um unser Geistesleben auf mehreren Ebenen zugleich zu ordnen. Auf der einen Ebene können wir nachdenken, diskutieren, beobachten, rechnen und allen Anforderungen des Lebens begegnen. Aber tief in unserem Inneren, hinter den Kulissen, können wir in Gebet und Anbetung, in Gesang und Gottesverehrung verharren und aufnahmefähig sein für das Atmen Gottes.[87]

Bruder Lawrence, ein Mönch im Mittelalter, der nicht unterzukriegen war, berichtet in seinem Klassiker *The Practise of the Presence of God* (dt. etwa: *Die Gegenwart Gottes erleben*) von seiner Erfahrung des beständigen Gebets:

> Die Arbeitszeit unterscheidet sich bei mir gar nicht von der Gebetszeit; im Lärm und Geklapper meiner Küche, wo mehrere Personen verschiedene Dinge zugleich von mir fordern, besitze ich Gott in derselben inneren Ruhe wie auf meinen Knien.[88]

Das war auch John Wesleys Erfahrung, die er bescheiden in der dritten Person wiedergibt:

> Sein Herz ist zu jeder Zeit und an jedem Ort zu Gott erhoben. Darin lässt er sich durch nichts und niemanden hindern, geschweige denn unterbrechen. In Zurückgezogenheit wie in Gesellschaft, in Muße wie während der Arbeit oder im Gespräch, sein Herz ist allezeit beim Herrn. Ob er sich zur Ruhe legt oder aufsteht, Gott ist in all seinem Denken; er wandelt beständig mit Gott, das liebende Auge seines Geistes auf ihn gerichtet und allezeit ihn, den Unsichtbaren, schauend.[89]

Wir sehen also, dass ein Leben des beständigen Gebets nicht nur möglich ist, sondern auch von einigen geführt wurde und wird. Paulus fordert uns auf, zu erkennen, dass dieses Leben nicht nur für einige Menschen oder für eine geistliche Elite bestimmt ist, sondern für uns alle. Beständiges Gebet ist Gottes Wille für jeden Christen – ohne Ausnahme. Ich kann es, Sie können es. Berufstätige, Studenten, junge Eltern – alle können es. Wir sollen in einem permanenten inneren Dialog mit Gott stehen. Wir müssen unseren Blick immer nach oben richten, selbst wenn wir zur Arbeit fahren oder den Rasen mähen.

Vielfalt des Gebets

Die Vielfalt ist der dritte Aspekt des Gebetslebens *»mit allem Gebet und Flehen«*. Später schreibt Paulus ähnliche Worte an Timotheus: *»Ich ermahne nun vor allen Dingen, dass Flehen, Gebete, Fürbitten, Danksagungen getan werden für alle Menschen …«* (1Tim 2,1). Vielfalt im Gebet erwächst aus dem beständigen Gebet; denn wenn wir kontinuierlich beten, werden die unterschiedlichen Erfahrungen, die wir machen, unterschiedliche Gebete erfordern. Denken wir nur an die vielfältigen Lebenslagen – das Gebet um Bewahrung in Versuchung, das Gebet um Weisheit, Kraft, Selbstbeherrschung, Bewahrung für andere, Wachstum, Erkenntnis.

Floyd Pierson, ein pensionierter Missionar der *Afrika Inland Mission*, betete buchstäblich *»zu jeder Zeit mit allem Gebet und Flehen«*. Ihm war das derart zur Gewohnheit geworden, dass er im Alter von über 70 Jahren bei einer Fahrprüfung zu dem Prüfer sagte: »Ich bete immer, bevor ich fahre – lassen Sie uns nun gemeinsam zum Gebet neigen.« Der Beamte wird sich gefragt haben, was für eine Fahrt ihm da wohl bevorstand! Ich stelle mir vor, wie er seinen Sicherheitsgurt überprüfte und seine schweißnasse Hand auf den Türgriff legte. Pierson bestand die Prüfung!

Abgesehen von der Komik dieser Situation sehen wir darin etwas sehr Schönes: das ungekünstelte Zeugnis einer lebendigen geistlichen Wirklichkeit, die in *»allem Gebet und Flehen«* ihren Ausdruck findet.

Beharrliches Gebet

Der vierte Aspekt des wirksamen Gebets ist die Ausdauer: *»Wacht hierzu in allem Anhalten und Flehen …«*

2. Mose 17 beschreibt, wie der betagte Mose auf einem Berg stand und mit zum Himmel erhobenen Armen für das Volk Israel betete, das sich im Tal einen offenen Kampf mit den Amalekitern lieferte. Solange seine Arme erhoben waren, behielt Israel die Oberhand, sobald er sie aber aus Erschöpfung sinken ließ, siegten die Amalekiter. Mose litt furchtbar, als die Schwerkraft seine Arme nach unten und in die Niederlage zog. Dann aber kamen Aaron und Hur und legten Mose einen Stein hin, damit er sich setzen konnte. Sie stellten sich auf beiden Seiten neben ihn und hielten seine Hände zu Gott empor, bis bei Einbruch der Dunkelheit der Sieg errungen war (2Mo 17,10-13). Auf plastische Weise veranschaulicht diese Begebenheit die geheimnisvolle Wirksamkeit des anhaltenden Gebets. Das heißt nicht, dass Gott das Gebet als verdienstvolles Werk betrachtet – so, als würde er uns erhören, wenn wir nur lange und intensiv genug beten. In seiner Souveränität gefällt es ihm einfach, uns zur Beharrlichkeit im Gebet zu ermutigen und uns zu seiner ewig währenden Verherrlichung zu erhören.

In einem seiner Gleichnisse über das Gebet zeigt uns der Herr, was er von allen Gläubigen möchte:

> *Er sagte ihnen aber auch ein Gleichnis dafür, dass sie allezeit beten und nicht ermatten sollten, und sprach: Es war ein Richter in einer Stadt, der Gott nicht fürchtete und vor keinem Menschen sich scheute. Es war aber eine Witwe in jener Stadt; und sie kam zu ihm und sprach: Schaffe mir Recht gegenüber meinem Widersacher! Und eine Zeit lang wollte er nicht; danach aber sprach er bei sich selbst: Wenn ich auch Gott nicht fürchte und vor keinem Menschen mich scheue, so will ich doch, weil diese Witwe mir Mühe macht, ihr Recht verschaffen, dass sie nicht am Ende kommt und handgreiflich wird.* (Lk 18,1-5)

Das Ausharren im Gebet war ein wiederkehrendes Motiv in Jesu Lehre über das Beten. In Gethsemane forderte er seine Jünger auf, als sie Mühe hatten durchzuhalten: »*Wacht und betet, damit ihr nicht in Versuchung kommt! Der Geist zwar ist willig, das Fleisch aber schwach*« (Mk 14,38).

Gegen Ende der Bergpredigt legte Jesus besondere Betonung auf die Beharrlichkeit im Gebet: »*Bittet, und es wird euch gegeben werden; sucht, und ihr werdet finden; klopft an, und es wird euch geöffnet werden!*« (Mt 7,7). Die Wortwahl ist ungewöhnlich zwingend, denn die drei Verben im Imperativ (bittet, sucht, klopft an) bilden eine zunehmende Steigerung. »*Bittet*« formuliert den Wunsch nach Hilfe in bewusster Not. Es lässt

Demut anklingen, da das hier verwendete griechische Wort gewöhnlich von jemandem gebraucht wurde, der sich an einen Vorgesetzten wandte. »*Sucht*« beinhaltet Bitten und damit einhergehendes Handeln. Hier geht es nicht nur um das Mitteilen einer Not, sondern auch darum, sich aufzumachen und nach Hilfe Ausschau zu halten. »*Klopft an*« umschließt das Bitten, das Suchen und die Beharrlichkeit – wie etwa beim Anklopfen an eine verschlossene Tür. Die Kombination der drei Verben ist überaus kraftvoll, wobei ihnen die grammatische Form des Imperativs zusätzliches Gewicht verleiht. Jesu Worte bedeuten eigentlich: »Hört nicht auf zu bitten, und es wird euch gegeben werden; hört nicht auf zu suchen, und ihr werdet finden; hört nicht auf anzuklopfen, und es wird euch geöffnet werden.«

Diese Beharrlichkeit hatte auch Paulus im Sinn, als er zum Gebet aufrief und sagte: »*Wacht hierzu in allem Anhalten und Flehen ...*«

Ihr Männer, beten wir mit dieser schriftgemäßen Ausdauer für unsere Familien? Für die Gemeinde? Gibt es Personen, Gruppen, Dinge oder Seelen, für die wir unsere Hände im Gebet erhoben halten? Es sollte sie geben, denn Gott erhört beharrliches Gebet.

Fürbitte

Der fünfte Aspekt des Gebets ist die Fürbitte – »für alle Heiligen«. Es gibt viele Anliegen, für die wir beten sollen, aber »Heilige« – Menschen, die an Jesus Christus glauben – sollten einen Großteil unserer Gebete ausfüllen.

Man beachte, dass dieser Aufruf zum Gebet »*für alle Heiligen*« Paulus den Anlass bietet, auch um Gebete für sich selbst zu bitten: »*... und auch für mich, damit mir Rede verliehen wird, wenn ich den Mund öffne, mit Freimütigkeit das Geheimnis des Evangeliums bekannt machen – für das ich ein Gesandter in Ketten bin –, damit ich in ihm freimütig rede, wie ich reden soll*« (Eph 6,19-20). Paulus wusste, was das Gebet anderer Christen für ihn bewirken konnte.

Die Fürbitte für andere bringt Gnade in das eigene Leben. Nur wenige Menschen wissen, dass die enormen Verdienste von William Carey in Indien u. a. durch das Gebet seiner bettlägerigen Schwester bewirkt wurden, die mehr als 50 Jahre lang für ihn betete.

Tennyson drückte die Weisheit von Paulus auf schöne Weise in Gedichtform aus:

Solltest du mein Angesicht nicht mehr sehen,
so bete für mich.
Das Gebet vermag mehr
als diese Welt erträumt.
Deshalb, lass deine Stimme sich erheben
wie ein Brunnquell Tag und Nacht.
Denn was haben die Menschen dem Vieh voraus,
das stumpf und trüb den Tag verbringt,
wenn sie, Gott kennend, nicht betend die Hände erheben
für sich und jene, die sie Freunde nennen?
So wird das ganze Erdenrund auf jede Weise
mit goldenen Ketten gebunden Gott zu Füßen gelegt.[90]

Wie herrlich ist doch die fünffache Anatomie des fürbittenden Gebets: *Beten* »im Geist«; *beständiges Gebet* – »zu jeder Zeit«; die *Vielfalt des Gebets* – »mit allem Gebet und Flehen«; *beharrliches Gebet* – »wacht hierzu in allem Anhalten und Flehen«; die *Fürbitte* – »für alle Heiligen«. Das fordert uns sicherlich heraus und motiviert uns! Die Frage ist aber: Wie können wir auf diese Weise beten? Hierzu müssen wir praktische Hilfen heranziehen.

Die Praxis des fürbittenden Gebets

Die Gebetsliste

Von wesentlicher Bedeutung für ein wirksames Gebetsleben ist eine Gebetsliste. Ich erwähne das zuerst, weil ich es wiederholt so erfahren habe. Wenn ich beispielsweise für meine Mutter bete, wandern meine Gedanken zu unserem alten Haus in der Edmaru Avenue. Davor parkte mein grauer Ford, Baujahr 1941, ausgerüstet mit einem Heckspoiler, einem frisierten 48er-Mercedes-Motor und der seitlich angebrachten Aufschrift (eine Spezialanfertigung): »*Swing Low, Sweet Chariot*«. Plötzlich bin ich wieder 17, trage meine blaue Wildlederjacke, sitze hinter meinem goldenen Lenkrad und brause den *Beach Boulevard* in Richtung *Huntington Beach* entlang. Ich rieche schon den Strand und die Kakaobutter. Das war es dann auch schon mit meinem »Gebet für Mama«!

Das ist der Grund, weshalb ich eine Gebetsliste brauche. Sicherlich beginnen meine Gedanken auch trotz einer Gebetsliste umherzuschweifen, aber dann habe ich wenigstens die Liste, um sie wieder einzufangen. Wenn ich für Ablenkungen besonders empfänglich bin, lege ich meinen Finger auf den Namen in der Liste und bete mit offenen Augen – in dieser Weise gehe ich von einem Namen zum anderen.

Jeder christliche Mann sollte eine Gebetsliste haben, auf der zumindest die Namen seiner Familienmitglieder und gegebenenfalls die des Ehepartners und der Kinder stehen. Außerdem sollten in der Liste Einzelheiten aufgeführt sein und unter den persönlichen Anliegen die Namen der Menschen, die einem am nächsten stehen. Ich verwende kleine Klebezettel, die ich unter die Überschriften hefte, um meine Liste auf dem neusten Stand zu halten.

Meine tägliche Gebetsliste enthält die folgenden Überschriften, unter denen sich jeweils mehrere Details befinden:

- Familie
- Mitarbeiterstab
- Sekretärinnen und Aufsichtspersonal
- Kranke
- Trauernde
- wichtige Ereignisse
- aktuelle Probleme
- Dienste
- wöchentlicher Gottesdienst
- Neubekehrte
- missionarische Anliegen

Zusätzlich führe ich vier weitere Listen, die ich versuche, einmal wöchentlich durchzugehen.

Liste 1:

- AnhaltendeKrankheit
- Persönliche Gebetsanliegen anderer
- Evangelisation
- Geistlicher Kampf

Liste 2:

- Die Welt
- Das Land, in dem ich lebe
- Persönliche Lebensumstände
- Erforderliche persönliche Eigenschaften

Liste 3:

- Christliche Leiter
- Mitarbeiter
- Bevorstehende Dienste und geplante Projekte

Liste 4:

- Politiker (Land, Bundesland, Stadt)

Ehrlich gesagt, ich würde ohne Gebetsliste überhaupt nicht zurechtkommen. Sie hilft mir nicht nur, indem sie meine umherwandernden Gedanken bändigt, sondern auch, indem sie mir auch die Sicherheit gibt, Angelegenheiten, die mir wichtig sind, nicht zu vernachlässigen – einschließlich der vielen Bitten anderer, für sie zu beten. Ohne Liste wären meine Gebetszusagen leere Versprechungen. Außerdem ist eine Gebetsliste ideal, um den Überblick hinsichtlich der Erhörung zu behalten.

Falls Sie noch keine Gebetsliste führen, fangen Sie besser mit wenigen Punkten an. Schreiben Sie einfach Ihre wichtigsten Beziehungen und Anliegen auf eine Karteikarte. Notieren Sie anschließend unter jedem Namen ein paar konkrete Einzelheiten, und stecken Sie die Karte griffbereit in Ihre Brusttasche. Ich garantiere Ihnen, dass diese Gebetsliste Ihr Gebetsleben sehr bereichern wird – sofern Sie sie auch benutzen.

Stille Zeit

Als Nächstes brauchen Sie zum Beten die nötige Stille. Ich bin mir durchaus bewusst, dass *Stille* in der heutigen Zeit ein relativer Begriff ist, da man nahezu keine wirkliche Stille mehr findet. Viele von uns kommen von früh bis spät nie in die Stille. Wir wachen mit dem Radiowecker auf, rasieren uns bei den Nachrichten, fahren durch den lärmenden Verkehr zur Arbeit, betreten ein lautes und hektisches Büro, hören nach Feierabend auf der Heimfahrt noch schnell die Abendnachrichten, »entspannen« vor dem Fernseher und schlafen ein unter dem Dröhnen der Stereoanlage der Kinder.

Noch schlimmer ist: Die gelegentliche Stille, die wir erleben, lenkt uns sogar ab, weil durch sie andere Geräusche umso mehr wahrgenommen werden. Thomas Merton berichtet, wie in der tiefen Stille eines Klosters ein regelmäßiges Husten jede Konzentration unmöglich machen kann.[91] Stille ist manchmal lauter als der Lärm, den man zu ignorieren sucht! Deshalb sollten Sie sich die Situationen auswählen, die für Sie am besten sind. Vielleicht sind sie vom Straßenlärm beschallt, aber wenn das die Atmosphäre ist, die Sie zur Konzentration benötigen, dann nutzen Sie diese Zeiten.

Ort

Außerdem brauchen Sie einen Ort, an dem Sie nicht gestört werden. Zu Beginn meines Dienstes befand sich mein Büro in einem acht Meter langen Wohnwagen. Meine Teilzeit-Sekretärin saß mir gegenüber hinter einer dünnen Zwischenwand aus Sperrholz. Ich konnte alles hören! Und als wäre das nicht genug, schwankte der Wohnwagen auch noch fürchterlich, sobald jemand die Tür öffnete.

Es boten sich mir viele Möglichkeiten, die außerhalb des Wohnwagens lagen: der schöne, immer offen stehende und menschenleere Altarraum einer alten Kirche, der Park oder die wunderbare Anonymität meines Autos auf dem Parkplatz eines belebten Einkaufzentrums. Auch später noch, als ich längst das Privileg hatte, in einem ruhigen Büroraum zu arbeiten, suchte ich in meinen Gebetszeiten häufig ähnliche Orte auf.

Zeit

Ich versuche auch, dem Gebet meine beste Zeit zu widmen – für mich ist das keinesfalls die Zeit direkt vor dem Schlafengehen. Die letzten wachen Augenblicke sollten wir niemals einem kraftvollen Gebet der Fürbitte widmen (eine mögliche Ausnahme bilden Studenten, denen am nächsten Morgen eine Abschlussprüfung bevorsteht).

An dieser Stelle ist Jesu eigene Gewohnheit aufschlussreich: *»Und frühmorgens, als es noch sehr dunkel war, stand er auf und ging hinaus und ging fort an einen einsamen Ort und betete dort«* (Mk 1,35). Der Frühaufsteher nutzt die beste Stunde. Die eigentliche Frage für Sie lautet aber: Wann ist Ihre beste Zeit? Bei manchen ist sie vielleicht mittags oder vor dem Abendessen.

Gebetshaltung

Ein Mann konnte einfach nicht die richtige Gebetshaltung finden. Er versuchte, auf den Knien zu beten, aber das war unbequem – außerdem bekamen seine Hosen dadurch Falten. Er versuchte es im Stehen, doch schon bald ermüdeten die Beine. Dann betete er im Sitzen, was ihm jedoch nicht ehrfürchtig genug erschien. Als er eines Tages über ein Feld ging, fiel er kopfüber in einen offenen Brunnen. Und da betete er, aber wie!

Spaß beiseite, unsere Gebetshaltung ist nicht einerlei. Die Bibel erwähnt zwar zahlreiche Gebetshaltungen, schreibt uns aber keine vor. Entscheidend ist, ob die Haltung unsere Ehrfurcht und Aufmerksamkeit fördert. Manchmal knie ich nieder, ein andermal schreite ich durch den Raum; oft sitze ich mit der Gebetsliste in der Hand an meinem Schreibtisch. Gelegentlich hebe ich auch meine Hände empor, und zu anderen Zeiten lag ich schon auf meinem Gesicht. Das Entscheidende ist die Herzenshaltung.

Vorbereitung

Es ist von größter Wichtigkeit, sich sorgfältig auf das Gebet vorzubereiten. Manche Männer brauchen beispielsweise eine Dusche und Rasur. Wenn Sie gern Kaffee trinken – so wie ich –, dann ist eine Tasse ein gottgegebenes Hilfsmittel. Noch einmal: Es sind nicht die äußeren Details, auf die es ankommt, sondern der Zustand und die Einstellung unseres Herzens. Was auch immer Ihnen helfen mag, sich auf den Herrn zu konzentrieren, nutzen Sie es!

Gebetsdauer

Die besten Gebete sind oft kurz und intensiv. Luther sagte: »Achte darauf, dass du nicht alles in einem einzigen Gebet zu ergreifen suchst, nimm dir nicht zu viel vor, damit dein Geist nicht müde werde. Überdies muss ein gutes Gebet nicht lang sein. Zieh es nicht in die Länge. Bete oft und inbrünstig«![92] Ein gesetzliches Festhalten an einer bestimmten Länge kann das Gebetsleben ersticken.

Disziplin zum Gebet

Die Praxis des Gebets – die *Gebetsliste*, die *Stille Zeit*, der *Ort*, die *Zeit*, die *Gebetshaltung*, die *Vorbereitung* und die *Gebetsdauer* führen alle zu einem Thema hin: *Disziplin*.

Arbeit

Offen gesagt, Gebet ist Arbeit, nicht Erholung. Es ist nicht etwas, das Sie nur tun sollten, wenn Sie gerade Lust dazu haben, oder etwas, dem Sie Ihre übriggebliebene Zeit widmen. Auch sollten Sie es nicht tun, weil Sie meinen, es besonders gut zu können.[93] Gebet ist die eigentliche Arbeit der Seele, die Christus liebt (Eph 6,18):

> *Mit allem Gebet und Flehen*
> *betet zu jeder Zeit im Geist,*
> *und wacht hierzu*
> *in allem Anhalten und Flehen*
> *für alle Heiligen.*

Das ist ein Aufruf zur Arbeit!

Wir dürfen niemals auf die richtige Stimmung zum Beten warten – ansonsten werden wir wohl nicht eher beten, bis wir kopfüber in einen offenen Brunnenschacht fallen. Paulus beschreibt das Gebet in Epheser 6 als eine Waffe im geistlichen Kampf – und genau das ist es auch! Christliche Männer sehen sich der Welt gegenüber – und fallen auf ihre Knie. Arbeit und Kampf, Kampf und Arbeit – das sind die Worte, die wir uns vor Augen halten müssen, wenn wir Männer des Gebets werden wollen.

Das richtige Maß an Arbeit

Nachdem wir das verstanden haben, müssen wir auch begreifen, dass wir uns nicht zu viel vornehmen dürfen – vor allem, wenn wir erst am Anfang stehen. Wenn man sich wirklich herausgefordert fühlt, neigt man zu Versprechungen, die man sich selbst macht: »Ich werde jeden Tag zwei Stunden beten und außerdem die Bibel in diesem Jahr zweimal durchlesen. Jeden Tag werde ich mich in der Hingabe üben (im Nachsinnen, Bekennen, in der Anbetung, im Gehorsam und im Bitten). Ich schreibe eine Gebetsliste, wie sie die Welt noch nie gesehen hat.« Das wird vielleicht drei Tage gut gehen – wenn überhaupt.

Es ist besser, sich auf fünfzehn Minuten festzulegen und das durchzuhalten – vielleicht fünf Minuten Bibellese, fünf Minuten des Nachsinnens über das Gelesene und fünf Minuten konzentriertes Gebet. Eine regelmäßige Zeit der Hingabe und des Gebets wird zur Gewohnheit, und die Gewohnheit des Gebets wird Ihrem geistlichen Leben Flügel verleihen.

Dr. J. Sidlow Baxter zeigte einmal einer Gruppe von christlichen Leitern, die Fragen bezüglich des Gebets stellten, eine Seite aus seinem eigenen Dienst-Tagebuch. Er begann ihnen zu erzählen, wie er 1928 seinen Dienst mit dem Vorsatz begonnen hatte, der »methodistisch-baptistischste« Pastor aller Zeiten zu werden – ein wirklicher Mann des Gebets. Kurz nachdem seine Verantwortung im Dienst anfing und die administrativen Verpflichtungen zunahmen, begannen die vielen kleinen Ausflüchte im Leben eines Pastors, das Gebetsleben zu verdrängen. Das ging so weit, dass er sich allmählich an diesen Zustand gewöhnte und ausreichend Gründe fand, sich zu entschuldigen.

Doch eines Morgens, als er vor seinem mit Arbeit beladenen Schreibtisch stand und auf seine Uhr sah, kam schließlich die Wende. Die Stimme des Heiligen Geistes rief ihn zum Gebet. Zugleich aber machte sich eine andere Stimme schmeichelnd und sanft bemerkbar und drängte ihn, doch vernünftig zu sein und besser die Briefe zu beantworten. Er sollte sich endlich eingestehen, dass er eben keiner von der »geistlichen Sorte« sei – nur einige wenige waren dazu berufen. »Dieser letzte Gedanke«, sagt Baxter, »saß wie ein Dolchhieb. Ich konnte die Vorstellung nicht ertragen, dass das wahr sein sollte.« Er war entsetzt darüber, dass er fähig dazu war, die Grundlage der Vitalität und Kraft seines Dienstes durch rationale Argumente zunichtezumachen.

An diesem Morgen blickte Sidlow Baxter tief in sein Herz hinein und bemerkte, dass sich in ihm ein Teil befand, der beten wollte – ein anderer hingegen nicht. Der unwillige Teil waren seine Gefühle, der willige sein Verstand und Wille. Diese Erkenntnis ebnete den Weg zum Sieg. Dr. Baxter beschreibt dies auf seine eigene, unnachahmliche Weise:

> Wie nie zuvor standen mein Wille und ich selbst einander gegenüber, Auge in Auge. Ohne Umschweife stellte ich meinem Willen die Frage: »Wille, bist du bereit zu einer Stunde Gebet?« Wille antwortete: »Hier bin ich, und ich bin durchaus bereit, wenn du es bist.« Wille und ich reichten uns die Hände und drehten uns um, um eine Zeit des Gebets zu halten. Mit einem Mal begannen all meine Gefühle, zu protestieren: »Wir kommen nicht mit.« Ich sah Wille ein wenig zögern, so fragte ich: »Wille, schaffst du es trotzdem?«, und Wille erwiderte: »Ja, wenn du es schaffst.« So wandte sich Wille von Neuem

zum Gebet, wobei wir die sich windenden und aufsässigen Gefühle in uns mitzogen. Von Anfang bis Ende war es ein Kampf. Einmal, als Wille und ich uns inmitten einer ernsthaften Fürbitte befanden, entdeckte ich plötzlich, dass eines dieser treulosen Gefühle meine Fantasie mit sich genommen und zum Golfplatz entführt hatte – nur mit Mühe konnte ich den ungehorsamen Bösewicht wieder einfangen. Wenig später stahl sich ein anderes Gefühl mit einigen unbewachten Gedanken auf die Kanzel, zwei Tage vor der Zeit, um eine Predigt zu halten, deren Vorbereitung ich noch nicht abgeschlossen hatte!

Hätte mich jemand am Ende dieser Stunde gefragt: »Hattest du eine ›gute Zeit‹?«, so hätte ich antworten müssen: »Nein, es war vom ersten bis zum letzten Augenblick ein ermüdender Kampf mit widerstrebenden Gefühlen und einer umherschweifenden Fantasie.« Aber es kam noch schlimmer, denn der Kampf mit den Gefühlen tobte noch zwei oder drei weitere Wochen. Hätte man mich nach dieser Phase gefragt: »Hattest du eine ›gute Zeit‹ in deinen täglichen Gebeten?«, so hätte ich bekennen müssen: »Nein, manchmal war der Himmel wie Erz, Gott wirkte zu weit entfernt, um mich zu hören, der Herr Jesus schien auf seltsame Weise unnahbar, und meine Gebete bewirkten anscheinend nichts.«

Dennoch war etwas geschehen. Einerseits konnten Wille und ich den Gefühlen beweisen, wie völlig unabhängig wir von ihnen waren. Und eines morgens, etwa zwei Wochen, nachdem der Wettstreit begonnen hatte – Wille und ich hatten uns gerade wieder zum Gebet verabredet –, bekam ich zufällig mit, wie eines meiner Gefühle den anderen zuflüsterte: »Kommt schon, Leute, es hat keinen Sinn, weiteren Widerstand zu leisten; sie gehen ja trotzdem.« An diesem Morgen waren die Gefühle zwar weiterhin völlig unkooperativ, aber sie verhielten sich zum ersten Mal ruhig, weshalb Wille und ich ohne Ablenkung beten konnten.

Was glaubst du, geschah ein paar Wochen später? Während einer unserer Gebetszeiten, als Wille und ich ungefähr so intensiv an meine Gefühle dachten wie an den Mann im Mond, sprang einer der feurigsten Burschen unerwartet auf und rief: »Halleluja!«, worauf alle anderen einstimmten: »Amen!« Zum ersten Mal war mein ganzes Wesen – Verstand, Wille und Gefühle – vereint zu wohlkoordinierter Gebetsarbeit.[94]

Denkanstöße

- Warum eignet sich der Kampf als Illustration zum Thema Gebet (vgl. Eph 6,18)? Wenden Sie das auf Ihre eigenen Siege und Niederlagen im Gebet an!
- Was sagen Ihnen Römer 8,26-27 und Judas 20 über den Heiligen Geist und das Gebet? Weshalb sind diese Wahrheiten für Sie persönlich wichtig?
- Überdenken Sie noch einmal die Illustration des Gebets, wie sie in der Geschichte von Mose in 2. Mose 17 dargestellt ist. Was können wir ganz praktisch tun, um einander beim Festhalten am Gebet zu helfen? Drücken Sie sich so genau wie möglich aus!
- Wofür sollen die Empfänger des Briefes von Paulus gemäß seinem Wunsch in Epheser 6,19-20 beten? Möchten Sie, dass andere Christen das Gleiche für Sie beten? Warum oder warum nicht? In welcher Verbindung steht Ihr Handeln zum Gebet?
- Haben Sie hinsichtlich Ihrer Gebetszeiten Schwierigkeiten, sich genügend Zeit zu nehmen und einen ruhigen Ort zu finden, an dem Sie frei von Störungen sind? Warum? Ist ein zu beschäftigtes Leben der Grund oder gibt es entgegengesetzte Interessen, und sie ziehen es vor, diese zu ignorieren?
- Welche praktischen Maßnahmen können Sie ergreifen, um häufiger Zeit zum Gebet zu finden und sich besser auf diese Zeit vorzubreiten?

Anwendung / Konsequenz

Welchen Punkt hat Gott bei Ihnen in diesem Kapitel am konkretesten angesprochen? Sprechen Sie jetzt gleich mit ihm darüber!

Zum Nachdenken

Erstellen Sie eine Liste der Menschen, für die Sie regelmäßig beten wollen. Legen Sie anschließend eine Zeit fest, in der Sie für mehrere Personen auf dieser Liste des Öfteren beten (wenigstens dreimal wöchentlich). Beten Sie um deutliche Antworten, damit Sie erkennen, ob ihr Gebet erhört wurde.

9
Gottesdienst

Der groß aufgemachte Artikel der Oktoberausgabe von *Harper's Magazine* mit dem Titel »Moderner als du« berichtete, dass Kilmer Myers, der damalige Bischof von Kalifornien, Transzendentalisten in der glanzvollen gotischen *Grace Cathedral* willkommen geheißen hat, um dort Feiern zur Verehrung der Natur und andere heidnische Zeremonien abzuhalten:

> Während einer Zeremonie zur Verehrung der Natur beobachtete ein entschieden ökumenisches Publikum ehrfürchtig, wie der Poet Allen Ginsberg, der eine Hirschmaske trug, zusammen mit anderen ähnlich verkleideten Personen die Senatoren Alan Cranston und John Tunney zu Paten der Tiere ernannte – Cranston als Paten für den Tule-Elch und Tunney für den kalifornischen Braunbären. Währenddessen warfen Filmprojektoren Bilder von Büffelherden und anderen gefährdeten Tierarten an Wände und Decken. All das wurde außerdem durch Rockmusik unterlegt.[95]

Wie zu erwarten war, protestierten viele Priester der Episkopalkirche gegen das, was sie zu Recht als »einen entweihenden Gebrauch ihrer heiligen Anbetungsstätte« bezeichneten. Ungeachtet dessen nahm Bischof Myers aus voller Überzeugung an den Zeremonien nach dem Vorbild der Druiden teil und betete für das »Wiedererwachen der Ehrfurcht vor dem Leben in Amerika«.[96] Um sich T. S. Eliots Ausspruch zu entleihen: Es fand ein »Mord in der Kathedrale« statt – in diesem Fall war es der Tod der ehrfurchtsvollen Anbetung Gottes in Geist und Wahrheit.

Einigen scheinen diese Dinge weit hergeholt und ein spezielles Problem der großen religiösen Systeme zu sein. Doch die Wahrheit ist, dass sich ähnliche Schwierigkeiten auch schon in unabhängigen, evangelikalen Gemeinden eingenistet haben. Ein Freund von mir besuchte eines Sonntagmorgens eine Gemeinde, in der zu seiner Verblüffung die Melodie aus dem Hollywood-Film *Der Clou* den Auftakt zum Gottesdienst bildete *(The Entertainer)*. Die Gemeinde bereitete sich zwar nicht mit Bildern von Büffelherden auf den Gottesdienst vor, dafür spielten sich vor ihrem geistigen Auge aber Kinobilder von Paul Newmann und Robert Redford im Gewand der 20er-Jahre ab! Und das war erst der Anfang eines bizarren Gottesdienstes, in dem nicht einmal der Versuch unternommen wurde, Gott zu verehren. Den »Höhepunkt« bildeten die Bekanntmachungen, als der Pastor (zweifellos durch den schwungvollen Auftakt inspiriert) sich unbemerkt hinter den bedauernswerten Ansager schlich, über dessen Kopf seine Finger zu Hörnern spreizte und Grimassen für die Zuschauer schnitt. Diese Possenreiterei fand in einer Gemeinde statt, die sich selbst als »bibelgläubig« bezeichnete und angeblich den heiligen, dreieinigen Gott der Bibel verehrte. »Mord in der Kapelle«?

Traurigerweise sind solche Geschichten in unserer heutigen säkularisierten und individualistischen Kultur nicht ungewöhnlich. Viele Christen haben die Bedeutung und Wichtigkeit der Anbetung Gottes nicht verstanden. Es ist keine Übertreibung zu sagen, dass unsere auf Vergnügen ausgerichtete Gesellschaft viele Menschen hervorgebracht hat, die sich dem Spiel widmen, als wäre es Arbeit, und die die Anbetung als eine Spielerei ansehen.

Wie kommt es zu dieser Verwirrung und zu diesem bedauerlichen Versagen im Blick auf den Anbetungsdienst? Die Antwort finden wir in einer weiteren Frage: Zu welchem Zweck veranstalten wir Anbetungsgottesdienste – für Gott oder für Menschen? Die unausgesprochene, aber zunehmend verbreitete Annahme der heutigen Christenheit ist, dass der Anbetungsgottesdienst in erster Linie für uns ist – um unseren Bedürfnissen zu entsprechen. Derartige Gottesdienste konzentrieren sich auf Unterhaltung, und die Teilnehmer sind neutrale Zuschauer, die im Stillen beurteilen, was da abläuft. Aus dieser Perspektive entwickelt sich ein Predigtstil, der sich an den Bedürfnissen orientiert – der Mensch steht auf der Tagesordnung anstatt Gott. Ein solches Predigen richtet sich immer nach Themen und niemals nach dem biblischen Text. Biblische Informationen werden auf ein Minimum reduziert. Die Predigten sind kurz und mit Geschichten gefüllt. Alles, was dem Besucher unangenehm sein könnte, wird ausgespart. Betreibt man dieses Konzept bis zum Geht-nicht-Mehr, prägt es auf Dauer eine sehr traurige Ichbezogenheit. Das Ergebnis ist, dass alles danach beurteilt wird, wie es beim Menschen ankommt. Doch das korrumpiert auf schlimme Weise die Glaubensüberzeugung.

Der Indikator für eine solche Denkweise ist die Frage, die sich gewöhnlich an den Gottesdienst anschließt: Wie hat dir der Gottesdienst heute gefallen? Doch die Frage müsste eigentlich lauten: Was hat Gott von dem Gottesdienst und den Teilnehmern gehalten? Und: Was hatte ich Gott zu geben? Man vergisst leicht, dass unser Hauptanliegen beim Besuch des Anbetungsgottesdienstes das Anbeten *»in Geist und Wahrheit«* (Joh 4,24) sein sollte – und nicht, etwas zu empfangen.

Aus diesem Grund ist es wichtig, dass wir verstehen – entgegen der weitverbreiteten Ansicht, der Anbetungsgottesdienst sei für uns da –, dass er nicht den Menschen als Mittelpunkt stellt, sondern Gott. Der Gottesdienst muss in dem Bewusstsein durchgeführt und geleitet werden, dass wir es mit einem erhabenen, ehrfurchtgebietenden, heiligen und alles überragenden Gott zu tun haben, dem wir Freude bereiten sollen und der vor allem durch unsere Anbetung verherrlicht werden möchte. In unserem gemeinsamen Gottesdienst sollte alles von diesem Verständnis herrühren.

Wie steht es dann mit unseren Bedürfnissen? Wenn wir Gott durch unseren Gesang, unsere Gebete und das Hören seines Wortes ehren und anbeten, wird sein Friede in unsere Seelen dringen, sodass wir den Gottesdienst mit dem guten Gefühl verlassen, persönlich gesegnet worden zu sein. Dann haben wir wirklich viel empfangen. Doch das ist ein Nebenprodukt, kein Ziel, und ein weiterer Beweis der großzügigen Gnade Gottes.

Gründe für einen auf Gott ausgerichteten Gottesdienst

Göttliche Priorität

Wenn wir die Gründe für einen auf Gott ausgerichteten Gottesdienst betrachten, müssen wir zunächst begreifen, dass der Gottesdienst die erste Priorität der Gemeinde ist. Jesu berühmte Aussage aus Johannes 4,23, dass der Vater Anbeter sucht, ist ohne Parallele, denn in der ganzen Heiligen Schrift lesen wir nirgends, dass Gott bei einem Kind Gottes irgendetwas anderes sucht.[97] *Mehr als alles andere wünscht Gott, angebetet zu werden.*

Folglich muss jeder Mann, der sich Christ nennt, verstehen, dass die Anbetung die höchste Priorität in seinem Leben hat. Gott wünscht sie sich von mir und von Ihnen. Jesus bestätigte dies, indem er die vielbeschäftigte Martha rügte, als sie ihre zu den Füßen Jesu sitzende Schwester kritisierte: »*Marta, Marta! Du bist besorgt und beunruhigt um viele Dinge; eins aber ist nötig. Maria aber hat das gute Teil erwählt, das nicht von ihr genommen werden wird*« (Lk 10,41-42).

Ein Blick auf die starke Betonung des Gottesdienstes im Alten Testament zeigt, wie viel Wert Gott auf Anbetung legt. Im 2. Buch Mose werden dem Bau und der Ausstattung des Heiligtums – des Ortes der Anbetung Gottes – 15 Kapitel gewidmet. Das 3. Buch Mose kommt einem 27 Kapitel umfassenden Handbuch für den Gottesdienst gleich. Und die Psalmen mit ihren 150 Kapiteln sind ein wahrhaft außergewöhnliches Anbetungs-Liederbuch. Die Anbetung Gottes war schon seit jeher die vorrangige Angelegenheit, mit der sich die Seele des Gläubigen beschäftigen und nähren sollte.

Die Gegenwart Gottes

Der andere Grund, weshalb wir anbeten sollen, ist die Verheißung der Gegenwart Gottes. Wir alle wissen, dass Gott überall ist – er ist allgegenwärtig. Ebenso ist uns seine Verheißung bekannt: »*Ich will dich nicht aufgeben und dich nicht verlassen*« (Hebr 13,5). Des Weiteren hat er der Gemeinde das einmalige Versprechen gegeben: »*Denn wo zwei oder drei versammelt sind in meinem Namen, da bin ich in ihrer Mitte*« (Mt 18,20). Das bedeutet, dass wir seine Gegenwart auf besondere Weise erfahren, wenn wir uns um ihn versammeln.

Dr. A. J. Gordon, Gründer des *Gordon College* und des *Gordon-Conwell Theological Seminary*, hatte einen Traum, der diese biblische Realität zum Ausdruck brachte. Eines Samstagsabends schlief Dr. Gordon – erschöpft durch die Arbeit an der Sonntagspredigt – ein und begann zu träumen. Er träumte, auf der Kanzel zu stehen, als ein Fremder hereinkam und sich setzte. Gordon sah das, was den Mann umgab, mit übernatürlicher Klarheit; er erkannte sogar die Nummer des Sitzplatzes. Das Gesicht des Mannes konnte er allerdings nicht sehen. Er erinnerte sich jedoch, dass es einen ernsten Ausdruck hatte wie das Gesicht eines Menschen mit großem Kummer – dadurch zog er respektvolle Aufmerksamkeit auf sich. Während der Predigt konnte Gordon seine Augen nicht von diesem Mann abwenden. Der Mann fing seine Blicke auf, nicht umgekehrt.

Als der Gottesdienst zu Ende war, versuchte Dr. Gordon, den Mann durch den überfüllten Mittelgang zu erreichen, doch er war verschwunden. Also trat er an den Mann heran, der neben ihm gesessen hatte, und fragte ihn, wer der Fremde gewesen sei. Die lakonische Antwort lautete: »Es war Jesus von Nazareth.« Gordon rügte ihn, weil er Jesus hatte gehen lassen, aber der Mann erwiderte lässig: »Oh, machen Sie sich darüber keine Sorgen. Er war heute hier, und er wird zweifelsohne wiederkommen.«

Gordon berichtete weiter von seinem Schock über dieses Erleben und seine anschließende Selbstprüfung und kam dann zu dem Schluss:

> Ein Gedanke ... klang nach, der etwas mit Trost und noch mehr mit Ehrfurcht zu tun hatte. *Er war heute hier, und er wird zweifelsohne wiederkommen* – vor meinem geistigen Auge wiederholte ich diese Worte wie jemand, der einer verloren gegangenen Vision nachtrauert. Ich erwachte und stellte fest, dass es ein Traum war. Nein, es war kein Traum. Es war eine Vision tiefster Realität, das Miniaturbild eines tatsächlichen Dienstes.

Die Wirkung auf A. J. Gordon war von großer Tragweite. Er sagte, dass die neu gewonnene Erkenntnis der Gegenwart Christi der Gemeinde in der *Clarendon Street* großen Segen brachte und schließlich zur Gründung einer Bibelschule führte, aus der später das *Gordon College* hervorgehen sollte.[98]

Man bedenke, welche Auswirkungen ein derartiges Bewusstsein der Gegenwart Christi auf den gemeinschaftlichen Gottesdienst hätte, wenn wir nur dieser einen Wahrheit Raum in uns geben würden. Eines ist sicher: »Einen Mord in der Kathedrale« würde es wohl nicht mehr geben (ebensowenig wie in der »Kapelle«)!

Ihr Männer, wenn wir uns zum gemeinsamen Gottesdienst treffen, *ist Christus in unserer Mitte.* Er wandelt zwischen den goldenen Leuchtern seiner Gemeinden (Offb 2,1). Er geht die Mittelgänge unserer Gemeinde entlang und setzt sich neben uns. Er sucht nach jenen, die in Geist und Wahrheit anbeten. Er sehnt sich nach unserer Anbetung.

Da dies höchste Priorität besitzt, müssen wir auf die folgende Frage eine ehrliche Antwort geben: Beten wir ihn so an, wie er es sich wünscht?

Ein auf Gott ausgerichteter Gottesdienst

Wenn ich nach 25 Jahren etwas über die Leitung von Gottesdiensten gelernt habe, dann ist es die Tatsache, dass Anbetungsstunden nicht einfach so »passieren«. Anbetung verlangt eine sorgfältige Vorbereitung seitens der Mitarbeiter und der ganzen Gemeinde.

Ich habe beide Seiten kennengelernt und weiß, dass der Sonntagmorgen der schlimmste Augenblick der Woche sein kann. Es stimmt wahrscheinlich, dass Ehepaare – besonders solche mit kleinen Kindern – am Sonntagmorgen mehr Kämpfe auszutragen haben als an jedem anderen Tag der Woche. Wenn wir zur Gemeinde gehen, dann liegt mitunter die Anbetung im Gottesdienst im Bereich des Unmöglichen – falls dort nicht gerade über Buße gepredigt wird!

Vorbereitung

Die Lösung für dieses Problem fängt bei der samstäglichen Vorbereitung an. (Jeder Mann, der das Folgende als Aufgabe der Frau ansieht, liegt falsch. Beide – Mann und Frau – sollten sich die Verantwortung für die praktischen und geistlichen Seiten der Vorbereitung auf den Tag des Herrn teilen.) Es ist ratsam, dass junge Familien ihre Sonntagskleidung bereits am Samstagabend ordentlich zurechtlegen und sich auch schon über das Frühstück am nächsten Morgen einig werden. Auch Bibeln und andere Sachen, die mitzunehmen sind, sollten bereitliegen. Es sollte eine Zeit zum Aufstehen vereinbart werden, die genügend Spielraum für jeden lässt, sich fertig zu machen. Außerdem ist es eine gute Idee, einen vernünftigen Zeitpunkt für das Zubettgehen zu vereinbaren. In geistlicher Hinsicht ist für den Tag des Herrn unbedingt das Gebet erforderlich – das Gebet für den Gottesdienst, den Gesang, die Predigt, die Familie und sich selbst.

Die Puritaner haben das verstanden. Wie einer ihrer größten Prediger, George Swinnock, es auf originelle Weise ausdrückte:

> O Christ, bereite dich, deinem Gott zu begegnen! Begebe dich am Samstagabend in deine Kammer. ... Der Ofen deines Herzens wird, wenn er auch über Nacht brennt, am nächsten Morgen einfach zu erhitzen sein; wenn du das Feuer beim Zubettgehen gut schürst, wird es beim Aufstehen umso schneller zu entfachen sein. Wenn du dein Herz so am Samstagabend bei Gott lässt, dann wirst du es auch am Sonntagmorgen nahe bei ihm finden.[99]

Am Sonntag sollte jeder pünktlich aufstehen, das Frühstück zur vereinbarten Zeit zu sich nehmen und rechtzeitig das Haus verlassen.

Im Idealfall geschieht dies nach einer kurzen Gebetszeit im Familienkreis, in der Gott gebeten wird, dass er verherrlicht werde und zu jedem Familienmitglied sprechen möge. Wenn Sie sich danach ausrichten, wird der sonntägliche Gottesdienst zu neuen Höhen aufsteigen.

Erwartung

Als Nächstes sollten Sie die Erwartung haben, Gott im gemeinsamen Gottesdienst auf einmalige Weise zu begegnen. Die gemeinsame Anbetung ermöglicht eine Intensität der Hingabe, die bei der persönlichen Anbetung nicht so leicht auftritt. Auf der anderen Seite ist es tragisch, dass die Menge zu einem größeren Maß an Grausamkeit neigt als der Einzelne. Es ist ebenso bekannt, dass eine Gruppe von Musikliebhabern beim Besuch eines Symphoniekonzerts das Ereignis viel intensiver schätzen und genießen kann, als es dem einzelnen Hörer zu Hause möglich ist. Das trifft ebenfalls auf den gemeinsamen Gottesdienst zu, da dieser einen Rahmen bietet, in dem sich freudige Begeisterung entfalten kann und das Wort Gottes eine einmalige Kraft besitzt. Martin Luther sprach davon, als er uns Folgendes anvertraute: »Zu Hause, im eigenen Heim, spüre ich keine Wärme oder Energie in mir, aber in der Gemeinde, wenn sich die Geschwister zusammenfinden, entzündet sich ein Feuer in meinem Innern und bahnt sich seinen Weg.«[100] Wir müssen mit großen Erwartungen kommen – denn wir werden nur das erleben, was wir auch erwarten.

In Wahrheit

Jesus teilt uns in Johannes 4,24 mit, dass wir *»in Geist und Wahrheit anbeten«* müssen. *»In Wahrheit«* anzubeten bedeutet, vor ihn zu treten, weil wir durch die objektive Offenbarung des Wortes Gottes über den großen Gott in Kenntnis gesetzt sind. Ihm dienen wir – und zwar im Bewusstsein seiner Grundsätze, die er uns mitteilt. Unser Gottesdienst wird also von dem bestimmt, was wir von Gott wissen und was wir über ihn glauben. Je besser wir informiert sind, desto besser können wir ihn anbeten. Wenn wir Bibelstellen wie 1. Mose 1, Psalm 139, Psalm 23, das Buch Hiob, Johannes 7, Johannes 17, Römer 1–3 und Offenbarung 19 kennen und sie uns zu Herzen nehmen, dann sind wir besser vorbereitet, um *»in Wahrheit«* anzubeten.

Dieses Wissen über Gott aus seinem Wort sollte unsere Erwartungen erhöhen und eine gesunde Ehrfurcht sowie den Respekt vor Gott vermitteln. Wie Annie Dillard schreibt:

> Alles in allem finde ich keine Christen ..., die sich der Situation ausreichend bewusst sind. Hat irgendjemand einen blassen Schimmer davon, welche Art von Macht wir so fleißig anrufen? Oder wie ich eher annehme: Glaubt denn wirklich niemand, dass ein Wort davon wahr ist? ... Es ist doch verrückt, dass die Frauen ihre Stroh- und Samthüte in die Gemeinde tragen; wir alle sollten lieber Sturzhelme aufsetzen. Die Türsteher und Ordnungskräfte sollten Schwimmwesten und Signalfackeln bereithalten; sie sollten uns an unseren Plätzen festbinden. Denn der schlafende Gott könnte ja eines Tages aufwachen und Anstoß nehmen, oder der wache Gott könnte uns dorthin bringen, von wo es keine Rückkehr gibt.[101]

Ihr Männer, wir müssen die göttliche Wahrheit in uns aufsaugen! Dann wird unsere Anbetung von Echtheit und Tiefe durchdrungen.

Im Geist

Zusätzlich zu der Anbetung in Wahrheit beten wir *»im Geist«* an – damit ist der Geist des Menschen gemeint. Echte Anbeter fließen vor Anbetung über. Anbetung ist keine äußere Angelegenheit, sondern zuerst eine innere. Jesus warnte die Heuchler mit den Worten Jesajas: *»Dieses Volk ehrt mich mit den Lippen, aber ihr Herz ist weit entfernt von mir. Vergeblich aber verehren sie mich«* (Mk 7,6-7 – Zitat aus Jesaja 29,13).

Somit muss wahre Anbetung dem Geist des Menschen entspringen, den spontanen Empfindungen des Herzens – so wie sie regelmäßig aus dem Herzen Davids emporstiegen. Psalm 130 drückt die Erwartungen eines im Geist anbetenden Menschen aus:

> *Ich hoffe auf den HERRN, meine Seele hofft,*
> *und auf sein Wort harre ich.*
> *Meine Seele harrt auf den Herrn,*
> *mehr als die Wächter auf den Morgen,*
> *die Wächter auf den Morgen.*
> (Ps 130,5-6)

Disziplin im Gottesdienst

Es ist der Tag des Herrn. Sie sind zur Gemeinde gegangen, um Gott *»in Geist und Wahrheit«* anzubeten. Sie sind dort, um ihm Lobpreis zu bringen. Was nun? Hier tritt ein weiteres Mal das Wort in den Mittelpunkt, das den Hauptgedanken dieses Buches bildet – *Disziplin.*

Es ist von großer Bedeutung, dass eines der beiden wichtigen Wörter, mit denen im Neuen Testament die Anbetung bezeichnet wird, das Wort *latreuo* ist, was »arbeiten« oder »dienen« bedeutet. Indirekt wird uns dadurch mitgeteilt, dass der Gottesdienst und die Anbetung Arbeit beinhalten – disziplinierte Arbeit. Das Wort *Liturgie* ist davon abgeleitet, denn Liturgie kennzeichnet die Arbeit einer Person im Gottesdienst.

Alle Gemeinden haben eine Liturgie, selbst solche, die das verneinen würden. In Wirklichkeit ist es schon Liturgie, wenn man keine besitzt! Lockere charismatische Gottesdienste können in ihrer Struktur genauso liturgisch sein wie hochkirchliche Gottesdienste – und in manchen Fällen sind sie sogar noch strenger festgelegt. Es ist nicht meine Absicht, eine Liturgie der anderen vorzuziehen, obgleich ich natürlich meinen Standpunkt vertrete. Was ich sagen möchte, ist, dass Sie an Ihrer eigenen Liturgie mit ganzer Kraft arbeiten müssen, weil Gottesdienst Arbeit bedeutet. Sie müssen heilige Schwerstarbeit leisten, wenn Sie Gott erfreuen und verherrlichen wollen.

Im Folgenden möchte ich die typische Abfolge eines Gottesdienstes als Beispiel nehmen und dabei auf einige Einzelheiten eingehen. Lassen Sie sich nicht abschrecken, weil Ihr Gottesdienst vielleicht anders verläuft – zu einer richtigen Anbetung sind die gleichen ethischen Prinzipien erforderlich.

Auftakt

Sie sind frühzeitig in der Gemeinde angekommen. Sie beten im Stillen, lesen den morgendlichen Bibeltext, beten für die Predigt, sehen unter Gebet das Gesangsbuch durch und schließen vielleicht mit einem Gebet für den Chor oder für die Helfer im Gottesdienst. Sie haben einen guten Anfang gemacht. Sie stecken mitten in der Arbeit am Gottesdienst.

Ankündigungen

Bekanntmachungen zu Beginn des Gottesdienstes sind weniger störend, als wenn sie mittendrin gegeben werden.

Der Aufruf zu Lob und Gebet

Richtig verstanden ist dies die Einladung an die Anwesenden, in die Gegenwart Gottes zu treten. In betender und ehrfurchtsvoller Erwartung hören wir auf Gottes Wort. Wir lassen uns einladen und auffordern zu einer Begegnung mit Gott, die beinhaltet, dass wir uns ihm zu seiner Ehre unterordnen.

Lieder

Umfragen haben ergeben, dass etwa 50 Prozent eines Gottesdienstes aus Musik bestehen – ganz gleich, ob es sich um formelle oder weniger formelle Gottesdienste handelt. Ein musikalisch gestalteter Lobpreis Gottes erfordert Arbeit. Es ist leicht, die Gedanken schweifen zu lassen und Worte zu singen, ohne ihre Bedeutung zu erfassen – wie der kleine Junge, der dachte, dass der Gospel *»Gladly the cross I'd bear«*, von einem Bären mit schielenden Augen *(cross-eyed bear)* handeln würde![102] Das Gegenmittel für diese weitverbreitete Gefahr ist das Bewusstsein, dass Gott uns hört und dass wir für ihn singen. Dann kommen wir dem nahe, wonach es Paulus verlangte: *»Ich will beten mit dem Geist, aber ich will auch beten mit dem Verstand«* (1Kor 14,15).

Was für eine Ehre wird Gott gegeben, wenn hundert oder zweihundert, ja, sogar tausend Menschen mit ihrem Verstand und Geist in erhabenem Lobpreis Gott singen. Augustinus sagte ganz richtig: »Ein Christ sollte ein Halleluja von Kopf bis Fuß sein.«[103]

Chorgesang

Der Gemeindechor findet seinen Vorläufer in den gewaltigen Chören des Alten Testaments mit ihren vielfältigen Instrumenten. Nicht weniger als 35 alttestamentliche Psalmen verfügen über die Anmerkung: *»Dem Chorleiter«*. Andere wurden nach empfehlenswerten Melodien gesungen wie *»Hirschkuh der Morgenröte«* (Ps 22) – Melodien, die zweifellos vielen Israeliten wohlbekannt waren.[104]

Chöre haben die Möglichkeit, Musik in einer Weise zu präsentieren, die weit über die durchschnittliche Fähigkeit einer einzelnen Person hinausreicht. Verbunden mit Musik ist es der Gemeinde möglich, Gott das Beste zu geben. Es ist ein besonders schönes Geschenk für ihn.

Schweigen und gemeinschaftliches Gebet

Wir scheinen von dem Bedürfnis nach nie endenden Klängen nahezu besessen zu sein. Manche halten Schweigen im Gottesdienst für einen Verstoß gegen die Etikette. Sie wünschen keine Lücken: »Ich meine, es wäre besser, wenn die Orgel spielen würde.«

Schweigen jedoch bewahrt vor einem zu schnellen Ablauf des Gottesdienstes und gibt Zeit zur Reflexion und zum persönlichen Gespräch mit Gott. Es kommt der Aufforderung Habakuks nach: *»Der HERR aber ist in seinem heiligen Palast. Schweige vor ihm, ganze Erde!«* (Hab 2,20).

Beim gemeinsamen Gebet müssen sich alle einheitlich mit stiller oder ausgesprochener Zustimmung beteiligen: »Ja, Herr« – »Mag es so sein« – »Amen«. Ich persönlich meine, dass das traditionelle, gemeinsam gesprochene »Amen« am Ende der Gebete mit der Bibel sehr übereinstimmt.

Geldsammlung

Das Geben sollte eine bewusste Handlung sein, um Gott zu ehren, und keine Routine. Der Geber sollte zuerst *sich selbst* Gott geben und dann von seinem Hab und Gut (vgl. Röm 12,1; 2Kor 8,5).

Gottes Wort

Durch das Vorlesen aus der Bibel wird allen Gottes Wort mitgeteilt, ganz gleich, wie die anschließende Predigt auch sein mag. Als Esra das Buch des Gesetzes vorlas, stand das ganze Volk Israel *»vom ersten Tageslicht bis zum Mittag«* (Neh 8,3). Mit dem gleichen Respekt sollten auch wir Gottes Wort begegnen und ihm dadurch unsere Bereitschaft zum Gehorsam bekunden. Es ist unbedingt erforderlich, dass wir das mit offenen Ohren tun.

Predigt

Zugegeben, die vielleicht anstrengendste Arbeit während des Gottesdienstes ist es, der Predigt zuzuhören. Hier hat der Verkündiger seine Arbeit zu verrichten, doch auch die Gemeinde hat ihren Teil zu leisten. Richard Baxter schreibt in seinen »Anweisungen für ein gewinnbringendes Hören des gepredigten Wortes Gottes«:

> Machen Sie es sich zur Aufgabe, das Wort während der Predigt auf Ihr Leben anzuwenden. ... Schieben Sie nicht alles auf den Prediger, wie jene, die sich nur in Bewegung setzen, wenn man sie vorwärtsschiebt. ... So wie für den Prediger gibt es auch für Sie Arbeit; Sie haben die ganze Zeit über genauso viel zu tun wie er. ... Sie müssen Ihre Ohren öffnen und das Gehörte verdauen, weil Ihnen das niemand abnehmen kann. ... Deshalb sollten Sie währenddessen nicht untätig sein und Lässigkeit in Bezug auf das Hören verabscheuen – das Gleiche gilt für einen faulen Prediger.[105]

Lassen Sie Ihre Bibel aufgeschlagen, und folgen Sie den Aussagen des Bibeltextes. Überprüfen Sie die Aussagen des Verkündigers. Machen Sie sich Notizen. Finden Sie das Thema heraus. Schreiben Sie Gliederungspunkte und Anwendungen auf. Bitten Sie Gott, dass er Ihnen hilft zu erkennen, in welchen Bereichen er das Wort in Ihrem Leben angewandt haben möchte.

Sie kommen nicht darum herum: Gottesdienst erfordert *Disziplin*. Wir sollen Gott *»in Geist und Wahrheit«* anbeten, und ohne Disziplin ist das unmöglich. Wir müssen uns disziplinieren, um Gottes Wahrheit kennenzulernen, damit wir ihn in Wahrheit anbeten können. Es ist notwendig, dass wir unseren Geist disziplinieren, sodass aus unserem Herzen echte Zuneigung zu Gott fließen kann. Des Weiteren müssen wir Disziplin zeigen in der Vorbereitung auf den gemeinsamen Gottesdienst, und das beginnt nicht erst in den 30 Sekunden, nachdem wir uns ganz außer Atem hingesetzt haben.

Am Samstag

- Ich habe den Herrn gebeten, mich morgen für die Bedürfnisse der Personen in der Gemeinde sensibel zu machen, die verletzt worden sind.

- Ich habe dem »sonntäglichen Kleider-Stress« vorgebeugt, indem ich meine Sachen bereits heute zurechtgelegt habe.
- Ich habe mir Zeit zum Bekennen genommen, sodass bei der morgigen Begegnung zwischen dem Herrn und mir alles in Ordnung ist.
- Ich habe beschlossen, früh zu Bett zu gehen, damit ich morgen ausgeruht zur Gemeinde gehe.
- Ich habe mir vorgenommen, weiter von der Freude dieser Zeit mit dem Herrn und seinen Gläubigen zu zehren und sie mir nicht durch unangemessene Sonntagnachmittags-Aktivitäten nehmen zu lassen.

Am Sonntag

- Ich bin frühzeitig aufgestanden, sodass ich keinen Grund zur Eile verspüre.
- Ich habe meinen Sonntagmorgen genau eingeteilt, damit ich nicht nur rechtzeitig in der Gemeinde ankomme, sondern auch noch Zeit übrig habe.
- Ich habe gut gefrühstückt, damit mich während des Gottesdienstes kein knurrender Magen beeinträchtigen kann.
- Ich habe die Bibel, einen Stift und Papier zur Hand, um mir Notizen zu machen.
- Ich habe mich mit großen Erwartungen auf den Weg zur Gemeinde gemacht, weil ich weiß, dass der Herr dort zugegen sein wird.

Zum Schluss müssen wir noch verstehen, dass sich in einem disziplinierten Gottesdienst zwangsläufig *Freude* einstellt. Wie Eugene Peterson es treffend ausdrückte: »Der Gottesdienst ist eine Handlung, bei der sich Gefühle für Gott entwickeln, und nicht ein *Gefühl* für Gott, das durch das Abhalten des Gottesdienstes zum Ausdruck kommt.«[106]

Wir müssen uns für den Gottesdienst disziplinieren!

Denkanstöße

- Was ist wichtiger – die *Gewohnheit*, zum Gottesdienst zu gehen, oder ein Herz für den Gottesdienst? Welches von beidem entspricht meistens Ihrer Erfahrung? Warum? Wenn bei Ihnen diesbezüglich eine Veränderung erforderlich ist, wie werden Sie mit Gott zusammenarbeiten, um diese Veränderung zu erreichen?
- Johannes 4,23 teilt uns mit, dass Gott Anbeter *sucht*. Geschieht das aus Selbstsucht? Warum oder warum nicht? Warum wünscht Gott, dass wir Ihn anbeten?
- Was hat Gottes Gegenwart mit unserem Gottesdienst zu tun (vgl. Hebr 13,5; Mt 18,20)? Empfinden Sie die Gegenwart Gottes eher ermutigend oder einschüchternd, wenn Sie ihn allein oder zusammen mit anderen Gläubigen anbeten?
- Was müssen Sie (und Ihre Familie) noch tun, um in geistlicher Hinsicht auf den sonntäglichen Gottesdienst in Ihrer Gemeinde vorbereitet zu sein? Erstellen Sie eine Liste, beziehen Sie andere Personen Ihres Haushalts mit ein, und arbeiten Sie gemeinsam daran, es in die Tat umzusetzen!
- In eigenen Worten ausgedrückt: Was bedeutet es, Gott »in Geist und Wahrheit« anzubeten? Inwiefern wird Ihr Leben als Christ davon beeinflusst, ob Sie Erfahrungen damit machen oder nicht?
- Welche Art Gottesdienst wird in Römer 12,1 vorgestellt? Wann haben Sie die Aussage dieses Verses das letzte Mal praktiziert?

Anwendung / Konsequenz

Welchen Punkt hat Gott bei Ihnen in diesem Kapitel am konkretesten angesprochen? Sprechen Sie jetzt gleich mit ihm darüber!

Zum Nachdenken

Schreiben Sie Ihre zehn Lieblingsbibeltexte über das Wesen Gottes und über seine Verheißungen auf. Machen Sie diese Bibelstellen und dazu passende christliche Lieder (traditionelle und zeitgenössische) anschließend zur Grundlage der Anbetung in Ihrer Familie, in einem Bibelkreis oder sogar in der ganzen Gemeinde.

Charakter

10

Integrität – eine übereinstimmende Lebensführung

Das Buch *The Day America Told the Truth* (dt. etwa: *Der Tag, an dem Amerika die Wahrheit sagte*), das auf einer umfangreichen Meinungsumfrage beruht, bei der die Anonymität der Befragten garantiert wurde, offenbart einen erschreckenden Zustand der moralischen Integrität in Amerika.

Nur 13 Prozent sehen die Zehn Gebote noch als verbindlich an. 91 Prozent lügen regelmäßig – zu Hause und auf der Arbeit. Auf die Frage »Wen lügen Sie regelmäßig an?« teilt die Statistik mit, dass zu 86 Prozent Eltern und zu 75 Prozent Freunde angelogen werden. Ein Drittel der AIDS-Infizierten gestand ein, dass sie die Erkrankung vor ihren Partnern verschwiegen haben. Die meisten Arbeitnehmer gaben zu, durchschnittlich sieben Stunden in der Woche zu vertrödeln, was fast einem ganzen Arbeitstag entspricht. Die Hälfte sagte aus, dass sie sich krank melden, obwohl sie vollkommen gesund sind.

Inhalt der Untersuchung war auch die Frage: »Was würden Sie für 10 Millionen Dollar tun?« 25 Prozent wären bereit, ihre Familien zu verlassen; 23 Prozent würden sich eine Woche lang prostituieren; und sieben Prozent wären bereit, eine fremde Person zu töten.[107] Machen Sie sich das einmal bewusst! Sieben von 100 Amerikanern würden Sie töten, wenn der Preis stimmt – von 1000 wären es 70!

Selbst flüchtige Beobachter können das Schwinden der moralischen Integrität in allen Bereichen unserer Gesellschaft erkennen: Man denke nur an Watergate, die Iran-Affäre, Bestechungsskandale, die zahlreichen Liebesabenteuer bekannter Senatoren (bis hin zum Präsidenten), Kongressmitglieder, die einen Meineid leisten, das Erschleichen akademischer Auszeichnungen und sogar die Kriegsberichterstattung.[108] Das freimütige Gedicht bzw. Gebet von Fred Holloman, dem Kaplan des Senats von Kansas, überrascht uns nicht:

Allwissender Vater:
Bitte, zeige uns,
wer die Wahrheit spricht.
Die eine Seite sagt uns das eine,

und die andere genau das Gegenteil.
Und wenn keine Seite die Wahrheit erzählt,
möchten wir auch das wissen.
Und wenn beide Seiten die halbe Wahrheit sagen,
gib uns die Weisheit,
die richtigen Hälften zusammenzusetzen.
In Jesu Namen, Amen.

Wahrheit und moralische Integrität haben sich nicht nur gegenwärtig für viele Leute in Leitungspositionen als unerreichbar erwiesen, sondern gleicherweise für zukünftige Leiter, von denen einige buchstäblich eine Ausbildung in Sachen Betrug durchlaufen. Magazine wie das *New York Times Book Review* und der *Rolling Stone* veröffentlichen Werbeanzeigen mit Überschriften wie »Frust im Studium?« und liefern dazu eine gebührenfreie Hotline zur »Forschungshilfe« im westlichen Los Angeles: »Unser 306 Seiten umfassender Katalog beinhaltet detaillierte Beschreibungen von 14 278 Forschungsarbeiten; eine praktische, leicht zugängliche Informations-Bibliothek. Für Fußnoten und bibliografische Seiten werden keine zusätzlichen Kosten berechnet. Das Anfordern ist so einfach wie das Abnehmen des Telefonhörers. Nutzen Sie diese wertvolle Ausbildungshilfe während Ihrer College-Zeit.«[109] Man hätte noch hinzufügen sollen: »Hier bietet sich die einmalige Chance, Ihre Ausbildung erschwinglicher zu machen und Ihren Charakter so zu formen, dass Sie für die Betrügereien eines ganzen Lebens gewappnet sind.«

Im modernen Geschäftsleben breitet sich ein moralischer Verfall aus. 1983 bat das *Wall Street Journal* den Marktforscher George Gallup, eine mittlerweile berühmt gewordene Umfrage unter Managern in der Geschäftswelt vorzunehmen. Sie zeigte eine schockierende Ungleichheit zwischen Top-Managern und der allgemeinen Bevölkerung auf. 80 Prozent der Manager bekannten, betrunken am Steuer zu sitzen, während der allgemeine Durchschnitt bei 33 Prozent lag. 78 Prozent gaben zu, das Geschäftstelefon für persönliche Ferngespräche zu benutzen. 35 Prozent hatten falsche Angaben bei der Einkommenssteuererklärung gemacht. Und 75 Prozent hatten sich Geschäftseigentum zum persönlichen Gebrauch angeeignet, verglichen mit 40 Prozent der übrigen Bevölkerung.[110] Die traurige Wahrheit ist, dass ein Bewohner von Beverly Hills im Vergleich zu jemandem, der in Bronx (einem Stadtteil von New York) zu Hause ist, wahrscheinlich eher illegale Drogen konsumiert, ein Verbrechen begeht oder eine außereheliche Affäre hat.[111]

Solche Statistiken bedeuten ein vernichtendes Urteil für die Oberschicht, aber durch solche Zahlen ist die übrige Bevölkerung keineswegs aus dem Schneider. In einer von einem renommierten amerikanischen Institut gesponserten Studie, die auf einem Symposium über Diebstahl am Arbeitsplatz vorgestellt wurde, machen die Verfasser darauf aufmerksam, dass Warenhäusern und Fachgeschäften durch entwendetes oder fehlendes Inventar jährlich ein Schaden von 8 Billionen Dollar entsteht. Zehn Prozent dieser Summe werden Fehlern bei der Inventur zugeschrieben, 30 Prozent dem Ladendiebstahl und die gewaltige Zahl von 60 Prozent – das sind 16 Millionen Dollar täglich – der Entwendung durch eigene Angestellte. Das Stehlen von Telefoneinheiten durch Arbeitnehmer kostet die Industrie so viel Geld, dass die Registrierung von Anrufen eines der am schnellsten wachsenden Gebiete in der Telekommunikationsbranche geworden ist.[112]

Es ist bezeichnend, dass die Hauptschuld für den Niedergang der Ethik bei den Männern liegt, wie die Autoren von *The Day America Told the Truth* gleich zu Beginn herausstellen:

> Unsere gegenwärtigen moralischen Maßstäbe im Berufsleben sind niedrig, doch sie wären noch weitaus niedriger, wenn in den letzten Jahren nicht so viele Frauen auf dem Arbeitsmarkt Eingang gefunden hätten.
>
> Wenn wir die Antworten der Männer und Frauen vergleichen, dann bestärkt das die Ansicht, dass Frauen in diesem Land einfach ein besseres ethisches Verhalten an den Tag legen als Männer.
>
> Bei jeder von uns gestellten Frage beweisen amerikanische Frauen am Arbeitsplatz einen höheren moralischen Standard als Männer. Weniger als halb so viele Frauen wie Männer denken, dass Betrug der einzige Weg ist, vorwärtszukommen, und weniger Frauen als Männer glauben an die Politik als Weg zum Erfolg, sondern an die Ausübung eines Berufs.
>
> Zudem zeigen Frauen beim Aufstieg im Berufsleben eine wesentlich geringere Bereitschaft, Kompromisse in Bezug auf ihre Wertvorstellungen einzugehen. Des Weiteren sind sie eher gewillt, ihr Arbeitsverhältnis zu kündigen, wenn sie erfahren, dass ihr Arbeitgeber an illegalen Aktivitäten beteiligt ist.
>
> Ist wertvolles Firmeneigentum gestohlen worden, so ist der Dieb in sechs von sieben Fällen ein Mann.[113]

Die Wahrheit ist, dass die amerikanische Gesellschaft in großen Schwierigkeiten steckt. Der immense Niedergang der moralischen Integrität (insbesondere der männlichen Ethik) zieht im geistlichen, häuslichen und politischen Bereich schwerwiegende Folgen nach sich, die das Überleben der uns bekannten Gesellschaftsformen bedrohen.

Doch für Christen ist die am meisten beunruhigende Tatsache die folgende: *Statistisch gesehen gibt es nur einen kleinen Unterschied zwischen den ethischen Praktiken der religiösen und der nicht-religiösen Menschen.* Doug Sherman und William Hendricks veröffentlichten Statistiken von Gallup, die besagen, dass 43 Prozent der Nicht-Kirchgänger zugeben, Eigentum ihres Arbeitgebers zu entwenden, gegenüber 37 Prozent bei den Kirchgängern. 17 Prozent der Menschen ohne Gemeindezugehörigkeit benutzen das Telefon ihres Arbeitgebers für persönliche Ferngespräche, allerdings tun das auch 13 Prozent solcher, die den Gottesdienst besuchen.

Vielleicht fragen wir uns, ob das auch auf *wirkliche* Christen zutrifft. Sherman und Hendricks bestätigen diese Befürchtung. Das allgemeine ethische Verhalten von Christen unterscheidet sich nur geringfügig von dem der NichtChristen – natürlich gibt es auch eine Menge Ausnahmen.[114]

Traurigerweise verhalten sich Christen in folgenden Punkten nahezu genauso wie Nicht-Christen:

- Sie manipulieren ihre Einkommenssteuererklärung.
- Sie stehlen geistiges Eigentum (insbesondere Lehrer wissen etwas davon).
- Sie zahlen Bestechungsgelder, um eine Bau-Erlaubnis zu erhalten – »So läuft das eben in diesem Geschäft«.
- Sie ignorieren Bauvorschriften.
- Sie fertigen sich illegale Kopien von Computerprogrammen an.
- Sie stehlen die Zeit ihres Arbeitgebers.
- Sie stehlen Telefoneinheiten am Arbeitsplatz.
- Sie übertreiben in Bezug auf Verkaufsprodukte.
- Sie erzählen den Leuten, was sie hören wollen.
- Sie suchen sich aus, welche Gesetze sie befolgen.

Hierfür können viele Gründe herangezogen werden. In unseren Tagen werden meist der Subjektivismus und der moralische Relativismus verantwortlich gemacht. Justice Harlan kommentiert: »Was für den einen vulgär ist, erscheint dem anderen wie ein Gedicht«.[115] Und der Mann auf der Straße beruft sich auf den obersten Gerichtshof des eigenen Ichs: »Meine Meinung ist so gut wie deine.«

Wie können wir erwarten, dass unsere Gesellschaft anders ist, wenn eine kulturelle Ikone wie beispielsweise Ernest Hemingway (der noch immer einen großen Einfluss auf die zeitgenössische Lyrik ausübt) ein unverbesserlicher Lügner war und über alles Mögliche Unwahrheiten ausdachte? Das betraf seine Kindheit, seine athletischen Fähigkeiten, seine militärischen Heldentaten und seine Liebesbeziehungen. Somit war er das, was eine seiner Frauen über ihn sagte: »Der größte Lügner seit Münchhausen.«[116] Wie können wir entkommen, wenn unsere Götter verlogene Betrüger sind?

Aber der Hauptgrund, weshalb sich die moralische Integrität in der Krise befindet, ist, dass wir Menschen von Grund auf unehrlich sind. Wir sind von Geburt aus Lügner. Mitten in den Beobachtungen des Apostel Paulus über die Verdorbenheit des Menschen lesen wir in Römer 3,13: *»Ihr Schlund ist ein offenes Grab; mit ihren Zungen handelten sie trügerisch.«* Niemand muss uns die Kunst der Unehrlichkeit beibringen. Auch wenn wir wiedergeboren sind, kehren wir zum Betrug zurück wie die Ente zum Wasser, falls wir uns nicht unter der Herrschaft Christi selbst Disziplin auferlegen.

Unsere Situation verschlimmert sich noch durch die vielen verfeinerten Formen des Betrugs, die sich durch die Medien flächendeckend über unsere Gesellschaft ausbreiten. Das geht so weit, dass wir kaum noch erkennen können, was überhaupt der Wahrheit entspricht. Viele christliche Männer unterliegen einer Illusion. Manche von ihnen, denen es an moralischer Integrität fehlt, wissen das nicht einmal.

Wie denkt Gott über moralische Integrität?

Hananias und Saphira waren sich im Klaren darüber, dass sie die Gemeinde betrogen, als sie ein Gut verkauft hatten und vorgaben, den gesamten Erlös zu spenden, obwohl es in Wirklichkeit nur ein Teil davon war. Beim Lesen dieser Begebenheit (Apg 5) gewinnt man allerdings nicht den Eindruck, dass sie sich fehlender moralischer Integrität in Bezug auf ihre Handlungsweise bewusst waren. Letzten Endes taten sie doch etwas Gutes und waren großzügig!

Wenn sich das heute ereignen würde, wäre Hananias wohl folgendermaßen vorgegangen: Er hätte gewartet, bis die Gemeinde singt: »Ein

Leben, gegeben, für den Herrn der Welt«, um anschließend in demütiger Haltung nach vorne zu gehen, Petrus seinen Scheck vor die Füße zu legen und zu sagen: »Ich wünschte, ich hätte mehr zu geben, Petrus, doch das ist alles, was ich habe.«

Stellen Sie sich diese Szene in der Urgemeinde vor: Hananias' Herz schlug rasend vor Erregung während seines öffentlichen Auftritts, aber Petrus lächelte keineswegs. Irgendwie wusste er Bescheid!

> *Hananias, warum hat der Satan dein Herz erfüllt, dass du den Heiligen Geist belogen und von dem Kaufpreis des Feldes beiseitegeschafft hast? Blieb es nicht dein, wenn es unverkauft blieb, und war es nicht, nachdem es verkauft war, in deiner Verfügung? Warum hast du dir diese Tat in deinem Herzen vorgenommen? Nicht Menschen hast du belogen, sondern Gott.* (Apg 5,3-4)

Armer Hananias. Sein rasendes Herz hörte auf zu schlagen, und sein Atem blieb stehen. Petrus' grimmiger Gesichtsausdruck wich der Dunkelheit, die Hananias umfing, als er verschied und die jungen Männer hinzutraten, um Hananias hinauszutragen – wie sie es im Anschluss auch mit seiner toten Frau taten.

Die Geschichte von Hananias und Saphira versetzt uns einen Schock, weil sie wegen einer solch »kleinen« Unwahrheit starben. Sie gaben ihren Kauferlös falsch an – warum ereilte sie deshalb der Tod? Schließlich *haben sie immerhin etwas gegeben*, was mehr ist, als viele andere Menschen tun!

Die Antwort lautet, dass die Gemeinde nicht gedeihen kann, wenn unter ihren Gliedern Betrug vorhanden ist – und Gott wollte das ein für alle Mal deutlich machen. Täuschung und Betrug verletzen den Leib Christi, lähmen ihn und sind eine *Sünde gegen Gott!* Aus diesem Grund sagte Petrus, unmittelbar bevor Hananias starb: »*Nicht Menschen hast du belogen, sondern Gott*« (Apg 5,4).

Moralische Integrität ist etwas, das die Gemeinde heute unbedingt braucht. Sie benötigt Menschen, die nicht nur von unverhohlenen Lügen Abstand nehmen, sondern auch von der Heuchelei. Paulus stellt sogar ausdrücklich fest, dass Ehrlichkeit zum Wachstum in der Gemeinde notwendig ist: »*Lasst uns aber die Wahrheit reden in Liebe und in allem hinwachsen zu ihm, der das Haupt ist, Christus*« (Eph 4,15). Das göttliche Mittel für echtes Gemeindewachstum ist »*die Wahrheit ... in Liebe*« – Wahrhaftigkeit im Reden und Handeln im gegenseitigen Umgang miteinander.

Der große Bedarf an moralischer Integrität für die Gemeinde ist in direkter Weise mit dem Bedarf einer verlorenen Welt verbunden, denn die Welt sehnt sich nach der Befreiung von ihrer Unwahrhaftigkeit. Sicherlich hält sie an Täuschung und Betrug fest und kultiviert diese, aber tief im Inneren versuchen viele Menschen, all dem zu entkommen. Eine beträchtliche Zahl von Menschen außerhalb der Gemeinde würde den Glauben der Christen bereitwillig annehmen, die die Ehrlichkeit und moralische Integrität zeigen, nach der sie sich sehnen.

Helmut Thielicke, der deutsche Theologe und Pastor, der in der Zeit des Dritten Reiches seine moralische Integrität bewahrte, sagte: »Die Nichtbenutzung einer kleinen undn als völlig legal anerkannten Notlüge kann ein stärkeres Bekenntnis sein als eine ganze christliche Weltanschauung, die ich in umständlichen und eindrucksvollen Diskussionen vertrete.«[117]

Eine wahrheitsliebende Gesinnung ist ein starkes evangelistisches Werkzeug. Ich habe Menschen gekannt, die von Christus magnetisch angezogen wurden, weil sie diesen Wesenszug in einer Gemeinde oder einer Einzelperson erkannt hatten. Moralische Integrität kann für manche ein prickelndes Erfrischungsgetränk in der weltlichen Wüste voller Täuschungen sein.

Ihr Männer, die Erfahrung von Hananias und Saphira lehrt uns, dass unsere moralische Integrität Gott nicht gleichgültig ist. Wir müssen wie Hiob folgende Erklärung abgeben: *»Bis ich verscheide, lasse ich meine Rechtschaffenheit nicht von mir weichen«* (Hi 27,5).

Die Gestalt der Integrität

Wir müssen verstehen, dass die biblische Vorstellung von moralischer Integrität den Grundgedanken von Ganzheitlichkeit beinhaltet. Damit ist gemeint, dass das Leben eines Menschen ganz und gar authentisch ist.[118] Das Wort *Integrität* stammt vom lateinischen *integritas*, und dieser Begriff betont ebenfalls die Idee von »Einheit«, »Ganzheit« und »Vollständigkeit«.[119]

Integrität kennzeichnet die ganze Person, nicht nur einen Teil von ihr. Ein solcher Mensch ist durch und durch gerecht und ehrlich. Das betrifft nicht nur seine innere Einstellung, sondern auch sein Handeln. Psalm 15 preist die Ganzheitlichkeit eines integren Mannes:

HERR, wer darf in deinem Zelt weilen?
Wer darf wohnen auf deinem heiligen Berg?

Der rechtschaffen wandelt und Gerechtigkeit übt
und Wahrheit redet in seinem Herzen.
Er hat nicht verleumdet mit seiner Zunge,
seinem Gefährten kein Übel angetan
und auf seinen Nächsten keine Schmähung gebracht.
In seinen Augen ist der Verworfene verachtet,
aber die, die den HERRN fürchten, ehrt er;
er hat zu seinem Schaden geschworen und ändert es nicht.
Sein Geld hat er nicht auf Zins gegeben,
und ein Bestechungsgeschenk gegen den Unschuldigen nicht angenommen.
Wer solches tut, wird nicht wanken in Ewigkeit.
(Ps 15,1-5)

Untersuchungen haben ergeben, dass Menschen gewöhnlich lügen, um ihr Fehlverhalten zu verbergen.[120] Nehmen wir zum Beispiel den Ange-stellten, der aus Unachtsamkeit das Kopiergerät kaputt gemacht hat und sich geschickt aus der Affäre ziehen will, indem er ausruft: »Wer hat denn das Kopiergerät kaputt gemacht?«

Der zweithäufigste Grund fürs Lügen besteht darin, eine angenehme Atmosphäre aufrechtzuerhalten. Haben Sie schon um des Friedens willen die Wahrheit verschwiegen?

Das bedeutet nun nicht, dass wir das Recht hätten, jedem alles zu sagen, was wir denken – sozusagen eine Art geistlicher Dauerauftrag, alles in Worte zu fassen, was uns in den Sinn kommt. Jedoch sollten wir andere niemals durch Schweigen oder durch eine unklare Ausdrucksweise täuschen, um unser Gesicht zu wahren oder andere nicht zu verletzen. Wir sollen »*die Wahrheit reden in Liebe*« (Eph 4,15). Integrität verlangt, dass wir die feste Absicht haben, mit all unseren Worten allein die Wahrheit zu sagen. Solches Reden macht Gott Freude: »*Ein Gräuel für den HERRN sind Lippen, die lügen; wer aber Treue übt, hat sein Wohlgefallen*« (Spr 12,22).

Des Weiteren täuscht, hintergeht oder bestiehlt ein integrer Mann niemals andere Menschen. In den Sprüchen finden wir mehrere Aussagen dazu: »*Zweierlei Gewichtsteine, zweierlei Efa, sie sind alle beide ein Gräuel für den HERRN*« (20,10). »*Trügerische Waagschalen sind dem HERRN ein Gräuel, aber volles Gewicht hat sein Wohlgefallen*« (11,1). »*Süß schmeckt dem Mann das Brot der Lüge, aber hinterher ist sein Mund voller Kies*« (20,17).

Es gibt so viele Möglichkeiten, etwas mitgehen zu lassen oder zu stehlen, die von der Allgemeinheit gebilligt werden: Arbeitsmaterialen aus dem Büro mitnehmen, überlange Mittagspausen, extravagante Arbeitsessen, die Annahme von Kundengeschenken, das Ignorieren von Kopierrechten, das Absetzen von nicht vorhandenen Ausgaben von der Steuer. Doch der integre Mann meidet all diese Versuchungen und gibt damit Gott die Ehre.

Ein Mann Gottes hält sein Wort. Er verspricht niemals, etwas zu tun, von dem er gar nicht beabsichtigt, es auszuführen. Und er bleibt dabei: Er »vergisst« sein Versprechen nicht, auch wenn ihm das Vorteile bringen würde. Ein integrer Mann lässt einen anderen nicht im Stich. Seine Handschrift ist die Treue, eine der Früchte des Geistes (Gal 5,22). Selbst wenn er merkt, dass es nicht zu seinem Nutzen ist, wenn er sein Wort hält, handelt er dennoch gemäß seinem Versprechen – wie der Psalmist über den integren Mann sagt: *»er hat zu seinem Schaden geschworen und ändert es nicht«* (Ps 15,4). Die Bibel sagt, dass ein solcher Mann einzigartig ist: *»Die meisten Menschen rufen ihre eigene Frömmigkeit aus; aber einen zuverlässigen Mann, wer findet ihn?«* (Spr 20,6). Integrität ist eine seltene Schönheit.

Schließlich ist ein integrer Mann auch ein Mann mit Prinzipien. Wir müssen begreifen, dass Prinzipien mehr bedeuten als Grundsätze. Es bedeutet, für seine Überzeugungen einzustehen, auch wenn es etwas kostet. Als die Wohnungssituation in Wien nicht besonders gut war, suchten meine Tochter und mein Schwiegersohn mit ihren drei Kindern vier Monate lang eine Wohnung. Die Eigentümer der ihnen angebotenen Objekte wollten jeweils, dass sie ihre Unterschrift unter einen Vertrag setzten, der eine geringere Miete angab, als sie tatsächlich zu zahlen hätten. In diesem Punkt sind meine Tochter und ihre Familie Opfer ihrer Integrität geworden – sie erfuhren eine ungerechte Behandlung, um die sie zu beneiden sind.

Der Segen der Integrität

Integrität kann Sie eine Beziehung, Ihre Beförderung, Ihren Arbeitsplatz und Ihren Ruf, ja, sogar Ihr Leben kosten. Aber Integrität bringt auch Vorteile mit sich.

Charakterbildung

Es besteht kein Zweifel, dass Integrität schon eine Belohnung in sich trägt, weil sie den Charakter formt – und neben göttlichen Eingriffen bestimmt der Charakter eines Menschen seinen Lebenslauf hier auf Erden. Darüber hinaus wird dadurch Gott in Ewigkeit verherrlicht.

Gewissen

Eng damit verbunden ist der Segen eines reinen Gewissens. Das ist ein wesentlicher Vorteil, denn ein reines Gewissen befähigt Sie, in den Sie umgebenden Stürmen standhaft zu bleiben. Wenn Ihr Herz Sie nicht verurteilt, sondern Sie bestärkt, können Sie wie ein Turm fest mitten in der Brandung stehen. *»Wer in Lauterkeit lebt, lebt sicher«* (Spr 10,9).

Vertrautheit mit Gott

Doch die Segnungen der Integrität gehen sogar noch weiter, denn eine integre Seele garantiert einen zutiefst vertrauten Umgang mit Gott. Gott liebt die *»Wahrheit im Innern«* (Ps 51,8), und wenn er sie findet, erfreut er sich an der Gemeinschaft mit diesem Menschen. Eine offene und ehrliche Seele ist eine Zufluchtsstätte für Gottes Geist.

Ansporn für andere

Die Integrität bringt auch äußerlichen Nutzen mit sich, da sie das Leben anderer Christen beflügelt. Eigene Integrität fördert mehr Integrität bei anderen. Ein gutes moralisches Verhalten lässt dies bei anderen wachsen, Ehrlichkeit führt zu Ehrlichkeit, Charakter produziert Charakter! Salomo sagt: *»Wer in seiner Lauterkeit als Gerechter lebt – glücklich seine Kinder nach ihm!«* (Spr 20,7).

Evangelisation

Wie zuvor schon erwähnt, wollen wir abschließend die evangelistische Anziehungskraft der Integrität hervorheben. Die folgende Anzeige erschien im *East African Standard* in Nairobi:

> ALLE SCHULDEN WERDEN BEGLICHEN!
> ICH, ALLAN HARANGUI ALIAS WANIEK HARANGUI, Postfach 40380, Nairobi, habe mich in den Dienst des Herrn Jesus Christus gestellt. Ich will all meine Fehler wiedergutmachen. Wenn ich Schulden bei Ihnen habe, wenn Sie durch mich persönlich zu

Schaden gekommen sind oder eine der Firmen, deren Direktor oder Partner ich war:
GUARANTEED SERVICES LTD. - WATERPUMPS ELECTRICAL-GENERAL CO. SALES AND SERVICES.
Bitte setzen Sie sich zur Regelung Ihrer Ansprüche mit mir oder meinem Anwalt J. K. Kibicho & Co. in Verbindung, Postfach des Anwalts 73137, Nairobi. Die Höhe des Betrages wird nicht angefochten.
ZUR VERHERRLICHUNG GOTTES UND SEINES SOHNES JESUS CHRISTUS.

Es war ein einzigartiger Augenblick, als die ganze Stadt Nairobi davon erfuhr, dass Jesus Christus eine moralische Veränderung im Leben eines Mannes bewirkt hatte. Das Ergebnis bestand zweifelsfrei auch darin, dass sich Menschen zu Christus wendeten. Integrität und Evangelisation bilden eine wirkungsvolle Kombination.

Wir können die Bedeutung der Integrität für eine Generation von Christen, die in ihrem moralischen Verhalten so sehr der Welt ähnelt, kaum überbetonen. Die Welt braucht unbedingt unsere Integrität! Ihre beneidenswerten Vorteile in Bezug auf *Charakterbildung*, ein *reines Gewissen*, die tiefe *Vertrautheit mit Gott*, den *Ansporn für andere* und den *Gewinn von Verlorenen* sind allesamt starke Argumente für ihren außerordentlichen Wert. Die Herzen von Hananias und Saphira, die aufhörten zu schlagen, beteuern ihre Dringlichkeit.

Disziplin zur Integrität

Die Dringlichkeit und Wichtigkeit der moralischen Integrität lässt den ernsthaften Menschen an die Notwendigkeit von Disziplin denken. Gott möchte, dass wir Männer mit Prinzipien sind. G. K. Chesterton sagte: »Es ist ein Prinzip der Moral - wie auch der Kunst -, irgendwo eine Grenze zu ziehen.«[121] Wir müssen es Gottes Wort überlassen, diese Grenze festzusetzen, nicht der Gesellschaft. Die erhabene Ethik der Heiligen Schrift muss um jeden Preis gewahrt werden, auch wenn die Gesellschaft meint, dass sie antiquiert und unmöglich zu verwirklichen sei. Wir müssen uns mithilfe des Heiligen Geistes disziplinieren, um sie aufrechtzuerhalten.

Diesbezüglich gibt der UPI-Korrespondent Wesley Pippert einen klugen Rat:

> Eine der wirksamsten Schutzmaßnahmen, die ich kenne, ist, mit einer Sache erst gar nicht zu beginnen – denn das Wiederholen ist weitaus leichter. ... Etwas von vornherein zu unterbinden, ist ein ausgezeichnetes Bollwerk, um auch später nicht damit anzufangen. Wie die Moralphilosophin Sissela Bok in ihrem Buch über Lügen sagte: »Es ist einfach, zu lügen, aber schwer, es nur einmal zu tun.« Disziplin wird uns helfen, die Schuld zu vermeiden, die wir häufig auf uns laden, indem wir uns mit Dingen beschäftigen, die wir besser nicht tun. Eine wichtige Frucht der Disziplin ist Integrität. Nur wenige Dinge sind wichtiger als der Besitz eines guten Rufes. Nicht alle Menschen sind gesellig oder kontaktfreudig. Nicht alle Menschen sind begehrt oder liebenswert. Doch alle können Integrität besitzen. Es strömt mehr Integrität aus einem disziplinierten Charakter hervor als aus einer mutigen Persönlichkeit.[122]

Wir müssen uns disziplinieren, in allem die Wahrheit zu sagen. Es ist nicht die Absicht der Bibel, uns zu verbieten, dass wir mit unseren Freunden Spaß haben, miteinander ausgelassen scherzen oder uns fantasievolle Geschichten erzählen. Aber Gottes Wort ruft uns auf, durch und durch ehrlich zu sein, nie zu lügen oder ausweichende Antworten zu geben, um unser Gesicht zu wahren. Ebenso werden wir aufgefordert, anderen nichts schuldig zu bleiben.

Mit der Wahrheit dürfen wir niemals sorglos umgehen. Wir müssen unsere Worte mit Bedacht wählen. Falls wir jemanden getäuscht haben, müssen wir das augenblicklich eingestehen, da es ansonsten zu einer Gewohnheit werden kann. In seinem Klassiker über die Prinzipien der Psychologie drückte William James es folgendermaßen aus:

> Könnte sich die Jugend nur vorstellen, wie bald sie nichts weiter ist als ein wandelndes Bündel von Gewohnheiten, sie würde, solange sie sich im Stadium der Bildsamkeit befindet, mehr Sorgfalt auf ihr Benehmen verwenden. Wir bestimmen unser eigenes Los, das je nachdem gut oder schlecht ausfällt und nie wieder aufgehoben werden kann. Jeder unbedeutendste Zug von Tugend oder Laster hinterlässt eine nie so ganz kleine Spur. Der betrunkene Rip Van Winkle in Jeffersons Stück entschuldigt jedes neue Sichgehenlassen mit den Worten: »Diesmal zählt nicht.« Nun, er braucht es nicht zu zählen und ein gütiger Himmel braucht es auch nicht zu zählen, aber es zählt trotzdem. Durch alle Nervenzellen und Fasern hindurch

> zählen es die Moleküle, sie registrieren und addieren es, um es gegen ihn zu benützen, wenn die nächste Versuchung kommt. Nichts was wir je tun, wird, im strengsten wissenschaftlichen Sinn des Wortes, vergehen. Natürlich hat das seine gute wie seine schlechte Seite.[123]

Wir müssen uns dazu disziplinieren, die Wahrheit zu sagen, denn Wahrheit kann zur Gewohnheit werden – etwas, worüber wir gar nicht mehr nachdenken.

Gewohnheitsmäßige Ehrlichkeit – Integrität – muss das Ziel all unseres Handelns werden. Wir müssen Disziplin aufbringen, um nicht den sogenannten »kleinen Dingen« zu erliegen: dem gelegentlichen Missbrauch des Firmentelefons für Privatgespräche, dem Stehlen der Arbeitszeit, dem Entwenden von Büromaterialien, den Falschangaben über Spesen, der Einforderung einer überhöhten Kilometerpauschale oder dem Verdrehen der Wahrheit, sei es auch noch so geringfügig.

Wenn wir uns in den kleinen Dinge eine gute Gewohnheit aneignen, werden die »großen Dinge« auf sich selbst aufpassen.

Säe eine Handlung,
und du erntest eine Gewohnheit.
Säe eine Gewohnheit,
und du erntest einen Charakter.
Säe einen Charakter,
und du erntest ein Schicksal
für dich selbst,
für deine Familie,
für deine Gemeinde,
für deine Umwelt.[124]

Denkanstöße

- In welcher Hinsicht erkennen Sie einen Mangel an Wahrheit und Integrität in der Gesellschaft? Wie wirkt sich das ganz praktisch und im Einzelfall aus, in Bezug auf den Staat, die Familie, den Arbeitsplatz und die Gemeinde? Inwieweit hat dies Auswirkungen für Sie persönlich?
- Sehen Sie sich die Geschichte von Hananias und Saphira in Apostelgeschichte 5 noch einmal an. Meinen Sie, dass sie zu hart bestraft

wurden – oder zu milde? Seien Sie ehrlich: Was hat Ihnen diese Schilderung aus der Anfangszeit der Gemeinde zu sagen?

- Stimmen Sie der Aussage von Helmut Thielicke zu: »Die Nichtbenutzung einer kleinen undn als völlig legal anerkannten Notlüge kann ein stärkeres Bekenntnis sein als eine ganze christliche Weltanschauung, die ich in umständlichen und eindrucksvollen Diskussionen vertrete«? Bei welchen kleinen Schwindeleien ertappen Sie sich gelegentlich? Welche praktischen Maßnahmen können Sie ergreifen, um dies zu unterbinden?
- Teilen Sie Hiobs festen Entschluss: *»Bis ich verscheide, lasse ich meine Rechtschaffenheit nicht von mir weichen«* (Hi 27,5)? Warum oder warum nicht?
- Wenn man den Zusammenhang zwischen Integrität und Ganzheitlichkeit betrachtet, was steht in unserer heutigen Zeit wirklich auf dem Spiel bei der Suche nach Ganzheit und ganzheitlicher Gesundheit (auf physischem, emotionalem, geistigem und geistlichem Gebiet)? Was bedeutet es, »ganzheitlich« zu sein oder zu leben? Sind Sie bereit, Gottes Preis für Integrität zu zahlen?
- Welcher Nutzen der Integrität hat für Sie die größte Bedeutung? Wie weit würden Sie gehen, um diese Charakterzüge in Ihrem Leben zu verwirklichen? Welche Rolle spielt Gott dabei?

Anwendung / Konsequenz

Welchen Punkt hat Gott bei Ihnen in diesem Kapitel am konkretesten angesprochen? Sprechen Sie jetzt gleich mit ihm darüber!

Zum Nachdenken

Lesen Sie Psalm 15 und listen Sie jeden Charakterzug oder jede persönliche Handlung auf, die Bezug nimmt auf Integrität und deren Wegbegleiter – Wahrheit und Ehrlichkeit. Gehen Sie die Liste daraufhin durch und prüfen Sie sich anhand der in Klammern gesetzten Beurteilungskriterien (mangelhaft, ganz ordentlich, schwankend, durchweg gehorsam etc.). Bitten Sie anschließend Gott um seine Hilfe, all das in Ihrem Leben umzusetzen.

11
Sprache

1899 trafen sich an einem Samstagabend zufällig vier Reporter aus Denver, in einem Bahnhof der Stadt. Al Stevens, Jack Tournay, John Lewis und Hal Wilshire arbeiteten für vier Zeitungen aus Denver: die *Post*, die *Times*, den *Republican* und die *Rocky Mountain News*. Jeder von ihnen war mit der wenig beneidenswerten Aufgabe betraut, einen Aufmacher für die Sonntagsausgabe zu finden. Sie hofften, eine berühmte Persönlichkeit auszumachen, die an diesem Abend mit dem Zug eintraf.

Da aber niemand kam, fragten sich die Reporter, was in aller Welt sie tun sollten. Als sie sich in einer nahe gelegenen Bar darüber austauschten, schlug Al vor, eine Geschichte zu erfinden. Zunächst lachten die anderen drei darüber. Doch es dauerte nicht lange, bis alle zustimmten. Ihre Absicht war es, mit einer derart faustdicken Lüge herauszukommen, die niemand hinterfragen und die ihnen die Gratulation ihrer jeweiligen Verleger einbringen würde.

Ein gefälschter Bericht mit Bezug auf die nähere Umgebung wäre zu leicht zu durchschauen gewesen, deshalb beschlossen sie, über einen weit entlegenen Ort zu schreiben. Sie legten sich auf China fest. »Wie wäre es damit: Wir berufen uns auf die Information durch in China tätige amerikanische Ingenieure, dass sie ein Angebot für einen Riesen-Auftrag erhalten hätten: Die chinesische Regierung plant, die Chinesische Mauer abzureißen.« Harold war sich nicht sicher, ob die Story glaubhaft genug sei. Warum sollten die Chinesen die Chinesische Mauer jemals abreißen wollen? »Als ein Zeichen des internationalen Wohlwollens, ausländische Investoren ins Land zu lassen.«

Um 23 Uhr hatten die vier Journalisten alle Einzelheiten ausgearbeitet, und am nächsten Tag brachten alle vier Zeitungen in Denver ihren Bericht – auf der Titelseite. Die Überschrift der Times lautete an diesem Sonntag folgendermaßen: »Abriss der Chinesischen Mauer beschlossen! Peking sucht den Welthandel!«

Natürlich war die Geschichte ein lächerliches Märchen, das von vier opportunistischen Zeitungsleuten in einer Hotel-Bar erfunden wurde. Aber erstaunlicherweise wurde sie ernst genommen und erschien schon kurz darauf in den Zeitungen der Ostküste und sogar im Ausland.

Als die Chinesen davon hörten, dass die Amerikaner Leute schicken würden, um die Chinesische Mauer abzureißen, reagierten sie empört, ja, sogar wütend. Besonders verärgert über jede Art von ausländischer Intervention waren die Mitglieder eines aus chinesischen Nationalisten bestehenden Geheimbundes. Sie griffen die ausländischen Botschaften in Peking an und ermordeten Hunderte von ausländischen Missionaren.

In den nächsten zwölf Monaten schlossen sich 12 000 Truppen aus sechs Nationen zusammen und marschierten in China ein, um ihre Landsleute zu beschützen. Das damit unvermeidlich verbundene Blutvergießen, ausgelöst durch einen journalistischen Ulk, ist seitdem als der Boxer-Aufstand bekannt.[125]

Was für eine Macht das geschriebene oder gesprochene Wort doch hat! Durch Worte stiegen Nationen emporoder erlebten einen tiefen Fall. Durch die Worte von Menschen wurden Leben positiv beeinflusst oder zugrunde gerichtet. Ein Strom der Herzlichkeit ist durch unsere Lippen geflossen, ebenso wie ein tödlicher Sumpf. Die winzige Zunge ist tatsächlich eine mächtige Waffe.

Macht von innen heraus

Jakobus, der Bruder des Herrn, verstand das so gut wie kein anderer Mann der Weltgeschichte und lieferte durch die Verwendung lebendiger Bilder eine in der geistlichen und weltlichen Literatur an Eindringlichkeit nicht zu überbietende Beschreibung der Zunge: *»Wenn wir aber den Pferden die Zäume in die Mäuler legen, damit sie uns gehorchen, lenken wir auch ihren ganzen Leib. Siehe, auch die Schiffe, die so groß und von heftigen Winden getrieben sind, werden durch ein sehr kleines Steuerruder gelenkt, wohin das Trachten des Steuermanns will. So ist auch die Zunge ein kleines Glied und rühmt sich großer Dinge«* (Jak 3,3-5).

Das Pferd ist ein unglaublich starkes Tier. Nehmen Sie 250 Kilogramm (so viel wie ein schnaufender Schwerathlet im Gewichtheben bei den Olympischen Spielen über seinen Kopf heben kann) und legen Sie sie auf den Rücken eines Pferdes. Es wird unter der Last keineswegs außer Atem kommen. Ohne Last kann dasselbe Pferd 400 Meter in etwa 25 Sekunden zurücklegen. Ein Pferd besteht aus 500 Kilogramm geballter Kraft! Doch wenn man dem Pferd den Zaum ins Maul legt und eine nur 45 Kilogramm schwere Frau in den Sattel steigt, kann sie das Tier in alle möglichen Richtungen lenken und sogar buchstäblich zum Tanzen bringen.

Jakobus beobachtete das gleiche Phänomen bei den Schiffen des Altertums, da sowohl kleine als auch große Schiffe von einem verhältnismäßig kleinen Ruder gesteuert wurden. Bis heute ist das so geblieben, ob es nun eine Jolle ist oder die *USS Enterprise*[126]. Derjenige, der das Steuerruder kontrolliert, hat auch die Gewalt über das ganze Schiff.

So verhält es sich auch mit der Zunge, deren bewegliche Muskelstruktur am Boden des Mundinnenraumes befestigt ist. *»So ist auch die Zunge ein kleines Glied und rühmt sich großer Dinge«* (Jak 3,5) – oder wie Phillips es hilfreich ausdrückte: »Die menschliche Zunge ist zwar nur klein, aber welch gewaltiger Wirkung kann sie sich rühmen.« Obschon sie nur etwa 60 Gramm wiegt, kann sie sich mit Recht ihrer unverhältnismäßig großen Macht über das Schicksal von Menschen rühmen. Das Leben von Adolf Hitler und das von Winston Churchill bezeugen aufschlussreich die dunkle und die helle Seite der Macht der Zunge. Auf der einen Seite des Kanals beeinflusste Hitler mit seinem hypnotischen Tonfall enorme Menschenmassen. Auf der anderen Seite schweißten die brillanten, wohlüberlegten Worte des Premierministers eine wankende Nation zu ihrer »größten Stunde« zusammen.

Es ist jedoch nicht nötig, sich über das Drama von ganzen Völkern klar zu werden, um die Wahrheit von Jakobus' Worten zu erkennen. Unser eigenes Leben ist Beweis genug. Bezweifeln Sie niemals die Macht der kleinen Zunge – und unterschätzen Sie sie nie.

Zerstörerische Macht

Das Hauptanliegen von Jakobus ist, die zerstörerische Macht der Zunge zu zeigen, was ihn zu einer äußerst provokativen Behauptung veranlasste *»Siehe, welch kleines Feuer, welch einen großen Wald zündet es an! Auch die Zunge ist ein Feuer; als die Welt der Ungerechtigkeit erweist sich die Zunge unter unseren Gliedern als diejenige, die den ganzen Leib befleckt und das Rad des Lebens entzündet und von der Hölle entzündet wird«* (Jak 3,5-6).

Die Zunge verfügt über ein schreckliches Potenzial. Sie vermag unermesslichen Schaden anzurichten, wie der Vergleich mit dem Waldbrand erahnen lässt. Am Sonntagabend des 8. Oktobers 1871 gegen 21 Uhr stieß beim Melken die Kuh von Mrs. O'Leary gegen eine Laterne, was zu dem großen Brand von Chicago führte. Diese Katastrophe zerstörte im Umkreis von fünfeinhalb Kilometern des Stadtgebiets 17 000 Gebäude, bevor sie an der Südgrenze durch Pulverexplosionen aufgehalten werden konnte. Das Feuer dauerte zwei Tage und kostete 250 Menschenleben.

Ironischerweise war das nicht einmal das größte Inferno des Jahres im mittleren Westen. Historiker sagen uns, dass an dem gleichen trockenen Herbsttag in den *North Woods* von Wisconsin durch einen Funken ein rasendes Feuer entfacht wurde. Der Brand wütete einen ganzen Monat lang und verschlang mehr Menschenleben als das Feuer in Chicago. Eine wahre Feuersbrunst zerstörte Billionen Meter kostbaren Holzes – alles durch einen einzigen Funken!

Die Zunge besitzt eine ebensolche Zündkraft und Reichweite innerhalb der menschlichen Beziehungen. Jakobus sagt, dass diejenigen, die die Zunge missbrauchen, sich der geistlichen Brandstiftung schuldig machen. Schon der Funke eines verletzenden Wortes kann einen Feuersturm entfachen, der jeden vernichtet, mit dem er in Berührung kommt. Die Zunge ist eine *»Welt der Ungerechtigkeit«*, also beinhaltet und vermittelt sie die ganze Schlechtigkeit des weltlichen Systems. Sie ist an jedem vorhandenen Bösen beteiligt und trägt ihr Böses aktiv in unser Leben hinein.

Was ist die Folge dieser umfassenden Verdorbenheit der Zunge? Es ist die Zunge, *»die den ganzen Leib befleckt und das Rad des Lebens entzündet«* (Jak 3,6). *»Das Rad des Lebens«* bedeutet wörtlich *»das Rad unserer Entstehungsgeschichte«* – das Wort »Entstehungsgeschichte« wiederum bezieht sich auf unser menschliches Leben, unsere Existenz.[127] Was für eine treffende Beschreibung der menschlichen Erfahrung! Mehr als zehn Prozent aller schmerzlichen Erfahrungen in unserem Leben sind auf die Zunge zurückzuführen.

Nachdem er mit seiner bildlichen Ausdrucksweise unsere Vorstellungskraft gebannt hat, setzt Jakobus zum letzten vernichtenden Schlag an: *»…und von der Hölle entzündet wird.«* An dieser Stelle ist ein *beständiges* Entzünden gemeint. Jakobus verwendet dasselbe Wort für Hölle wie Jesus – *»Gehenna«*, das sich von der immerwährend brennenden Müllhalde vor den Toren Jerusalems herleitet. Sie war ein Ort voller Feuer und Schmutz, von dem Jesus sagt: *»Wo ihr Wurm nicht stirbt und das Feuer nicht erlischt«* (Mk 9,48).

Kann das irgendjemand missverstehen? Die ungezügelte Zunge hat eine direkte Verbindung zur Hölle! Von der Hölle entfacht, verbrennt sie unser Leben mit ihrem Feuer. Wie Calvin sagt, ist sie aber ebenso ein »Element zur Aufnahme, zum Hegen, zum Wahren des höllischen Feuers.«[128]

Wenn wir Jakobus' Worte ernst nehmen, erkennen wir, dass die Zunge mehr destruktive Kraft besitzt als eine Wasserstoffbombe. Denn die Kraft einer Bombe ist physisch und zeitlich begrenzt, wohingegen die Zunge Auswirkungen auf unser geistliches und ewiges Leben hat. In seiner Sammlung von Kurzgeschichten zieht Walter Wangerin die Natur zu einer beängstigenden Metapher über die Macht der Zunge heran. Er erklärt, dass weibliche Spinnen häufig aus beschämenden Gründen Witwen sind: Sie fressen regelmäßig ihre männlichen Artgenossen, die ihnen über den Weg laufen. Einsame Freier und sonstige Besucher werden gleicherweise ins Jenseits befördert, ihr Speisezimmer gleicht einem Leichenschauhaus. Eine Fliege, die sich im Spinnennetz verfangen hat, mag äußerlich unversehrt wirken, aber die Spinne hat ihr Inneres ausgesogen, sodass die Fliege ihr eigener hohler Totenschrein geworden ist. Kein angenehmer Gedanke, besonders wenn Sie ebenso wie ich einen Hang zur Spinnenphobie haben!

Der Grund für dieses makabre Vorgehen liegt darin, dass die Spinne keinen Magen hat und daher nichts verdauen kann. Durch winzig kleine Löcher spritzt sie ihre Verdauungssäfte in die Fliege hinein, damit sich deren Inneres auflöst und zu einer warmen Flüssigkeit wird. »Diese Flüssigkeit saugt die Spinne dann heraus«, erklärt Wangerin, »genauso wie die meisten von uns die Seelen anderer aussaugen, nachdem wir sie mit den unterschiedlichen Wirkstoffen bearbeitet haben: Schuld, Demütigung, Kritik, Grausamkeit – es gibt noch eine ganz Anzahl weiterer ätzender Mischungen. Einige von uns sind so geschickt mit Worten, die unter die Haut gehen, dass unsere Lieben dabei sitzen bleiben und weiter lächeln – gerade so, als würden sie noch leben.«[129]

Das ist eine grausige, aber wirkungsvolle Metapher, um die zerstörerische Kraft von boshaften Worten zu beschreiben. Worte zerstören keine Organe und Nerven, sondern Seelen! Diese Welt wird bevölkert von wandelnden menschlichen Särgen, weil unzählige Leben durch die Worte anderer zerstört und ausgesaugt wurden.

Verbales Zyanid

Bezeichnenderweise zeigt Jakobus nicht auf, wie sich die destruktive Macht der Zunge im Reden des Menschen darstellt. Er weiß, dass ein geistlicher Mensch, der in der Heiligen Schrift unterwiesen ist, diesen Zusammenhang problemlos erkennen wird.

Klatsch

Die Liste der zerstörerischen Kraft der Zunge wird angeführt vom Klatsch. Ein Arzt aus einer Stadt des mittleren Westens der USA wurde das Opfer einer verärgerten Patientin, die versuchte, seine berufliche Laufbahn durch Gerüchte zu ruinieren – und beinahe Erfolg hatte. Mehrere Jahre später bekehrte sich diese Frau; sie schrieb dem Arzt und bat ihn um Vergebung, die ihr auch zuteilwurde. Doch gab es weder für sie noch für ihn die Möglichkeit, das Ganze ungeschehen zu machen. Wie Salomo weise beobachtete: »*Die Worte des Verleumders sind wie Leckerbissen, und sie gleiten hinab in die Kammern des Leibes*« (Spr 18,8). Klatsch wird von den Zuhörern wie ein schmackhafter Leckerbissen gierig aufgenommen und genüsslich zerkaut. Energisches Abstreiten würde den Verdacht nur erhärten – »Er wehrt sich zu sehr dagegen!« Der Schaden ist bereits angerichtet. In Zukunft wird der unschuldige Arzt jedes Mal seinen Patienten in die Augen sehen und sich fragen, ob ihnen die Geschichte bekannt ist und ob sie ihr Glauben schenken.

Klatsch verbirgt sich häufig hinter folgenden Floskeln: »Hast du schon gehört …?«, »Weißt du eigentlich …?«, »Man hat mir gesagt …«, »Bitte behalte es für dich …«, »Ich glaube zwar nicht, dass es wahr ist, aber ich habe gehört, dass …« oder: »Ich würde es dir ja nicht erzählen, wenn ich nicht wüsste, dass du es für dich behältst …« In christlichen Kreisen klingt die niederträchtigste Formel etwa so: »Ich erzähle dir das, damit du dafür betest.« Das hört sich fromm an! Doch das Herz, das sich vom Hören schlechter Nachrichten ernährt, ist ein Werkzeug der Hölle und hinterlässt in seinem Gefolge Feuerflammen. Oh, welch ein Herzeleid doch durch den Missbrauch der Zunge entsteht!

Versteckte Andeutungen

Ein naher Verwandter des Klatsches sind versteckte Andeutungen. Ich denke an den ersten Maat eines Schiffes, der nach einem Trinkgelage vom Kapitän ins Logbuch eingeschrieben wurde: »Der Maat war heute betrunken.« Einige Monate später rächte sich der Maat, indem er heimlich folgenden Eintrag vornahm: »Der Kapitän ist heute nüchtern.« Genauso verhält es sich mit unausgesprochenen Worten, betretenem Schweigen, hochgezogenen Augenbrauen, einem fragenden Blick – all das ist mit dem Schmutz der Hölle behaftet.

Schmeicheleien

Klatsch beinhaltet, dass man hinter dem Rücken einer Person etwas äußert, das man ihr niemals ins Gesicht sagen würde. Schmeicheleien hingegen äußert man in der Gegenwart einer Person, jedoch niemals in ihrer Abwesenheit. Die Bibel warnt uns mehrfach vor Schmeichlern, weil sie Zerstörung im Sinn haben und von schlechten Motiven angetrieben werden: »*Ein Mann, der seinem Nächsten schmeichelt, breitet ein Fangnetz vor seinen Schritten aus*« (Spr 29,5). »*EineLügenzunge hasst die von ihr Zermalmten; und ein glatter Mund bereitet Sturz*« (Spr 26,28). »*Der HERR möge ausrotten alle glatten Lippen, die Zunge, die große Dinge redet, die da sagen: ›Dank unserer Zunge sind wir überlegen …*‹« (Ps 12,4-5).

Kritik

Das Aufspüren von Fehlern scheint sich unter Gottes Kindern wie eine Epidemie auszubreiten. Vielleicht liegt der Grund darin, dass sich der Gerechtigkeitssinn leicht in anmaßende Selbstgerechtigkeit und Kritiksucht verwandelt. Während einer seiner Predigten bemerkte John Wesley eine Dame unter seinen Zuhörern, die für ihre kritische Haltung bekannt war. Sie saß die ganze Zeit auf ihrem Platz und starrte auf seinen neuen Binder. Als die Zusammenkunft zu Ende war, kam sie auf ihn zu und bemerkte mit scharfen Worten: »Mr. Wesley, die Bänder an ihrem Schlips sind viel zu lang. Ich nehme Anstoß daran!« Er fragte, ob eine der anwesenden Damen eine Schere in ihrer Handtasche habe. Als man ihm die Schere reichte, gab er sie seiner Kritikerin und bat sie, die Bänder nach ihrem Gutdünken zu kürzen. Nachdem sie sie direkt am Kragen abgeschnitten hatte, sagte er: »Sind Sie sicher, dass es jetzt so richtig ist?« – »Ja, das ist viel besser.«–»Dann geben Sie mir diese Schere für einen Augenblick«, sagte Wesley. »Ich bin mir sicher, dass es Ihnen nichts ausmacht, wenn ich auch an Ihnen eine kleine Veränderung vornehme. Meine Dame, ich muss Ihnen mitteilen, dass Ihre Zunge einen Anstoß für mich darstellt – sie ist zu lang. Bitte, strecken Sie sie raus … Ich würde sie gern etwas kürzen.«[130] Bei anderer Gelegenheit sagte jemand zu Wesley: »Mein Talent ist, dass ich meine Gedanken frei äußern kann.« Wesley erwiderte: »Das ist ein Talent, bei dem Gott nichts dagegen einzuwenden hätte, wenn Sie es vergraben würden.« Das ist für alle Christen ein guter Ratschlag.

Herabsetzende Worte

Im anschließenden Abschnitt erteilt Jakobus den Befehl »*Redet nicht schlecht übereinander, Brüder!*« (Jak 4,11) – wörtlich heißt es: »Sprecht nicht von oben herab übereinander, Brüder!« Jakobus verbietet jegliche Rede (ob sie nun wahr oder unwahr ist), die einen anderen schlecht macht.

Sicherlich sollten Christen sich nicht an Verleumdungen beteiligen und eine andere Person niemals fälschlich anklagen, um damit ihren Ruf infrage zu stellen. Trotzdem tun das einige. Eine größere Herausforderung ist allerdings, sich jeglicher Worte zu enthalten, die die Absicht haben, jemand anderen bloßzustellen, selbst wenn es vollkommen der Wahrheit entspräche. Mir persönlich fallen nur wenige Befehle ein, die den allgemein akzeptierten Gepflogenheiten mehr widersprechen als dieser. Die meisten Menschen sind der Ansicht, dass es in Ordnung ist, negative Informationen weiterzuleiten, wenn sie der Wahrheit entsprechen. Wir wissen, dass Lügen unmoralisch ist. Aber ist die Weitergabe von zutreffenden, jedoch schädigenden Äußerungen ebenfalls unmoralisch? Haben wir nicht sogar eine moralische Verpflichtung, dies zu tun? Wenn man so argumentiert, scheint die Kritik hinter dem Rücken eines anderen gerechtfertigt zu sein, solange sie auf Fakten beruht. Ebenso wird verunglimpfender Klatsch (der niemals als solcher bezeichnet wird) als in Ordnung angesehen, wenn die Informationen zutreffen. Auf diese Weise gebrauchen viele Christen die Wahrheit als Legitimation, um den Ruf anderer beschmutzen zu können.

Manche Leute vertreten die Auffassung, es sei angemessen, schlecht über andere zu reden, wenn man es ihnen direkt ins Gesicht sagt. Das ist jedoch nicht besser, als wenn sie es hinter deren Rücken tun. Andere werden von einem »moralischen Zwang« getrieben, anderen ihre Mängel bewusst machen zu müssen. Fehler zu entdecken, ist für sie eine geistliche Gabe – eine Art Lizenz zu einer geistlichen Aufspür- und Vernichtungs-Mission.

Was solche Leute nicht berücksichtigen, ist, dass die meisten Menschen sich ihrer Fehler schmerzlich bewusst sind, sie gern überwinden würden und auch hart daran arbeiten. Dann kommt aber jemand daher und glaubt, seine geistliche Pflicht tun zu müssen. Er greift erbarmungslos an – und bereitet anderen unermessliche Schmerzen!

Diese Art, andere von oben herab anzusprechen, kann sich auch in dem scharfsinnigen Gespür zeigen, die Tugenden und Leistungen anderer auf ein Minimum herabzusetzen. Wenn man mit solchen Menschen zusammen war, erscheinen einem die eigenen geistigen Fähigkeiten, sportlichen Leistungen, musikalischen Talente und häuslichen Tugenden längst nicht mehr so groß wie noch ein paar Minuten zuvor. So ein Gefühl entstand vielleicht durch die Bemerkung über Ihren Steinway-Flügel – »was für ein nettes kleines Piano« – oder durch überraschte Ausrufe über ihre Unwissenheit in irgendwelchen Spezialbereichen. Hinzu kam vielleicht der Tonfall, das Senken der Augen und die zwischenzeitliche Totenstille.

Es gibt viele Gründe, weshalb sich Brüder in Christus mit ihren Worten gegenseitig verletzen und damit sündigen. Erbitterte Rache für eine tatsächlich zugefügte oder vielleicht auch nur eingebildete Kleinigkeit mag die Motivation »christlicher« Verleumdung sein. Andere meinen, dass ihre Geistlichkeit und ihr Einfühlungsvermögen sie dazu berechtigen, andere von ihrem hohen Sockel zu reißen und ihre Heuchelei zu entlarven. Gerechterweise rief Gideon einst aus: *»Schwert für den HERRN und für Gideon!«* (Ri 7,20). Wir neigen zu dem gleichen Ausruf, aber in unserem Fall ist es nicht selten das Schwert der Selbstgerechtigkeit.

Andere mit unseren Worten niederzureden, mag auch aus dem Bedürfnis heraus entstehen, sich selbst erhöhen zu wollen. Das zeigt der Pharisäer, der Gott dankte, nicht wie die übrigen Sünder zu sein – *»oder auch wie dieser Zöllner«* (Lk 18,11). Wir genießen diese fragwürdige Erhöhung, indem wir über den Köpfen anderer wandeln.

Manchmal entsteht die Herabsetzung anderer Menschen durch leeres Geschwätz. Wenn die Leute nicht genügend Gesprächsstoff haben, ernähren sie das Feuer einer Konversation mit dem Fleisch anderer Personen. Die Fähigkeiten und Motive der Gemeinde, sich selbst schlechtzumachen, wären imstande, eine ganze Bibliothek zu füllen.

Wir alle sind in der Lage, scheinbar vernünftige Gründe für derartiges Reden zu finden, aber Gottes Wort bleibt bei der Aufforderung: *»Redet nicht schlecht übereinander, Brüder!«*

Verbales Zyanid taucht in vielen Formen auf. *Klatsch, versteckte Andeutungen, Schmeicheleien, Kritik* und *herabsetzende Worte* sind nur einige der Gifte, mit denen sich Christen gegenseitig injizieren. Das Ergebnis ist immer dasselbe: Toxische Magensäfte bereiten das Festmahl des Teufels – das Aussaugen der Seelen.

Eine wertlose Religion

Jakobus' Worte sind allesamt durchdringend, doch keines gleicht dem folgenden: *»Wenn jemand meint, er diene Gott, und zügelt nicht seine Zunge, sondern betrügt sein Herz, dessen Gottesdienst ist vergeblich«* (Jak 1,26). Ein Anschauungsunterricht in Sachen Nutzlosigkeit!

Diese Aussage ist in geistlicher Hinsicht furchteinflößend – wenn nicht gar noch mehr –, denn sie schneidet wie ein heißes Messer durch Butter und seziert die Heuchelei und Frömmigkeit eines falschen Glaubens. Eine außer Kontrolle geratene Zunge lässt auf eine falsche Frömmigkeit schließen, ganz gleich, wie die Hingabe eines Menschen nach außen hin auch erscheinen mag. Die wirkliche Prüfung für die Geistlichkeit eines Mannes ist nicht seine Zungenfertigkeit, wie wir oft annehmen, sondern vielmehr das Vermögen, seine Zunge zu zügeln.

Der Herr Jesus selbst erklärte das klar und deutlich in einem engagierten Wortwechsel mit den Pharisäern: *»Entweder macht den Baum gut, dann ist seine Frucht gut, oder macht den Baum faul, dann ist seine Frucht faul; dennan der Frucht wird der Baum erkannt. Otternbrut! Wie könnt ihr Gutes reden, da ihr böse seid? Denn aus der Fülle des Herzens redet der Mund«* (Mt 12,33-34). *Die Zunge offenbart zwangsläufig das Innenleben.* Das bewahrheitet sich besonders in Stresssituationen, wenn wir unsere Worte unter Druck wählen.

Als am Gemeindehaus Arbeiten zu verrichten waren und der Prediger mit dem Hammer zu Werke ging, bemerkte er, dass ihn einer der Männer die ganze Zeit dabei beobachtete. Schließlich fragte der Prediger nach dem Grund. Der Mann antwortete: »Ich möchte nur mitbekommen, was Sie sagen, wenn Sie sich auf den Daumen schlagen.« Das neugierige Gemeindeglied hatte verstanden, dass dies der eigentliche Moment der Wahrheit sein würde. Das Gleiche trifft zu bei den Belastungen zu Hause, wo der Mund stets das Wesen eines Menschen hinausposaunt.

Jakobus meint nicht, dass diejenigen einen vergeblichen Gottesdienst ausüben, die in diese Sünde *gelegentlich* fallen, denn dazu gehören wir alle. Stattdessen sagt er, dass die Menschen, deren Zunge *gewohnheitsmäßig* ungezügelt ist, sich selbst betrügen, und dass ihr Gottesdienst vergeblich ist – auch dann, wenn sie regelmäßig die Gemeinde besuchen, ihre Bibelkenntnis beneidenswert ist, sie häufig beten, ihre Geldspenden vorbildlich sind und sie der Meinung sind, dass sie Gott dienen.

Der stets praktische Jakobus reißt alle frommen Masken herunter, aber es ist nicht Butter, in die sein sezierendes Messer eindringt, sondern der Kern unserer Seelen. Wahre Gottesfurcht kontrolliert die Zunge.

Männer, wie steht es mit eurem Gottesdienst? Und wie mit meinem eigenen?

- Reden Sie zu viel?
- Geben Sie ausgewählte Leckerbissen weiter, die andere schadenfroh aufnehmen?
- Sagen Sie den Menschen Dinge ins Gesicht, die Sie in deren Abwesenheit nie äußern würden?
- Haben Sie die »Gabe« einer scharfen Zunge?
- Werden die Menschen durch Ihre Worte ermutigt oder herabgesetzt?

»Die knochenlose Zunge, so klein und schwach,
Kann unterdrücken und töten«, sagen die Griechen.
»Die Zunge vernichtet eine größere Horde«,
Behaupten die Türken, »als es das Schwert vermag.«
Das persische Sprichwort verkündet weise:
»Eine lange Zunge – ein früher Tod!«
Oder manchmal wird es auch so ausgedrückt:
»Lass deine Zunge dir nicht den Kopf abschneiden.«
»Die Zunge spricht ein Wort so schnell«,
sagen die Chinesen, »dass es das Ross überholt.«
Manche arabischen Weisen meinen:
»Die große Schatzkammer der Zunge ist das Herz.«
Dem Hebräischen war die Maxime entsprungen:
»Deine Füße mögen entgleiten, aber niemals deine Zunge.«
Und die Heilige Schrift krönt das Ganze:
»Wer seinen Mund und seine Zunge bewahrt, bewahrt vor Nöten seine Seele.«[131]

Diszipliniertes Reden

Die Zunge, so klein sie auch sein mag, besitzt eine enorme Macht. Vier Reporter tranken im Jahr 1899 ein paar Bier in einer Bar in Denver und zündeten den Funken, der den berüchtigten Boxer-Aufstand entfachte. Die Zunge ist in Wahrheit mächtiger als Generäle und ihre Armeen.

Sie kann unser Leben so in Brand setzen, dass es zu einem glühenden Hochofen wird. Sie kann es aber auch durch das Wirken des Heiligen Geistes besänftigen. Sie kann von der Hölle geschmiedet werden oder ein Werkzeug des Himmels sein.

Auf den Altar Gottes gelegt, besitzt die Zunge eine außergewöhnliche Macht zum Guten. Sie kann die lebensverändernde Botschaft der Rettung verkünden: »*Wie aber sollen sie hören ohne einen Prediger? Wie aber sollen sie predigen, wenn sie nicht gesandt sind? Wie geschrieben steht: ›Wie schön sind die Füße derer, die Gutes verkündigen!‹*« (Röm 10,14-15). Die Zunge hat die Macht zur Heiligung, wenn wir Gottes Wort anderen mitteilen: »*Heilige sie durch die Wahrheit! Dein Wort ist Wahrheit*« (Joh 17,17). Sie besitzt die Macht zum Heilen: »*Denn auch als wir nach Mazedonien kamen, hatte unser Fleisch keine Ruhe, sondern in allem waren wir bedrängt; von außen Kämpfe, von innen Ängste. Aber der die Niedrigen tröstet, Gott, tröstete uns durch die Ankunft des Titus; doch nicht nur durch seine Ankunft, sondern auch durch den Trost, womit er bei euch getröstet worden ist, denn er berichtete uns eure Sehnsucht, euer Wehklagen, euren Eifer für mich, sodass ich mich noch mehr freute*« (2Kor 7,5-7). Zudem hat die Zunge die Macht zur Anbetung: »*Durch ihn [Jesus] nun lasst uns Gott stets ein Opfer des Lobes darbringen! Das ist: Frucht der Lippen, die seinen Namen bekennen*« (Hebr 13,15).

Ihr Männer, es liegt bei euch. Ohne Arbeit keine Heiligung!

Erstens müssen wir Gott bitten, unsere Lippen zu einem Bekenntnis zu führen, das dem von Jesaja gleicht: »*Wehe mir, denn ich bin verloren. Denn ein Mann mit unreinen Lippen bin ich, und mitten in einem Volk mit unreinen Lippen wohne ich. Denn meine Augen haben den König, den HERRN der Heerscharen, gesehen*« (Jes 6,5). Anschließend müssen wir uns der Reinigung durch Gott unterstellen: »*Und ich hörte die Stimme des Herrn, der sprach: Wen soll ich senden, und wer wird für uns gehen? Da sprach ich: Hier bin ich, sende mich!*« (Jes 6,8). Wenn man sich Jesajas geistliche Erfahrung zum Vorbild nimmt und sie mit einem ungeteilten Herzen nachvollziehen möchte, wird das Wunder in unserem Leben zur Folge haben. Lassen Sie uns das nicht weiter hinauszögern!

Zweitens müssen wir Hand in Hand mit dem ersten Schritt kontinuierlich für den Gebrauch unserer Zunge beten – ein regelmäßiges, konkretes Gebet. Zusammen mit dem ersten Schritt wird das geistliche Wunder wirken.

Drittens müssen wir uns vornehmen, unsere Zunge zu disziplinieren und ernste Vorsätze wie die folgenden fassen:

- die Wahrheit beständig in Liebe reden (Eph 4,15),
- uns nicht am Klatsch beteiligen oder ihn weiterleiten (Spr 16,28; 17,9; 26,20),
- Abstand von unaufrichtigen Schmeicheleien nehmen (Spr 26,28),
- andere nicht schlechtmachen (Jak 4,11),
- erniedrigenden Humor vermeiden (Eph 5,4),
- nicht sarkastisch werden (Spr 26,24-25),
- uns an Bibelstellen erinnern, die von dem anständigen Gebrauch der Zunge sprechen.

Ihr Männer, diszipliniert eure Zunge zur Gottesfurcht! *»Wer seinen Mund und seine Zunge bewahrt, bewahrt vor Nöten seine Seele.«*

Denkanstöße

- »Durch die Worte von Menschen wurden Leben positiv beeinflusst oder zugrunde gerichtet. Ein Strom der Herzlichkeit ist durch unsere Lippen geflossen, ebenso wie ein tödlicher Sumpf« (S. 151). In welcher Hinsicht haben Ihnen die Worte anderer geholfen – oder Sie verletzt?
- Welches Bild für die Zunge in Jakobus 3 spricht Sie am meisten an? Wie haben Sie bisher versucht, Ihre Zunge zu bändigen? Hatten Sie Erfolg? Auf welche Weise hat Gott Ihnen in diesem Punkt geholfen?
- Ist es für Sie eine Versuchung, sich am Klatsch zu beteiligen? (Geben Sie acht, dass Sie das nicht beschönigen!) Warum sprechen Sie gern über andere in deren Abwesenheit? Wie fühlen Sie sich anschließend? Welche Redeweise sollte den Klatsch ersetzen?
- Haben Sie sich schon einmal dabei ertappt, Schmeicheleien auszuteilen? Welchen Gewinn versprechen Sie sich davon? Welche Gesprächsinhalte sollten Schmeicheleien ersetzen?
- Welche Ermahnung finden wir hinsichtlich unserer Worte in Jakobus 4,11? Machen Sie Ihre Motive diesbezüglich aus, und denken Sie darüber nach, wie Sie das ändern können.
- Ist es möglich, sogar beim Beten zu sündigen (vgl. Lk 18,11)? Haben Sie das schon einmal getan? Warum? Wie sehen Sie sich selbst, andere und Gott in solchen Augenblicken?

Anwendung / Konsequenz

Welchen Punkt hat Gott bei Ihnen in diesem Kapitel am konkretesten angesprochen? Sprechen Sie jetzt gleich mit ihm darüber!

Zum Nachdenken

Schreiben Sie aus den folgenden Bibelstellen einige kurze Gedanken über die Zunge heraus, und fassen Sie sie anschließend in einem knappen Text zusammen: 2. Korinther 7,5-7; Jesaja 6,1-8; Epheser 4,15; Sprüche 16,28; 17,9; 26,20; 26,24-25; 26,28.

12
Arbeit und Beruf

Studs Terkel beginnt sein Buch über die alltägliche Arbeit und die damit verbundenen Gefühle wie folgt:

> Dieses Buch über die Arbeit handelt in seinem tiefsten Wesen von Gewalt – gegenüber dem Geist und dem Körper. Es berichtet sowohl über Geschwüre als auch von Unfällen. Über Wortgefechte und Faustkämpfe. Von Nervenzusammenbrüchen und davon, dass Leute ihrem Hund einen Tritt verpassen. Vor allem handelt es von tagtäglichen Demütigungen.[132]

Millionen von Menschen betrachten ihre Arbeit als etwas, das sie ertragen müssen, als Schmach. Was sie empfinden, ist kein Präzedenzfall. Herman Melville empfand ganz ähnlich: »Man spricht von der Würde der Arbeit – das ist Quatsch. Die Würde liegt in der Freizeit.«

Eine dunkle Wolke der Unzufriedenheit schwebt heutzutage über der Arbeiterschaft. Nur ein Zehntel der amerikanischen Arbeitnehmer sagen, dass sie mit ihrer Stellung zufrieden sind.[133] Die überwältigende Mehrheit hält Arbeit für langweilig und bedeutungslos. Diese um sich greifende Unzufriedenheit hat eine paradoxe Problemlage hervorgebracht: Auf der einen Seite finden wir Faulheit und auf der anderen Überarbeitung. Patterson und Kim äußern in ihrer Studie, dass nur einer von vier Arbeitnehmern bei der Arbeit sein Bestes gibt und dass etwa 20 Prozent der durchschnittlichen Arbeitszeit vergeudet werden, wodurch in Wirklichkeit eine Vier-Tage-Woche entsteht.[134]

Doch obwohl sich die Arbeitsmüdigkeit epidemisch ausbreitet, muss das Gleiche auch von der Überarbeitung gesagt werden. Schwarzarbeit ist für einen beträchtlichen Teil der amerikanischen Arbeitnehmer zum *Way of Life* geworden. Eine geradezu klassische Illustration hierfür lieferte die Arbeitszeitverkürzung auf sechs Stunden pro Tag in einer Gummi-Produktionsanlage in Akron, im Bundesstaat Ohio – über die Hälfte der Arbeiter nahm zusätzlich eine zweite Vollzeit- oder eine Teilzeit-Stellung an.[135]

Das Pendant zu den Schwarzarbeitern sind die *Workaholics* im Management-Bereich, die ihrer Karriere alles unterordnen – Familie,

Freizeit, Freunde und die Gemeinde. Welches Ausmaß die Karrierebestrebungen annehmen können, wurde von Dr. Douglas LaBier festgehalten, der als leitendes Mitglied am Projekt für Technologie, Arbeit und Charakter in Washington D. C. beteiligt war. Er erzählte von der »krassen, aber nicht ungewöhnlichen Aussage« eines Mannes, der ihm seine Angst vor dem Sterben bekannte, die sich aber nicht auf den Tod bezog, sondern auf das damit einhergehende Ende seiner Karriere.[136]

Diese Geisteshaltung findet ihren Ausdruck in einer schier endlosen Liste von oberflächlichen Sinnsprüchen, die einer Volksreligion gleichkommen und Wesenszüge darstellen, die für eine erfolgreiche Karriere notwendig sind: *Disziplin* – »Kreativität besteht aus zwei Prozent Inspiration und 98 Prozent Arbeit«; *Ziele* – »Wenn du kein Ziel hast, wirst du es immer erreichen«; *Können* – »Erfolg im Leben liegt nicht an einem guten Blatt, sondern daran, dass man seine schlechten Karten gut ausspielt«; *Ausdauer* – »Harte Zeiten haben ein Ende, widerstandsfähige Leute nicht«; *Vision* – »Einige Männer haben Träume und fragen sich: Warum? Ich habe Träume und frage mich: Warum nicht?«; *Selbstvertrauen* – »Glaube an Gott, und du hast die Hälfte des Weges geschafft; Glaube an dich selbst, und du hast Dreiviertel der Strecke geschafft.«[137] Karrieremenschen, die sich anmaßen, nach solchen Maximen zu handeln, halten sich fälschlicherweise für die Erben protestantischer Arbeitsmoral. Wie wir noch sehen werden, sind sie jedoch alles andere als das.

Dieser Irrglaube nimmt tragische Dimensionen an, denn Umfragen haben ergeben, dass die Arbeitsethik von Christen und Nicht-Christen nahezu identisch ist. »In der Gemeinde bekennen sie sich zu Werten, die den Glaubensbekenntnissen und den Aussagen der Bibel entsprechen. Aber im Beruf beugen sie sich den Götzen der Zweckdienlichkeit und des Karrierismus. Die moralische Tarnung ist am Arbeitsplatz unerlässlich geworden.«[138] Die volle Wahrheit ist, dass viele christliche Männer in Bezug auf ihre Arbeitsmoral zutiefst versagen, sei es aufgrund von Faulheit oder Arbeitsüberlastung – oder ironischerweise von beidem.

Was wir für unsere Arbeit benötigen, ist eine Ethik, die von Gottes Wort durchdrungen ist und am Arbeitsplatz ebenso gelebt wird wie in der Gemeinde. Das ist so wichtig, weil die meisten von uns in den 16 Stunden, in denen sie auf den Beinen sind, acht bis zehn Stunden mit Arbeit verbringen – und das fünf bis sechs Tage in der Woche. Unsere Arbeitsweise zeigt nicht nur, wer wir sind, sondern sie bestimmt auch, *was* wir sind.

Es ist *unerlässlich*, dass der Christ sich zur Arbeit diszipliniert – wohin Gott ihn auch gestellt haben mag.

Die biblische Sicht der Arbeit

Die biblische Belehrung über die Arbeit hat einen erhabenen Ursprung, da sie aufs Engste verbunden ist mit dem, was die Bibel über die Schöpferkraft Gottes und die Gottesebenbildlichkeit des Menschen sagt. Wir finden Gott, den Schöpfer, in 1. Mose 1,1–2,2 als Arbeitenden. Tatsächlich ist der gesamte Abschnitt ein Bericht über die Arbeit Gottes, der mit der Aussage über die Fertigstellung schließt: »*Er ruhte am siebten Tag von all seinem Werk, das er gemacht hatte*« (1Mo 2,2). Milton drückte es so aus:

Und horchend standen die Planeten still,
Als himmelauf sich dieser Prachtzug schwang.
Tut eure Pforten, sangen sie, weit auf,
Ihr Himmel! Öffnet eure Tore weit,
Und nehmt den großen Schöpfer auf! Er kehrt
von seinem Werke glorreich nun zurück;
Sein sechsfach Tagewerk war eine Welt![139]

Weil Gott ein Arbeitender ist, ist jede rechtmäßige Arbeit mit einer ihr innewohnenden Würde ausgestattet.

Der Bericht aus 1. Mose 1 fügt hinzu: »*Und Gott schuf den Menschen als sein Bild*« (1Mo 1,27). Wir müssen daraus schließen, dass das Bild Gottes im Menschen bedeutet, dass auch er ein arbeitendes Wesen ist. Unsere Arbeitsweise wird zeigen, inwieweit wir der Entwicklung des Bildes Gottes in uns Raum gegeben haben. Die Arbeit und das Leben als Arbeitender beinhalten eine enorme Würde.

Ihr Männer, wir müssen uns das vor Augen halten: *Unsere Arbeit ist für Gott von Bedeutung!*

Eine weitere sehr wichtige Beobachtung ist, dass die Arbeit dem Menschen vor dem Sündenfall gegeben wurde, bevor er in einen unvollkommenen Zustand kam: »*Und der HERR, Gott, pflanzte einen Garten in Eden*« (1Mo 2,8). »*Und der HERR, Gott, nahm den Menschen und setzte ihn in den Garten Eden, ihn zu bebauen und ihn zu bewahren*« (1Mo 2,15). Daraus können wir schlussfolgern, dass Arbeit gut ist – trotz der modernen Einstellung, sie sei ein Übel und des Menschen unwürdig. David Ben Gurion, der Wegbereiter des modernen Staates Israel, machte folgende denkwürdige Äußerung bezüglich der Würde der Arbeit:

Wir betrachten die Arbeit mit unseren Händen nicht als Fluch oder bittere Notwendigkeit, nicht einmal als Mittel, um den Lebensunterhalt sicherzustellen. Wir betrachten sie als eine hohe menschliche Aufgabe, als eine Grundlage des menschlichen Lebens. Sie ist die am meisten gewürdigte Sache im Leben des Menschen, und sie sollte frei und kreativ sein. Männer sollten stolz darauf sein.[140]

Die Arbeit steht unter einem Fluch

Wir sehen, dass Gott ein arbeitender Gott ist. Ebenso ist der Mensch, der in Gottes Bild geschaffen wurde, ein arbeitendes Wesen – Arbeit an sich ist also gut. Doch dann ereignete sich der Sündenfall, der den Fluch nach sich zog:

> *So sei der Erdboden deinetwegen verflucht: Mit Mühsal sollst du davon essen alle Tage deines Lebens; und Dornen und Disteln wird er dir sprossen lassen, und du wirst das Kraut des Feldes essen! Im Schweiße deines Angesichts wirst du dein Brot essen, bis du zurückkehrst zum Erdboden, denn von ihm bist du genommen. Denn Staub bist du, und zum Staub wirst du zurückkehren!* (1Mo 3,17-19)

Der Fluch bewirkte, dass die Natur die Zusammenarbeit verweigerte; die Arbeit wurde zur Mühsal, und der Mensch sollte bei der Sicherung seines Lebensunterhaltes ins Schwitzen geraten. Heutzutage gibt es unterschiedliche Arbeitsbedingungen. Manche Menschen müssen mehr schwitzen als andere. Wir mögen in einer besseren Position als andere sein, aber die Norm für die Welt ist »Mühsal«.

Darüber hinaus ist die normale Erfahrung der Menschheit in Bezug auf Arbeit sogar mit dem unbehaglichen Gefühl verbunden, dass ihre Arbeit sinnlos ist. Der Verfasser des Buches Prediger beschreibt das sehr eindrücklich, wenn er sein Elend aus der Perspektive eines Menschen beklagt, der Gott in seinem Leben außen vor lässt. In Kapitel 2,4-11 beschreibt er seinen Erfolg beim Erwerb von Weinbergen, Gärten, Sklaven, Herden und Schätzen. Er war reicher als alle seine Zeitgenossen. Doch im elften Vers kommt er zu dem Schluss: »*Und ich wandte mich hin zu all meinen Werken, die meine Hände gemacht, und zu der Mühe, mit der ich mich abgemüht hatte. Und siehe, das alles war Nichtigkeit und ein Haschen nach Wind. Also gibt es keinen Gewinn unter der Sonne.*« Und in Vers 17 fährt er fort: »*Da hasste ich das Leben, denn das Tun, das unter der Sonne getan wird, war mir zuwider. Denn alles ist Nichtigkeit und ein Haschen nach Wind.*«

Ihr Männer, an diesen Punkt kann uns die Arbeit bringen, wenn wir sie nicht in Bezug zu Gott sehen! Wir engagieren uns in der Arbeit, weil wir – obschon wir gefallene Wesen sind – nach Gottes Bild geschaffen wurden und Arbeit ein Teil der natürlichen Ordnung ist. Arbeit bringt Nutzen und Befriedigung, aber sie besteht ebenso aus Mühe – ihre Freuden sind kurzlebig. Ich erinnere nur an das Zitat von Studs Terkel zu Beginn dieses Kapitels. Er zeigt, was in diesem Leben schon immer gilt, sobald man Gott außer Acht lässt.

Die Arbeit aus der Sicht des erlösten Christen

Die christliche Sichtweise über Arbeit macht Gott zum Mittelpunkt. Sie können sicher sein: Gott wird den Fluch und die damit verbundene schmerzvolle und schweißtreibende Mühsal nicht wegnehmen – aber ihre Bedeutungslosigkeit.

Jene, die durch Glauben gerettet wurden, sind Erben der folgenden Erklärung: *»Denn wir sind sein Gebilde, in Christus Jesus geschaffen zu guten Werken, die Gott vorher bereitet hat, damit wir in ihnen wandeln sollen«* (Eph 2,10). Weil wir sein Gebilde sind, sind wir – wie F. F. Bruce es ausdrückte – »sein Kunstwerk, sein Meisterwerk.«[141] Wir sind die Krone der Schöpfung Gottes, weil wir, anders als alle anderen geschaffenen Dinge (sogar einschließlich der Engel!), nach dem Bild Gottes gemacht wurden. Das beinhaltet unfassbare Möglichkeiten. Darüber hinaus sind wir wiedergeboren worden – *»in Christus Jesus geschaffen«* – und haben dementsprechend eine noch größere, zweite Schöpfung erfahren. Wie Paulus es in 2. Korinther 5,17 bezeichnet: *»Daher, wenn jemand in Christus ist, so ist er eine neue Schöpfung.«* Gottes wunderbarste Schöpfung ist, dass er den Menschen in Christus lebendig gemacht hat. Um Jonathan Edwards zu zitieren: »Geistliches Leben, das durch die Bekehrung empfangen wird, besitzt eine weitaus größere und herrlichere Reichweite als bloßes Sein und Leben.«[142] Als Gegenstand der beiden Schöpfungen Christi sind wir sein höchstes Gebilde!

Als seine Meisterwerke sind wir *»in Christus Jesus geschaffen zu guten Werken, die Gott vorher bereitet hat, damit wir in ihnen wandeln sollen«*. Jeder von uns besitzt einen in der Ewigkeit aufgegebenen Arbeitsauftrag, der die Aufgabe, die Fähigkeit und den Ort beinhaltet, an dem er ausgeführt werden soll. Was immer die Aufgabe sein mag, zu der Sie von Gott berufen sind: Sie werden dafür vollständig ausgestattet sein – mit der gleichen Selbstverständlichkeit, wie ein Vogel zum Fliegen gemacht wurde. Indem Sie Ihrem Ruf zur Arbeit folgen, werden Sie mehr und mehr sowohl sein Gebilde sein als auch Ihr wahres Selbst.

Die praktischen Auswirkungen sind fantastisch. Es gibt keine Unterscheidung zwischen weltlicher und geistlicher Arbeit, weil jede ehrbare Arbeit, die für den Herrn getan wird, geheiligt ist. Historiker stimmen darin überein, dass Luthers Leben durch dieses Verständnis revolutioniert wurde – und dadurch auch die damalige Welt. Er schreibt z. B.: »Wenn man das den Leuten einprägen könnte, so würde ein Mädchen nur noch vor Freude hüpfen, Gott loben und danken und mit gewissenhafter Arbeit, für die sie auch noch Unterhalt und Bezahlung erhält, einen solchen Schatz erwerben, wie ihn alle, die man für die Heiligsten hält, nicht haben.«[143] Es gibt keine Christen erster und zweiter Klasse aufgrund von unterschiedlichen Arbeiten. Jede Arbeit ist von ihrem Wesen her heilig, sei es das Bedienen von Kunden im Tante-Emma-Laden, das Verkaufen von Aktien, das Zähneputzen, das Fahren einer Straßenkehrmaschine, die Arbeit als Lehrer oder das Anstreichen von Zierleisten.

Alles, was wir tun, soll zur Ehre Gottes getan werden. Lassen Sie uns auf Gottes Ruf in seinen Dienst hören:

> *»Ob ihr nun esst oder trinkt oder sonst etwas tut, tut alles zur Ehre Gottes!«* (1Kor 10,31).

> *»Und alles, was ihr tut, im Wort oder im Werk, alles tut im Namen des Herrn Jesus, und sagt Gott, dem Vater, Dank durch ihn!«* (Kol 3,17).

> *»Was ihr auch tut, arbeitet von Herzen als dem Herrn und nicht den Menschen, da ihr wisst, dass ihr vom Herrn als Vergeltung das Erbe empfangen werdet; ihr dient dem Herrn Christus«* (Kol 3,23-24).

Vielleicht sind Sie der Meinung, eine »unbedeutende Arbeit« zu verrichten. Aufgrund des Fluches macht Ihnen Ihre Arbeit möglicherweise schwer zu schaffen und bringt nur wenig Befriedigung mit sich. Aber Sie können Gott durch Ihre Herzenshaltung an Ihrem Arbeitsplatz verherrlichen. Sie glauben vielleicht, dass Ihre Beschäftigung nicht heilig sei, doch sie ist es, und sie kann von Ihnen zur Ehre Gottes getan werden. Sie sind Gottes Meisterwerk, geschaffen in Christus Jesus, um gute Werke zu tun, die Gott schon im Voraus für Sie geplant hat. Ihr Männer, jedes Detail unserer Arbeit muss auf Gott ausgerichtet sein – die Haltung, die Integrität, die Konzentration und die Befähigung.

Disziplin zur Arbeit

Die Arbeitsdisziplin ist praktischer Art; die Bibel ist in diesem Punkt eindeutig.

Energie

Sowohl im Alten als auch im Neuen Testament finden sich glasklare Aussagen über die Notwendigkeit tatkräftiger Arbeit im Gegensatz zur Faulheit. Im Buch der Sprüche wird die falsche Weisheit des Faulen verurteilt:

> *Siehst du einen Mann, der in seinen Augen weise ist, –*
> *für einen Toren gibt es mehr Hoffnung als für ihn.*
> *Der Faule spricht: Ein Junglöwe ist auf dem Weg,*
> *ein Löwe mitten auf den Plätzen!*
> *Die Tür dreht sich in ihrer Angel*
> *und der Faule auf seinem Bett.*
> *Hat der Faule seine Hand in die Schüssel gesteckt,*
> *ist es ihm zu beschwerlich, sie an seinen Mund zurückzubringen.*
> *Der Faule ist in seinen Augen weiser als sieben,*
> *die verständig antworten.*
> (Spr 26,12-16; vgl. 6,6-11)

Desgleichen verurteilen die Briefe des Neuen Testaments jegliche Faulheit – eine Art geistliche Schnell-Diät für Faulpelze. In der Gemeinde in Thessalonich waren offenbar einige »Brüder«, die angeblich »im Glauben« lebten und gleichzeitig der Gemeinde auf der Tasche lagen – sozusagen christliche Parasiten. Hinsichtlich dieser Menschen gab Paulus eine deutliche Anordnung: »*Wir gebieten euch aber, Brüder, im Namen unseres Herrn Jesus Christus, dass ihr euch zurückzieht von jedem Bruder, der unordentlich und nicht nach der Überlieferung wandelt, die sie von uns empfangen haben. ... Denn auch als wir bei euch waren, geboten wir euch dies: Wenn jemand nicht arbeiten will, soll er auch nicht essen*« (2Thes 3,6.10).

In Jesu Gleichnis über die Talente sagt der Herr zu dem Diener, der sein Talent vergraben hat: »*Böser und fauler Knecht!*« (Mt 25,26). Kein Mensch war je Gott treu und zugleich faul! Das ist unmöglich. Doch die vernichtendste Aussage über die Faulheit stammt möglicherweise von Paulus: »*Wenn aber jemand für die Seinen und besonders für die Hausgenossen nicht sorgt, so hat er den Glauben verleugnet und ist schlechter als ein Ungläubiger«* (1Tim 5,8). Daran kommt niemand vorbei – die Gottesfurcht steht in enger Verbindung mit harter Arbeit. Man kann nicht ein fauler und ein gottesfürchtiger Arbeitnehmer (oder Arbeitgeber) zugleich sein.

Wenn wir das sagen, müssen wir jedoch berücksichtigen, dass die Bibel keineswegs Arbeitssucht nahelegt, die aus dem Streben nach Reichtum und Karriere entsteht – und nicht aus dem Verlangen, Gott zu ehren. Diesbezüglich sollte festgehalten werden, dass die hart arbeitenden Puritaner auch mit Eifer dafür sorgten, dass die Sonntagsruhe eingehalten wurde.Ohne ein solches Gebot hätten die Arbeitgeber ihre Beschäftigten sieben Tage in der Woche hart arbeiten lassen.

Ihr Männer, das Entscheidende für uns ist: Arbeiten wir wirklich hart? Und wenn ja, tun wir es für Gott oder lediglich für uns selbst?

Enthusiasmus

Ein zweiter und parallel dazu verlaufender Aspekt der christlichen Arbeitsethik ist Enthusiasmus. »*Was ihr auch tut*«, richtet Paulus sich an die Kolosser, »*arbeitet von Herzen als dem Herrn und nicht den Menschen*« (Kol 3,23). Die Christen in Rom ermahnt er mit den Worten: »*Im Fleiß nicht säumig, brennend im Geist; dem Herrn dienend*« (Röm 12,11).

Es ist natürlich und im Grunde ganz einfach, Begeisterung zu entfachen, wenn Sie eine bedeutende Tätigkeit ausüben. Bei mehr oder weniger unscheinbarer Arbeit ist das jedoch deutlich schwieriger. Das war auch die Erfahrung des Dirigenten eines großen Symphonieorchesters, der auf die Frage, welches das am schwersten zu spielende Instrument sei, antwortete: »Die zweite Geige! Wir können eine Menge Violinisten bekommen, die die erste Geige spielen wollen. Aber jemanden zu finden, der die zweite Geige mit Enthusiasmus spielt, ist eine Herausforderung.« Genau so ist es. Doch in Wirklilchkeit tun wir unsere Arbeit – auch die weniger beachtete – vor einem Publikum, das weitaus größer ist als das der berühmtesten Symphonieorchester! Wenn wir das nur erkennen könnten, würde unserer Enthusiasmus niemals nachlassen.

Mit ganzem Herzen

Ein dritter Aspekt der christlichen Arbeitsethik, der eng mit Energie und Enthusiasmus verbunden ist, aber dennoch eine nicht weniger wichtige Nuance beinhaltet, besteht darin, seine Arbeit mit ganzem Herzen zu verrichten:

> *Ihr Sklaven, gehorcht euren irdischen Herren mit Furcht und Zittern, in Einfalt eures Herzens, als dem Christus; nicht mit Augendienerei, als Menschengefällige, sondern als Sklaven Christi, indem ihr den Willen Gottes von Herzen tut! Dient mit Gutwilligkeit als dem Herrn und nicht den Menschen! Ihr wisst doch, dass jeder, der Gutes tut, dies vom Herrn empfangen wird, er sei Sklave oder Freier,* (Eph 6,5-8)

Wenn Sie schon einmal einer Gymnastik-Gruppe bei ihren Liegestützen zugeschaut haben, werden Sie den Sinn dieser Verse verstehen. Der Trainer befiehlt, dass alle sich hinlegen, und beginnt dann, »hoch, runter, hoch, runter« zu intonieren. Alle folgen seinen Anordnungen, bis er nach rechts schaut, was die linke Seite als Anlass für eine Unterbrechung nimmt. Nun bemüht sich die rechte Seite so lange, bis er wieder nach links blickt. Diese beginnt schnell erneut mit Liegestützen, während nun die rechte Seite die Chance zu einer Pause nutzt. Es gibt Arbeitnehmer, die wie die Pferde ackern, solange der Chef in der Nähe ist, aber zu anderen Zeiten am Kaffeeautomaten festkleben. Ist der Chef abwesend, geht ihnen jegliche Energie ab. Es fehlt an Enthusiasmus; und dass sie ein Herz für die Arbeit hätten, ist auch nicht zu erkennen.

Das freudige Arbeiten von ganzem Herzen, das im Epheserbrief beschrieben wird, findet sich bei den Menschen, die ihre Arbeit für den Herrn tun. Ihr Männer, wir sollen arbeiten wie damals, als wir noch Jungen waren und wussten, dass der Vater uns zusieht. Denn Gott tut das auch – immer!

Hohe Qualität

Schlussendlich müssen wir eine hohe Qualität in unserer Arbeit anstreben. Dorothy Sayers sagte, dass die Gemeinde in unserer Zeit ...

> ... vergessen hat, dass der weltliche Beruf heilig ist. Es ist in Vergessenheit geraten, dass ein Gebäude gut gebaut sein muss, bevor es eine gute Gemeinde werden kann; dass ein Bild gut gemalt werden muss, bevor es ein gutes, heiliges Bild sein kann; dass Arbeit gut getan werden muss, bevor sie Gottes Werk genannt werden kann.[144]

Arbeit, die wahrhaft christlich zu nennen ist, ist gut verrichtete Arbeit.

In 1. Mose 1 sehen wir, wie Gott sich selbst zu hervorragender Qualität verpflichtete: »*Und Gott sah alles, was er gemacht hatte, und siehe, es war sehr gut*« (1Mo 1,31). Christen sollten immer bemüht sein, gute Arbeit zu leisten. Christen sollten die besten Arbeiter sein, wo immer sie auch tätig sind. Sie sollten die *beste* Einstellung zur Arbeit haben, die *vorbildlichste* Integrität und das *höchste* Maß an Zuverlässigkeit zeigen.

Es ist ein Grund, Alarm zu schlagen, wenn das, was die Meinungsforscher uns sagen, wahr ist – dass nur ein geringer Unterschied zwischen der Arbeitsmoral von Christen und Nicht-Christen besteht. Wenn kaum ein Unterschied vorhanden ist, dann ist eine große Anzahl der Kinder Gottes den Extremen der Faulheit und der Arbeitsüberlastung erlegen, die die heutigen Arbeitnehmer charakterisieren. Es bedeutet zudem, dass das geistliche Leben bei enorm vielen Christen nicht in Ordnung ist; denn es ist unmöglich, in mehr als der Hälfte der wachen Zeit (etwa 80 000 bis100 000 Stunden der durchschnittlichen Lebenszeit) eine unbiblische Arbeitsmoral zu pflegen und keinen Schaden in seinem geistlichen Leben zu nehmen.

Wir müssen – wie schon in der Reformation – die biblische Wahrheit wiederentdecken, dass unser Beruf – wenn er auch noch so unbedeutend erscheint – eine göttliche Berufung ist und deshalb zur Ehre Gottes getan werden darf. Nur auf diese Weise wird die Gemeinde sich von der Welt abheben.

Ihr Männer, wenn Ihr merkt, dass Ihr Nachholbedarf habt, gibt es drei Dinge zu tun:

Seien Sie zunächst ehrlich in der Beurteilung Ihres Lebens, und greifen Sie bei der Beantwortung der folgenden Fragen auf den Maßstab der Bibel zurück:

- Übe ich meine Arbeit zur Ehre Gottes aus?
- Arbeite ich wirklich hart?
- Arbeite ich mit Enthusiasmus?
- Bin ich mit ganzem Herzen bei der Arbeit?
- Liefere ich eine gute Arbeitsqualität?

Nach einer aufrichtigen Einschätzung sollten Sie nun Ihre Sünden bekennen.

Als Drittes widmen Sie Ihr Arbeitsleben einzig und allein der Ehre Gottes. Wollen Sie das jetzt tun?

Denkanstöße

- Was halten Sie von der Behauptung, »dass viele christliche Männer in Bezug auf ihre Arbeitsmoral zutiefst versagen, sei es aufgrund von Faulheit oder Arbeitsüberlastung – oder ironischerweise von beidem« (S. 165)? Inwiefern entspricht Ihre Arbeitsmoral Ihren Überzeugungen? Erklären Sie!
- Was erfahren wir in 1. Mose 1,1–2,2 über das Beispiel, das uns Gott als Arbeitender gibt? Wie wenden Sie das auf Ihr Arbeitsleben an?
- Was sagt uns 1. Mose 3,17-19 über die gegenwärtige Natur der Arbeit? Ziehen Sie 1. Mose 2,4-11.17 zum Vergleich heran! Bedeutet das, dass es sinnlos ist, Erfüllung, Wert oder Erfolg zu suchen in unseren Bemühungen bei der Arbeit, in der Familie und der Gemeinde? Wenn ja, warum?
- Welche Art von Arbeit wird uns in Epheser 2,10 vorgestellt? Was ist der Ursprung dieser Arbeit? Ihre Absicht? Was müssen Sie tun, um das in Ihrem Leben zu erfahren?
- Stimmen Sie Martin Luther zu, dass Ihre Arbeit eine sehr heilige Angelegenheit ist (vgl. S. 169)? Was können Sie tun, um sich daran zu erinnern, dass Ihre Arbeit Gott wichtig ist?
- Worin besteht die Verbindung zwischen einer gesunden Arbeitsmoral und dem Arbeiten mit ganzem Herzen (vgl. Eph 6,5-8)?

Anwendung / Konsequenz

Welchen Punkt hat Gott bei Ihnen in diesem Kapitel am konkretesten angesprochen? Sprechen Sie jetzt gleich mit ihm darüber!

Zum Nachdenken

Lesen Sie Kolosser 3,15-17.22-25 und schreiben Sie anschließend so viele praktische Anwendungen für Ihr Arbeitsleben auf, wie Ihnen möglich ist. Gehen Sie die Liste aufrichtig durch, und machen Sie neben jeder Anwendung einen Haken, die Sie bisher nicht in die Praxis umgesetzt haben. Bekennen Sie das vor Gott und bitten Sie ihn um seine Hilfe bei der Umsetzung.

13

Beharrlichkeit

Als ich während meines Studiums in einer Fabrik in Los Angeles in der Spätschicht arbeitete, freundete ich mich mit Larry King an, der Jura studierte und Tennis spielte (nicht zu verwechseln mit dem Gastgeber der Talkshow auf CNN). Larry und ich sprachen in den Pausen viel über Tennis. Schon bald mutmaßten wir, wer von uns beiden wohl der Bessere sei, was nach einigen Wochen in ein »Finden-wir's-doch-heraus«-Tennismatch mündete. Das Spiel verlief recht entspannt, bis Larrys Ehefrau, die berühmte Billy Jean King – ehemalige Wimbledonsiegerin – auftauchte und ihre Kommentare abgab. Sie war keinesfalls beeindruckt. Wie vorauszusehen war, wurden unsere Schläge härter, und wir schwitzten heftiger – natürlich nach wie vor mit typisch männlicher Lässigkeit. Die Gegenwart der Wimbledonsiegerin verbesserte eindeutig unser Spiel.

Liebe Golfspieler, stellen Sie sich vor, was mit Ihrer Konzentration geschehen würde, wenn sich Tiger Woods Ihrem Viererclub anschließen würde! Oder stellen Sie sich den Adrenalinstoß vor, wenn Sie gerade dabei wären, ein paar Körbe zu werfen, und Michael Jordan auftauchte mit den Worten: »Kann ich mitspielen?« Aller Ehrgeiz, der in uns steckt, wäre plötzlich aktiviert! Die Anwesenheit von Profis, echten Könnern, ist ungemein erhebend.

Diese Wahrheit ist auch auf eine geistliche Ebene übertragbar. Um eine instabile Gemeinde zu motivieren und zur Beharrlichkeit anzuleiten, entwirft der Schreiber des Hebräerbriefes sogar das wunderbare Bild eines himmlischen Publikums. Wir befinden uns in einem großen Stadion. Ein Rennen über eine bestimmte Distanz findet statt. Die Teilnehmer sind der Schreiber selbst, die Glieder seiner Gemeinde und – durch den gemeinsamen Glauben – auch wir. Die *»Wolke von Zeugen«* (12,1), die das Stadion füllt, sind die großen geistlichen »Sportler« der Vergangenheit, von denen jeder ein Goldmedaillengewinner ist. Sie sind keine tatsächlichen Beobachter des Ereignisses, sondern »Zeugen« aufgrund der Tatsache, dass ihr vergangenes Leben Zeugnis ablegt von einem eindrucksvollen, beharrlichen Glauben. Durch ihn – wie im Fall von Abel – *»redet er noch, obgleich er gestorben ist«* (11,4).[145] Überall in dem großen Stadion blickt man in Gesichter, die einem ermutigend zunicken und sagen: »Ich hab' es geschafft, und du kannst das auch. Mein Leben hilft dir dabei als Vorbild!« Abraham streicht sich über seinen langen Bart und lächelt. Sarah zwinkert und winkt huldvoll. Mose lehnt sich entspannt zurück und schaut zu.

Ihr Herz schlägt heftig. Sie haben Angst, und doch möchten Sie unbedingt erfolgreich sein. Aber wie? Hebräer 12 antwortet darauf mit einer Disziplin, die in vier zusammenhängenden Kommandos zusammengefasst werden kann: Leg ab! – Lauf! – Konzentriere dich! – Betrachte!

Leg ab!

Die Aufforderung, abzulegen, wird im Anfangsvers deutlich ausgedrückt: *»Deshalb lasst nun auch uns, da wir eine so große Wolke von Zeugen um uns haben, jede Bürde und die uns so leicht umstrickende Sünde ablegen«* (V. 1a). Das Ablegen bezieht sich hier auf das vollständige Ablegen der Kleidung vor einem Rennen, wie es damals in Griechenland üblich war. Der Verfasser fordert ein doppeltes Ablegen – erstens der Bürde und zweitens der Sünde.

Die Sünde, die wir insbesondere ablegen sollen, wird beschrieben als *»die uns so leicht umstrickende Sünde«*, also die speziellen Sünden, denen wir nur allzu leicht zum Opfer fallen – »Gewohnheitssünden«, wie man so sagt. Es gibt gewisse Sünden, die uns allzu leicht bedrängen und dann umfangen können, obwohl sie andere Menschen nur wenig reizen. Manche Sünden infiltrieren uns durch unsere Augen und Ohren, durch Berührungen, Geschmack und Gedanken – einfach deshalb, weil wir sind, wer wir sind.[146] Ebenso gibt es Sünden, die zwar für uns wenig Reiz haben, aber andere Menschen unwiderstehlich anziehen. Sinnlichkeit mag die Achillesferse vieler Männer sein, aber das gilt nicht für alle. Ein Mann, der diese Art von Sünde besiegt hat, mag jedoch der Eifersucht verfallen sein.

Zu den hartnäckigsten Gewohnheitssünden gehören:

- Eifersucht – eine Seele, die tatsächlich leidet, wenn es anderen Menschen gut geht;
- Pessimismus – eine hoffnungslos negative Grundeinstellung, die ständig schwarzsieht;
- Lust – auf andere, auf mehr, auf Status;

- Stolz – die selbstzentrierte Sünde, die einen zum Kern aller Dinge macht;
- Zorn – ein vulkangleiches Herz, das Feuer spuckt;
- Lüge – eine Sünde, die Ihre intimsten Beziehungen mit einem Hauch von Betrug überzieht.

Gewohnheitssünden sind Sünden, die uns mit dem Versprechen des Vergnügens in ihren Bann ziehen und fesseln. Das schließt auch solche »Vergnügen« ein, die einem keinerlei Freude oder Genuss bereiten, sondern lediglich Enttäuschung und zusätzliche Verzweiflung. Ihr erschreckendes Grundmuster ist milliardenfach in der Natur zu beobachten. Eine Fliege lässt sich auf einem Blatt nieder, um die Süße zu kosten, die sie dort vorfindet. Sofort wenden sich ihr drei fingergleiche Härchen mit karmesinroten Spitzen zu, berühren die Flügel der Fliege und fesseln sie in einem klebrigen Griff. Die Fliege wehrt sich heftig und will sich befreien; doch je mehr sie kämpft, desto mehr bedeckt sie sich hoffnungslos mit dem klebrigen Stoff. Bald gibt die Fliege auf, aber in ihrem Fliegenhirn glaubt sie, dass »alles noch schlimmer sein könnte«. Denn sie streckt die Zunge heraus und schmeckt die Süße, während sie von noch mehr klebrigen Tentakeln festgehalten wird. Genau das Gleiche passiert, wenn wir uns unseren Gewohnheitssünden hingeben. Wenn die Gefangene sich vollständig im Griff der Pflanze befindet, klappen die Ränder des Blattes nach innen und bilden dadurch eine geschlossene Faust. Zwei Stunden später ist die Fliege eine leergesaugte Hülle, und die hungrige Faust öffnet ihr reizendes Maul für eine neue leichte Beute. Das ist ein wahrhaft erschreckendes Gleichnis.

Die Bibel ruft uns zu einer extremen Handlung auf. Wenn wir im Glauben ins Ziel einlaufen wollen, müssen wir unsere Seelen von allem befreien, *»jede Bürde und die uns so leicht umstrickende Sünde ablegen«*. Die wohlwollenden, wissenden Gesichter jener, die das Rennen vor uns gelaufen sind, ermutigen uns, das zu tun. Die ewig gültige Tatsache ist, dass Sie das vor Ihnen liegende Rennen niemals schaffen werden, wenn Sie nicht die Sünden, die Ihre persönliche Schwäche sind, ablegen. Was sind Ihre Gewohnheitssünden? Werden Sie sie vor Gott benennen? Er kennt Sie ja nur allzu gut. Warum tun Sie es nicht jetzt gleich?

Die tiefer gehende Frage, die sich stellt, lautet: Worin besteht Ihre »Bürde«? Konkret: *Welches Gewicht belastet Sie?* Höchstwahrscheinlich ist es keine Sünde, sondern etwas Gutes – gut für andere, aber schlecht für Sie: ein Ort, eine Gewohnheit, ein Vergnügen, ein Hobby, ein Ereignis oder eine Unterhaltung. Wenn diese ansonsten gute Sache Sie herunterzieht, müssen Sie sie ablegen. Es mag sich dabei beispielsweise um einen offensichtlich harmlosen Ort handeln (einen Wald, ein Geschäft, eine Wohnung, eine Stadt), der Sie aufgrund vergangener Sünden immer noch runterzieht. Einen solchen Ort müssen Sie geistig beiseitelegen und vergessen.

Das sind radikale Worte. Aber es geht dabei um Ihr Leben! Es geht darum, dass Sie die Ziellinie erreichen – erfolgreich.

Lauf!

Nachdem Sie alles, was Sie behindert, ab- und beiseitegelegt haben, bleibt Ihnen nur noch eine Sache, die Sie tun müssen – laufen: »*... und mit Ausdauer laufen den vor uns liegenden Wettlauf*« (V. 1b). Beharrlichkeit ist eine wundervolle und schöne Sache. Der Autor und Hobby-Marathonläufer Art Carey beschrieb in einem denkwürdigen Artikel für den *Philadelphia Inquirer* seine Erfahrung, »gegen die Wand zu rennen« und dann den Boston-Marathon erfolgreich bis ins Ziel zu laufen. Das Ende seiner Geschichte liest sich so:

> Mittlerweile spüre ich zunehmend, dass ich bereits fast 32 Kilometer zurückgelegt habe. Meine Schritte werden kürzer. Meine Beine haben sich verkrampft. Mein Atem geht flach und schnell. Meine Gelenke fühlen sich wund und ausgelaugt an. Mein Nacken schmerzt von dem Aufprall meines Gewichts, den meine Wirbelsäule bei jedem Schritt nach oben weitergibt. Auf meiner Fußsohle verursachen Blasen von der Größe einer 50-Cent-Münze stechende Schmerzen. Ich fühle mich zunehmend unwohl und benommen. Ich möchte aufhören zu laufen. Ich bin »gegen die Wand gelaufen«. Nun beginnt die wahre Schlacht. Ich laufe die erste von vielen langen Steigungen hinauf ... Heartbreak Hill – die letzte, die längste und die steilste, ein achthundert Meter langer Kampf gegen die Erdanziehungskraft; erfunden, um die Ermatteten und Strauchelnden auszusortieren ... Die letzten sechs Kilometer erscheinen endlos ... Schließlich taucht der markante Umriss des Gebäudes einer bekannten Versicherung am Horizont auf. Ich beschleunige mein Tempo ... Ich kann den gelben Streifen 50 Meter entfernt vor mir sehen. Ich laufe schneller, lasse die Ellbogen kraftvoll mitschwingen, stoße meine Zehen ab, trotze quälenden Wadenkrämpfen, um mit

> letzter Kraft ein wunderbares Erfolgserlebnis zu verspüren … Beifallsrufe und Klatschen … zehn Meter … Ziellinie … eine Explosion von Euphorie … Ich bin nach einer erfassten Zeit von zwei Stunden, 50 Minuten und 49 Sekunden im Ziel eingelaufen. *Mein Platz:* 1176. Ich kann die Zahlen kaum glauben, doch wenn sie stimmen, bin ich den besten Marathon meines Lebens gelaufen. Obwohl der Zeitpunkt und die Orte von Bedeutung sind und es aufregend ist, den persönlichen Rekord zu brechen (besonders, wenn man älter wird), liegt die wahre Freude am Boston-Marathon schlicht im Zieleinlauf … darin, das zu tun, wozu man aufgebrochen ist.[147]

Beharrlichkeit besitzt eine schreckliche Schönheit, aber sie ist ewig schön, wenn sie sich dem geistlichen Wettlauf des wahren Lebens widmet, der für uns angesetzt wurde. Biblische »Beharrlichkeit« bedeutet *geduldige Standhaftigkeit,* etwas »durchzuziehen«.

Jedem von uns ist sein persönlicher Wettlauf vorgegeben; die Laufstrecke jedes Läufers ist individuell. Diese Einzigartigkeit wird von Gott festgelegt, der dabei berücksichtigt, wo Sie und ich momentan stehen im Hinblick auf unsere Begabungen, unsere Gesamtsituation, unsere Aufgaben, unser Alter, unseren Gesundheitszustand – und vor allem darauf, wer wir in Christus sind. Ihr Wettlauf gleicht keinem anderen. Die Strecke ist für Sie festgelegt ab dem Punkt, an dem Sie jetzt als Student, als Alleinerziehender, als Elternteil stehen.

Manche Läufe sind relativ gradlinig, andere sind voller Windungen. Manche führen scheinbar nur bergauf, andere sind ein ebener Wanderweg. Sie sind nicht gleich. Alle Strecken sind lang, aber manche sind noch länger. Das Wunderbare daran ist jedoch, dass jeder (ausnahmslos jeder!) *»den vor uns liegenden Wettlauf«* bis zum Ziel laufen kann. Es ist mir vielleicht nicht möglich, Ihre Strecke zu laufen, und vielleicht finden Sie meine Strecke unmöglich zu bewältigen, aber ich kann meine eigene Strecke laufen und Sie Ihre. Wir können beide erfolgreich das Ziel erreichen, wenn wir den wählen und uns auf den verlassen, der unsere Stärke und unsere Führung ist. Wir können die gleiche Freude erleben wie der Apostel Paulus, als er sich der Ziellinie näherte: *»Ich habe den guten Kampf gekämpft, ich habe den Lauf vollendet, ich habe den Glauben bewahrt«* (2Tim 4,7). Wenn wir uns auf Gott verlassen, besteht keinerlei Zweifel, dass wir *»den vor uns liegenden Wettlauf«* schaffen können – erfolgreich bis zum Ziel. Wer Sie auch sind und wo Sie auch stehen mögen, Sie können es schaffen!

Beharrlichkeit hängt nicht von Begabung ab, sondern einzig und allein von Ihrem Herzen. 1981 nahm Bill Broadhurst am *Pepsi-Challenge*-Lauf – 10 000 Meter – in Omaha teil. Seit einer Aneurysma-Operation am Gehirn zehn Jahre zuvor war er linksseitig gelähmt. An jenem dunstverhangenen Julimorgen jedoch stand er zusammen mit 1200 durchtrainierten Frauen und Männern an der Startlinie. Der Startschuss war zu hören, und die Menschenmenge setzte sich in Bewegung. Bill warf sein steifes Bein vorwärts, und als sein Fuß den Boden berührte, verlagerte er sein Gewicht darauf und schwang das gesunde Bein nach. Sein langsamer Plop-plop-plop-Rhythmus schien ihn zu verspotten, während sich die Menge immer weiter entfernte. Schweißtropfen liefen über sein Gesicht, und Schmerzen durchbohrten sein Fußgelenk, doch er humpelte weiter. Manche Läufer beendeten das Rennen in etwa dreißig Minuten, doch zwei Stunden und 29 Minuten später erreichte auch Bill die Ziellinie.

Ein Mann löste sich aus einer kleinen Gruppe von Zuschauern, die noch herumstanden, und trat auf ihn zu. Obwohl er erschöpft war, erkannte Bill ihn von Zeitungsfotos. Es war der berühmte Marathonläufer Bill Rodgers, der Bill seine erst vor Kurzem gewonnene Medaille umhängte. Obwohl er als Letzter das Ziel erreicht hatte, war Bill Broadhursts Zieleinlauf ebenso ruhmvoll wie der des Weltbesten, denn er war mit Beharrlichkeit gelaufen. Biblische Beharrlichkeit, die sich auf keinerlei Ablenkung einlässt, Hindernisse und Verzögerungen überwindet und sich weder durch innerliche Entmutigung noch durch äußerliche Widerstände aufhalten lässt, steht uns allen zur Verfügung.

Es ist durchaus jedem Einzelnen von uns möglich, eine siegreiche Beharrlichkeit an den Tag zu legen – indem wir einen Fuß vor den anderen setzen, bis wir das ruhmvolle Ziel erreichen. Der Wettlauf ist nicht für Kurzstreckenläufer gedacht, die nach 100, 200 oder 400 Metern keine Kraft mehr haben, sondern für Menschen, die beständig vorwärtslaufen – Leute wie Sie und ich. Schnell oder langsam, stark oder schwach, wir alle müssen beharrlich sein.

Konzentriere dich!

Wenn wir alle Gewohnheitssünden und alle Belastungen vollständig abgelegt und damit begonnen haben, unseren Wettlauf mit Beharrlichkeit zu laufen – die Laufstrecke, die Gott für uns festgelegt hat –, wird uns der Fixpunkt vorgegeben, der unseren erfolgreichen Zieleinlauf sichert. Dieser Fixpunkt ist natürlich Jesus: *»... indem wir hinschauen auf Jesus, den Anfänger und Vollender des Glaubens«* (V. 2a).

Konzentriere dich auf Jesus!

Der Verfasser befiehlt uns sehr bewusst, uns auf *Jesus* zu konzentrieren. Er benutzt nicht seinen Titel *Christus* oder *Jesus Christus*. Denn wir sollen uns auf Jesus, den Mensch gewordenen Sohn Gottes konzentrieren, der hier auf Erden gelebt hat. Jesus war als Läufer einzigartig. Sein Weg war voller Hindernisse, doch er strauchelte nie – und er beendete seinen Lauf, indem er dahinging.

Durch seine Lebensweise wurde er der *»Anfänger und Vollender des Glaubens«*. Sein Leben bringt Glauben hervor. Es gab niemals auch nur eine Millisekunde, in der er dem Vater nicht vertraute und alles ihm überließ. Sein Vertrauen war so groß, dass er von jedem Wort lebte, das durch den Mund Gottes ausging (vgl. Mt 4,4). Und er bleibt der *»Anfänger und Vollender des Glaubens«* durch das, was er in uns bewirkt. Er schenkt uns die Gabe des Glaubens (vgl. Eph 2,8-9; Mt 11,27) und vollendet diesen dann in seinen Kindern (vgl. Hebr 11).

Da wir Glauben brauchen, um das Rennen zu laufen, müssen wir *»hinschauen auf Jesus, den Anfänger und Vollender des Glaubens«*. Der griechische Text besagt wörtlich, dass *wir unsere Augen bewusst von anderen, uns ablenkenden Dingen abwenden und uns ganz auf ihn konzentrieren sollen – und dabei bleiben müssen.*[148] Wir dürfen keinen noch so kurzen Augenblick wegsehen. Diese Konzentration ist für ein Leben im Glauben und für das Beenden des Wettlaufs unerlässlich.

Am 7. August 1954 fand während der *British Empire Games* in Vancouver der großartigste 1,6-Meilen-Lauf aller Zeiten statt. Man sprach von der »Traummeile«, weil Roger Bannister und John Landy weltweit die einzigen Läufer waren, die eine Meile in weniger als vier Minuten laufen konnten. Bannister war der erste Mensch überhaupt gewesen, der eine Meile in weniger als vier Minuten lief. Beide Läufer waren in optimaler Verfassung.

Dr. Roger Bannister, der heutige Sir Roger Bannister und Absolvent eines *Oxford Colleges*, verfolgte die Strategie, sich während der dritten Runde zu entspannen und sich alle Kraft für den Schlusssprint aufzusparen. Als sie jedoch in die dritte Runde einbogen, wurde John Landy stärker und baute seine bereits deutliche Führung aus. Sofort passte Bannister seine Strategie an, beschleunigte und arbeitete sich näher an Landy heran. Schnell hatte sich dessen Vorsprung halbiert, und als die Glocke die letzte Runde einläutete, waren beide auf gleicher Höhe. Landy lief nun noch schneller, und Bannister passte sich an. Beide Männer flogen nur so dahin. Bannister hatte das Gefühl, dass er verlieren würde, wenn Landy sein Tempo beibehielte.

Dann nahte der berühmte Moment (der auf Papier und Film Tausende Male wiedererlebt wurde), als wenige Meter vor der Zielgeraden die Menge laut tobte. Landy konnte dadurch Bannisters Schritte nicht mehr hören und blickte sich um – ein fataler Mangel an Konzentration. Bannister griff an und gewann die »Traummeile« an diesem Tag mit 4,50 m Vorsprung.[149]

Diejenigen, die ihren Blick von Christus – dem Ende und Ziel unseres Wettlaufs – abwenden, werden nicht erfolgreich durchs Ziel laufen. Genau das geschah mit einigen, die sich in die stürmischen Gewässer begaben, die um die Urgemeinde herum tobten. Sie hatten ihre Augen von Christus abgewandt und blickten stattdessen auf die Schwierigkeiten, mit denen sie zu kämpfen hatten. Manche hatten ihre Augen auf der Suche nach Antworten sogar noch weiter abschweifen lassen.

Konzentriere dich auf seinen Fixpunkt!

Indem wir uns auf Jesus konzentrieren, müssen wir uns auch auf seinen Fixpunkt konzentrieren – *»der um der vor ihm liegenden* ***Freude*** *willen die Schande nicht achtete und das Kreuz erduldete«* (V. 2b, Hervorhebung hinzugefügt). Jesu Konzentration auf die vor ihm liegende Freude seiner Auferstehung, Himmelfahrt und Inthronisation zur Rechten Gottes sowie die Freude, ein Volk für sich zu erlösen, stärkten ihn in doppelter Hinsicht: erstens zum Ertragen der schrecklichen Qualen des Kreuzes mit einer »Intensität und mit einer Deutlichkeit der Wahrnehmung, die keiner von uns auch nur ansatzweise verstehen kann, ... weil seine Seele so vollständig in seiner Macht war, ... so völlig ergeben, so ganz dem Leiden hingegeben«.[150] Die Pein, die Jesus am Kreuz ertrug, war für ihn gerade deshalb noch schlimmer, weil er Gott ist. Zweitens: Er achtete die Schande des Kreuzes nicht. Das bedeutet, dass er sich nichts aus der Schande machte – er sah sie verächtlich als nichtig an. Jesus tat all das, weil er die jubelnde, grenzen- und endlose Freude kannte, die ihn erwartete.

Darin besteht das Wunder: *Jesu Freude ist unsere Freude!* Seine Freude ist die vor uns liegende Freude! Wie kann das sein? Die Antwort lautet, dass wir mit ihm eins sind. Christus ist in uns, und wir sind in ihm

(2Kor 5,17). Wo Christus ist, sind wir! Gott hat uns bereits *»mitsitzen lassen in der Himmelswelt in Christus Jesus, damit er in den kommenden Zeitaltern den überragenden Reichtum seiner Gnade in Güte an uns erweist in Christus Jesus«* (Eph 2,6-7). Wir sind *»Erben Gottes und Miterben Christi, wenn wir wirklich mitleiden, damit wir auch mitverherrlicht werden«* (Röm 8,17). Seine jubelnde, grenzen- und endlose Freude wird auch unsere sein!

Das anzuzweifeln bedeutet, Gottes heiliges Wort anzuzweifeln. Wenn wir uns auf die Freude konzentrieren, die durch Christus vor uns liegt, werden wir die Leiden dieser Welt ertragen und jegliche Schande um seines Namens willen als nichtig abtun. Und wir werden ihm mit unserem Wettlauf Ehre bereiten.

Betrachte!

Durch die Ergänzung der Forderung, *»mit Ausdauer den vor uns liegenden Wettlauf«* zu laufen, formuliert der Schreiber des Hebräerbriefs erneut den Befehl, sich auf Jesus zu konzentrieren – diesmal im Sprachgebrauch von Sportlern: *»Denn betrachtet den, der so großen Widerspruch von den Sündern gegen sich erduldet hat, damit ihr nicht ermüdet und in euren Seelen ermattet!«* (V. 3). Die Formulierung *»ermüdet und in euren Seelen ermattet«* war in der Antike Sportlerjargon und beschrieb den Zusammenbruch eines erschöpften Läufers.[151]

Daher besteht der Weg für den Christen, den geistlichen Zusammenbruch zu vermeiden, darin, an Christus und an die Widerstände zu denken, die er von solchen Sündern wie Kaiphas, Herodes und Pilatus ertragen musste. Bedenken Sie, wie er ihnen mit Vertrauen, Sanftmut und Stärke begegnete. Die alles überragende Botschaft dieses Abschnitts lautet: Wir sollen vollkommen von Jesus erfüllt sein. Er wird unseren Himmel füllen wie der Sonnenaufgang am Morgen. Er wird unser Mittag und unser Sonnenuntergang sein.

Ob wir in der Vergangenheit Sportler waren, es derzeit sind oder nicht, so müssen wir doch alle in dieser feindseligen Welt einen Wettlauf laufen. Das gilt auch unabhängig davon, ob wir neun, 19 oder 90 Jahre alt sind. Wir sind umgeben von einer großen Wolke von Zeugen, deren Beispiele unser Bestes herausfordern – *Stammväter* wie Abraham, Isaak und Jakob; *Propheten* wie Mose, Elia und Daniel; der innere Zirkel der *Apostel* wie Petrus, Jakobus und Johannes; *Märtyrer* wie Stephanus, Cranmer und Elliot; große *Prediger* wie Luther, Calvin,

Wesley und Spurgeon; beispielhafte *Missionare* wie Carey, Taylor und Carmichael; unsere verstorbenen *Familienmitglieder* und *Freunde*, und so weiter und so fort. Ihre lieben Gesichter laden uns dazu ein, erfolgreich zu laufen. Die Erinnerungen an sie flüstern: »Du kannst das schaffen. Verliere nicht den Mut! Bevor du dich versiehst, hast du das Ziel erreicht. Bleib unverdrossen und tapfer!«

Die Disziplin der Beharrlichkeit konfrontiert uns also mit:

Ablegen. Wir müssen alle Gewohnheitssünden ablegen – jene Sünden, deren Härchen mit den karmesinroten Spitzen uns nur allzu leicht umfangen. Unsere Gewohnheitssünden sind eine persönliche Sache. Sie vermögen zwar andere Menschen nicht in Versuchung zu führen, doch sie vernichten uns, während wir ihre scheinbare Süße aufsaugen. Als Nächstes müssen wir alles ablegen, was uns behindert – auch die guten Dinge. Wenn wir das nicht tun, werden wir niemals so laufen können, wie wir sollten. Sind Sie bereit, radikal abzulegen? Das ist hier die Frage.

Laufen. Dann müssen wir unseren eigenen Wettlauf laufen, den Gott für uns festgelegt hat. Ihr Lauf ist nicht mein Lauf, und mein Lauf ist nicht der Ihre. Sie können Ihren Lauf bis ins Ziel vollenden. Es ist Gottes Wille. Er wird Ihnen die Entschlossenheit schenken, beim Laufen beharrlich zu bleiben. Also laufen Sie, mein Bruder, laufen Sie!

Sich konzentrieren. Wir sollen uns auf Jesus konzentrieren. Wir dürfen uns nicht durch Blicke zur Seite ablenken. Jesus muss den Himmel bedecken. Er muss unsere Mitte sein. Wir sollen uns auf seinen Fixpunkt konzentrieren und auf seine Freude, weil sie unsere Freude ist. Seine vor uns liegende Freude wird uns die Kraft schenken, durchzuhalten und die Geringschätzung der Welt zu verachten.

Betrachten. Wir sollen ihn betrachten. Wir sollen unser Leben damit zubringen, zu beobachten, wie er gelebt hat.

Wir sollen laufen, wie es Jesus tat, der alles abgelegt hat. Wir sollen mit ihm laufen. Wir sollen auf ihn zulaufen. Wir sollen auf ihn hinschauen. Wir sollen uns auf seinen Fixpunkt konzentrieren. Er soll unsere immerwährende Betrachtung sein.

Er möchte, dass wir einen Wettlauf laufen. Indem wir uns auf ihn stützen, schaffen wir es.

Denkanstöße

- Welche Fallstricke (Gewohnheitssünden) und Hindernisse (legitime Dinge, die Sie jedoch herunterziehen) sollten Sie beiseiteschieben und hinter sich lassen? Werden Sie konkret! Warum fällt Ihnen das so schwer?
- Wie ist der Lauf, den Gott für Sie festgelegt hat: gerade oder gewunden, eben oder steil? Warum können Sie bei diesem Lauf beharrlich bleiben bzw. warum nicht? Was war bisher Ihr größter Sieg?
- Glauben Sie, dass Sie am Ende Ihres Lebens sagen können: *»Ich habe den guten Kampf gekämpft, ich habe den Lauf vollendet, ich habe den Glauben bewahrt«*? Warum bzw. warum nicht? Was wäre die Voraussetzung dafür? Was können Sie heute tun, um auf dieses Ergebnis zuzusteuern?
- Was bedeutet es tatsächlich, *»auf Jesus hinzuschauen«*? Ist seine Freude Ihre Freude? Warum bzw. warum nicht?
- Geht es Ihnen manchmal wie John Landy – dass Sie zurückschauen und auf diese Weise unkonzentriert sind und Gefahr laufen, die erfolgreiche Vollendung des Laufs zu gefährden? Auf welche Dinge blicken Sie zurück? Wie können Sie dies vermeiden oder sich erneut konzentrieren, wenn es geschieht?
- Ermutigt oder entmutigt Sie die Liste von Zeugen, die Hughes aufführt? Denken Sie: »Ich identifiziere mich eigentlich mit Petrus – ich habe gute Absichten, aber ich gebe so leicht nach«, oder: »Abraham, Daniel, Luther? Ich werde niemals solchen Mut haben!«? Wie können uns die Beispiele der Gläubigen, die uns vorausgegangen sind, konkret helfen?

Anwendung / Konsequenz

Welchen Punkt hat Gott bei Ihnen in diesem Kapitel am konkretesten angesprochen? Sprechen Sie jetzt gleich mit ihm darüber!

Zum Nachdenken

Lesen Sie Hebräer 12,1-3 erneut. Achten Sie auf jede Einzelheit, die über Christus gesagt wird, und loben Sie ihn dann für all diese Dinge. Stellen Sie dann eine Liste auf mit allen Aufgaben, die Gott Ihnen in diesen Versen stellt, und beten Sie zu ihm darüber, wie gut (oder schlecht) Sie jede davon erfüllen.

Dienen

14
Gemeinde

Scharfsinnigen Beobachtern wird zunehmend bewusst, dass die Lehre von der Gemeinde immer mehr abgeschwächt und in manchen Fällen sogar aufgegeben wurde. Robert W. Patterson vom *Nationalen Verband der Evangelikalen* drückte seine Bedenken in der März Ausgabe von *Christianity Today* im Jahr 1991 wie folgt aus:

> Als Präsident Dwight D. Eisenhower Christ wurde, bekannte er seinen Glauben an Christus öffentlich, wurde getauft, und die Nationale Presbyterianische Kirche in Washington D. C. nahm ihn in ihre Gemeinschaft auf – am zweiten Sonntag nach seiner Amtseinführung im Jahr 1953. Hätte der ehemalige Präsident sein Interesse, Christ zu werden, eine Generation später unter bewusst evangelikalen Vorzeichen kundgetan, wäre er womöglich niemals der Herausforderung gegenübergestanden, sich mit dem Leib Christi durch Taufe und Gemeindezugehörigkeit zu identifizieren. Eine persönliche Beziehung zu Jesus, hätte man ihm mitgeteilt, sei alles, was wirklich zählt.[152]

Natürlich müssen wir von ganzem Herzen zustimmen, dass ohne eine rettende Beziehung zu Jesus Christus alles verloren ist. Aber wir dürfen daraus nicht den falschen Schluss ziehen, dass die Beziehung eines Menschen zu Christus die Bedeutung seiner Gemeinde herabsetzt. Dennoch ist genau das der Standpunkt, den zahlreiche Evangelikale einnehmen und vorleben.

Der Gemeindebesuch ist vom Bazillus der Unverbindlichkeit befallen, die eine Armee von gemeindlichen Trampern hervorgerufen hat. Der Daumen des Anhalters sagt: »Du kaufst das Auto, bezahlst Reparaturen, sorgst für die Instandhaltung, Versicherung und das Benzin – und ich fahre mit. Aber wenn du einen Unfall hast, lasse ich dich sitzen – und werde dich wahrscheinlich noch verklagen.« Genauso steht es mit dem Glaubensbekenntnis vieler Gemeindebesucher heutzutage: »*Du* gehst zu den Treffen, arbeitest in Gremien und Ausschüssen, du kämpfst mit den Problemen, erledigst die Arbeit in der Gemeinde und begleichst ihre Rechnungen – und *ich* steige ein zur Fahrt. Doch wenn mir irgendetwas nicht passt, bringe ich meine Kritik und Klagen an und werde vermutlich irgendwann abspringen. Für eine bessere Fahrt bin ich jederzeit bereit, meinen Daumen auszustrecken.«

Diese Unverbindlichkeit wird durch eine Konsumentenhaltung genährt – eine »McChrist«-Mentalität – die sich hier und da etwas auswählt und herausgreift, um die gemeindliche Einkaufsliste zu füllen. Es gibt Tramper, die eine bestimmte Gemeinde nur wegen der Predigt aufsuchen, ihre Kinder aufgrund einer dynamischen Jugendarbeit zu einer zweiten Gemeinde schicken und selbst zu einer kleinen Gruppe von Gläubigen gehen. Gemeinde-Tramper besitzen ein aufschlussreiches Vokabular: »Ich gehe zu« oder »ich besuche« hört man von ihnen, aber niemals »ich gehöre zu« oder »ich bin dort zu Hause«. Der Meinungsforscher George Barna untermauert diese Ansicht und sagt: »Der durchschnittliche Erwachsene meint, dass die Gemeindezugehörigkeit für andere eine gute Sache ist, aber für ihn selbst nur überflüssige Fesseln und Ballast darstellt.«[153]

So zeigt sich in diesem Jahrhundert ein Phänomen, das in jedem anderen Jahrhundert undenkbar gewesen wäre: gemeindelose Christen. Es gibt eine riesengroße Schar von bekennenden Christen, die ihr christliches Dasein als umherirrende Gemeinde-Tramper fristen, ohne Verantwortlichkeit, ohne Disziplin, ohne Jüngerschaft. Sie führen ihr Leben ohne den von Gott gegebenen und beständigen Segen der christlichen Gemeinschaft. Um einen Gedanken von Cyprian zu entleihen: Sie haben Gott als ihren Vater, aber lehnen die Gemeinde als ihre Familie ab und sind daher zurückgeblieben und verkümmert.[154] Die Tragödie verschlimmert sich noch, denn Statistiken weisen darauf hin, dass Männer sich wesentlich weniger der Gemeinde verpflichtet fühlen als Frauen[155], was zwangsläufig zu einem Schrumpfen der Leiterschaft führt.

Zu den Gründen für das Schwinden der Gemeindezugehörigkeit unter Christen sagen Historiker, dass eine Überbetonung des »unsichtbaren« Leibes Christi durch evangelikale Leiter zur Herabsetzung der sichtbaren Gemeinde geführt hat. Das Neue Testament zieht jedoch an keiner Stelle eine Zugehörigkeit zu einer unsichtbaren Gemeinde in Erwägung, ohne die Beteiligung an ihrer irdischen Verwirklichung zu betonen.[156]

Ein weiterer Grund für die Gemeindeflucht vieler Christen ist der historisch bedingte Individualismus der evangelikalen Christenheit und die Voreingenommenheit des Volkes gegen Autorität. Man ist geneigt zu denken, dass man nur eine persönliche Beziehung zu Christus braucht und keine zusätzliche Autorität. Ein derartiges Denken erzeugt christliche *Lone Rangers* (Einzelkämpfer), die ihre Unabhängigkeit demonstrieren, indem sie sich nicht zur Gemeinde halten, sondern mit der Bibel in der Hand hinaus ins Ödland wandern, um einen einsamen Kampf gegen die gesetzlose Welt zu führen.

Eine solch ungenierte Missachtung der Lehre von der Gemeinde ist zumindest exzentrisch. Sie ignoriert nicht nur die Bibel, sondern auch den Konsens der Glaubensväter und der verschiedenen Kirchen und Gemeinden über die Jahrhunderte hinweg.

Daher kann man zu Recht feststellen, dass Gemeinde-Tramper und Vagabunden, geistliche Einzelkämpfer und Christen, die jegliche Gemeindezugehörigkeit vermeiden, als Anomalie in der Geschichte der christlichen Gemeinde zu betrachten sind und einem schwerwiegenden Irrtum unterliegen.

Die Lehre von der Gemeinde

Viele Menschen haben es heute nötig, durch das richtige Verständnis der Lehre über die Gemeinde von ihren Illusionen befreit zu werden. Es gibt keinen Bibelabschnitt, der die Seele mehr aufrüttelt als Hebräer 12,22-24. Dort werden sieben erhabene Dinge beschrieben, zu denen wiedergeborene Christen gelangt sind:

> *Sondern ihr seid gekommen zum Berg Zion und zur Stadt des lebendigen Gottes, dem himmlischen Jerusalem; und zu Myriaden von Engeln, einer Festversammlung; und zu der Gemeinde der Erstgeborenen, die in den Himmeln angeschrieben sind; und zu Gott, dem Richter aller; und zu den Geistern der vollendeten Gerechten; und zu Jesus, dem Mittler eines neuen Bundes; und zum Blut der Besprengung, das besser redet als das Blut Abels.*

Zuerst kommen wir zu der Stadt Gottes – *»zum Berg Zion und zur Stadt des lebendigen Gottes, dem himmlischen Jerusalem«*. Der Berg Zion war die Festung der Jebusiter, die David einnahm und zum religiösen Zentrum seines Königreiches machte, indem er die Bundeslade der Gegenwart Gottes dorthin brachte. Als Salomo den Tempel baute und die Bundeslade hineinstellte, wurde Zion/Jerusalem gleichbedeutend mit dem irdischen Wohnort Gottes. In Christus sind wir zu dem himmlischen

Pendant gekommen, dem geistlichen Jerusalem aus dem Himmel. In gewisser Hinsicht ist das noch zukünftig, aber zugleich sind wir im Geist schon dort angelangt. Christen sind *jetzt schon* Bürger der himmlischen Stadt und genießen ihre Privilegien.

Zweitens begegnen wir als Gemeinde den Engeln – »*Myriaden von Engeln, einer Festversammlung*«. Mose spricht von »*heiligen Myriaden*«, die während der Gesetzgebung anwesend waren (5Mo 33,2), und von Daniel erfahren wir: »*Tausend mal Tausende dienten ihm [dem Alten an Tagen – Gott], und zehntausend mal Zehntausende standen vor ihm*« (Dan 7,10). David sagte: »*Der Wagen Gottes sind zehntausendmal Tausende*« (Ps 68,18). In der Gemeinde kommen wir zu diesen Tausenden von Engeln, die alle ein Fest feiern. Dort sind überall »*dienstbare Geister, ausgesandt zum Dienst um derer willen, die das Heil erben sollen*« (Hebr 1,14). Diese gehen in unserem Leben ein und aus, bewegen sich um uns her und über uns, so wie sie es im Alten Testament bei Jakob taten.

Drittens kommen wir zu Mitgläubigen – »*zu der Gemeinde der Erstgeborenen, die in den Himmeln angeschrieben sind*«. Jesus war der Erstgeborene par excellence, und aufgrund der Verbindung mit ihm sind auch wir Erstgeborene. Alle Erbrechte gehen an den Erstgeborenen – an uns als »*Miterben Christi*« (Röm 8,17). Beim Besuch der Gemeinde sind wir nicht nur einfach so mit anderen Gläubigen zusammen, sondern wir pflegen Gemeinschaft als Glieder am Leib Christi.

Viertens kommen wir zu Gott – »*zu Gott, dem Richter aller*«. Wir kommen in Ehrfurcht, weil er der Richter ist – aber wir kommen nicht in lähmender Angst, da sein Sohn das Gericht für uns bereits getragen hat. Das ist unsere größte Freude – uns vor unserem Gott zu versammeln.

Fünftens kommen wir zu den Heiligen der Jahrhunderte – »*zu den Geistern der vollendeten Gerechten*«. Obwohl sie im Himmel sind, teilen wir die Gemeinschaft mit denen, die vor uns den Weg des Glaubens gegangen sind. Das gleiche geistliche Leben strömt durch uns wie auch durch sie. Wir haben mit Abraham, Mose, David und Paulus die gleichen Geheimnisse gemeinsam.

Sechstens kommen wir zu dem Herrn Jesus – »*zu Jesus, dem Mittler eines neuen Bundes*«. Durch ihn werden uns die Verheißungen zuteil. Er ist die Quelle und der Geber all unserer Hoffnungen. Er ist in uns, und wir sind in ihm.

Siebtens kommen wir aufgrund des vergossenen Blutes zur Vergebung – »*zum Blut der Besprengung, das besser redet als das Blut Abels*«. Abels noch warmes Blut schrie vom Erdboden her nach Verurteilung und Gericht, aber das Blut Christi zeugt davon, dass uns vergeben worden ist und wir Frieden mit Gott haben. *Halleluja!*

Brüder, die Bibel teilt uns mit, dass wir in der Gemeinde zu diesen sieben erhabenen Realitäten kommen: 1) *zu der Stadt Gottes,* 2) *zu Myriaden von Engeln,* 3) *zu unseren Mitgläubigen,* 4) *zu Gott,* 5) *zu den Heiligen der Jahrhunderte,* 6) *zu Jesus* und 7) *zu der Vergebung!* Wenn das nicht zu einer Quelle der Dankbarkeit in unseren Herzen wird und die Sehnsucht nach Gemeinschaft mit der sichtbaren Gemeinde hervorruft, wird nichts anderes dazu in der Lage sein!

John Bunyan erzählte einst, wie er in den Zustand einer mehrtägigen Niedergeschlagenheit versank und verzweifelt nach einem Wort Gottes suchte, das ihm in seiner Not helfen würde. Da erreichte ihn genau dieser Text. Bunyan schreibt:

> Wie gut war für mich die folgende Nacht! Christus war mir so teuer und wert. Ich konnte es kaum im Bett aushalten vor Freude und Frieden. Das ganze Kapitel Hebräer 12 war mir viele Tage lang ein Segen. Gelobt sei Gott für sein Erbarmen mit mir![157]

Alle ird'schen Schätze schwinden
samt dem eitlen Glanz und Tand,
ew'ge Himmelsfreuden winken,
Zions Kindern nur bekannt![158]

Die leuchtenden Bilder von der Gemeinde begegnen uns im Neuen Testament immer und immer wieder in dem Bemühen, unser Denken nach oben zu lenken. Als Gemeinde sind wir der *Leib Christi* (Eph 1,22-23). Er ist das Haupt, und als Glieder seines Leibes kennzeichnet uns zugleich eine tiefe Einheit, Vielfalt und Gegenseitigkeit. Wir sind ein *Tempel* (Eph 2,19-22). Er ist der Eckstein, und wir sind lebendige Steine (1Petr 2,5) – und bilden einen lebendigen Ort der Anbetung. Wir sind die *Braut* (Eph 5,25-33). Und Christus, unser Bräutigam, liebt uns mit einer heiligen Liebe, die uns zu der Hochzeit des Lammes führen wird. Wir sind seine *Schafe,* und er ist der nährende und pflegende Hirte (Joh 10,14-16.25-30). Er ist der Weinstock, und wir sind die *Reben.* Wir sind organisch mit ihm verbunden und ziehen aus ihm unsere Nahrung, die wir zum Leben brauchen (Joh 15,5ff.).

Was sollte uns die Wahrheit bedeuten, dass wir seine Gemeinde sind? Sie sollte uns mit Staunen und Dankbarkeit erfüllen und uns ein

Lied über die Lippen kommen lassen: »Wir sind sein Leib, sein Tempel, seine Braut, sein Schafe und seine Reben. Wir sind zu seiner Stadt gekommen, zu Engeln, zu Brüdern und Schwestern, zu Gott selbst, zu den verherrlichten Heiligen, zu Jesus und zur Vergebung durch das Blut Christi.«

Die Bibel sagt uns aber auch, dass die Gemeinde die Welt überleben wird. Harry Blamires schreibt:

> Die Welt gleicht einem großen Schnellzug, der einer Katastrophe entgegeneilt – vielleicht sogar der totalen Zerstörung. In dieser wirklich verzweifelten Situation laufen gewisse Passagiere in den Gängen auf und ab und rufen sich gegenseitig zu, dass die Gemeinde in großer Gefahr sei! Die Ironie dieses Bildes wäre zum Lachen, wäre es nicht eine beunruhigende Tatsache. Warum? Die meisten Glieder der Gemeinde sind doch schon an den Bahnhöfen unterwegs ausgestiegen. Auch wir selbst werden den Zug schon bald verlassen. Wenn die Katastrophe dann geschieht und die Welt in Schutt und Asche liegt, ist das Einzige, was die Katastrophe überstanden haben wird, mit Sicherheit die Gemeinde.[159]

Persönlich sollte uns die Lehre von der Gemeinde sagen, dass wir Teil der großartigsten Einrichtung sind, die das Universum jemals kannte. Wir berauben uns dessen allerdings auf tragische Weise, wenn wir uns vom sichtbaren Leib Christi fernhalten. Dementsprechend geht durch unsere Abwesenheit auch der Gemeinde etwas verloren. Sie und ich, wir brauchen die Gemeinde! Die Bibel spricht diesbezüglich eine äußerst deutliche Sprache: *»Indem wir unser Zusammenkommen nicht versäumen, wie es bei einigen Sitte ist, sondern einander ermuntern, und das umso mehr, je mehr ihr den Tag herannahen seht!«* (Hebr 10,25).

Diese deutliche Ermahnung sollte bereits ausreichen. Doch es gibt noch weitere überzeugende Gründe für eine verbindliche Teilnahme am Gemeindeleben, nämlich dass wir die Gemeinde als Familie brauchen. Wir müssen begreifen, dass wir ihren vollen Nutzen nur dann erfahren werden, wenn wir uns ihrem Haupt hingeben. Das ganze christliche Leben handelt von der Hingabe – zuerst und vor allem die Hingabe an Christus, aber ebenso an die Gemeinde, Familie, Ehe, Freundschaft und an den Dienst. Keines dieser Dinge wird ohne Hingabe gedeihen.

Solange keine Hingabe vorhanden ist, kann eine Ehe beispielsweise nicht die Sicherheit, Erfüllung und das Wachstum bringen, die sie verheißt. Das ist der Grund, weshalb die heutigen vorübergehenden Lebensgemeinschaften zum Scheitern verurteilt sind. Die gegenseitige Verpflichtung in guten wie in schlechten Zeiten lässt eine Ehe wachsen und bringt die größtmögliche Erfüllung.

Ihr Männer, wenn man das niedrigste Niveau zum Maßstab nimmt, könnte man vielleicht sagen, dass man nicht unbedingt zur Gemeinde gehen muss, um ein Christ zu sein. Man muss auch nicht nach Hause gehen, um verheiratet zu sein. Aber wenn man beides versäumt, wird das eine wirklich armselige Beziehung zur Folge haben!

Zu den Vorteilen der verbindlichen Teilnahme am Gemeindeleben, die unser geistliches Wachstum fördern, zählen:

- *der Gottesdienst* – in einem gemeinsamen Gottesdienst sind einzigartig erhebende Kräfte erfahrbar, die die Seele zu Gott emportragen;
- *das Hören des Wortes* – unsere Seele kann sich von der gesunden Speise des Wortes nähren und unserem ganzen Wesen Gesundheit bringen;
- *die Teilnahme am Mahl des Herrn* – die gemeinsame Anbetung des Vater und des Sohnes und der Dank für das Sühnewerk des Sohnes;
- *die Jüngerschaft* – wenn sich jemand mit ganzer Konsequenz in der Gemeinde einbringt und ihr in Höhen und Tiefen treu bleibt, erfährt er das geistliche Leben in einer Tiefe, die ein nicht-hingegebener Mensch niemals erleben wird;
- *ein Herz für die Mission* – aus einer anhaltenden Hingabe erwächst ein tiefes Verständnis für die Mission.

Ihr Männer, wir brauchen die Gemeinde, weil die Bibel es sagt, denn wir benötigen ein geistliches Zuhause, und ohne Hingabe an die Gemeinde werden wir nicht wachsen.

Disziplin zum Gemeindeleben

Wenn die erhabene und großartige Lehre von der Gemeinde uns eines zu sagen hat, dann ist es das: Es ist egal, wo und wer auch immer Sie sind (ob Präsident der Vereinigten Staaten, Vorsitzender der Vereinten Nationen, Manager einer der 500 Top-Firmen Ihres Landes oder der Leiter eines Missionswerkes), *die Gemeinde muss im Zentrum Ihres Lebens stehen.* Das Vagabundieren von einer Gemeinde zur anderen ist etwas

Anormales! Das Gleiche kann von einem halbherzigen Engagement gesagt werden.

Mal ehrlich, sind Sie vielleicht auch ein Gemeinde-Tramper, eine Art »freischaffender Vertreter« auf der Suche nach einem angenehmen Plätzchen auf Ihrem Dienstplan – eine Saison hier, die andere dort? Falls das zutrifft, werden Sie nie zur vollen geistlichen Reife gelangen, ebenso wenig wie Ihre Familie.

Ihr Männer, gerade heute brauchen sowohl die Gemeinde als auch die verlorene Welt Männer, die in ihrer Gemeindezugehörigkeit Verbindlichkeit und Beständigkeit beweisen.

Regelmäßige Anwesenheit

Hierzu gehört, dass Sie sich verpflichten, den Gottesdienst in Ihrer Gemeinde regelmäßig zu besuchen. Richten Sie Ihre Zeitplanung nach dieser Verpflichtung aus. Ist Ihre Zeit mit Reisetätigkeit ausgefüllt, sollten Sie einen Plan erstellen, der es Ihnen ermöglicht, zu den Gemeindezusammenkünften zurück zu sein. Falls Sie das nicht einrichten können, besuchen Sie einfach eine Gemeinde, die auf Ihrer Reiseroute liegt.

Feste Gemeindezugehörigkeit

Fehlt Ihnen bisher jegliche Gemeindezugehörigkeit, dann sollten Sie sich Gott gegenüber verpflichten, eine bibeltreue Gemeinde zu suchen, sich ihr anschließen, sie unterstützen und sich ihrer Leitung unterstellen.

Der Aspekt des Gebens

Ihre finanzielle Unterstützung der örtlichen Gemeinde sollte Vorrang vor Ihren Verpflichtungen gegenüber einer übergeordneten Gemeindeorganisation haben. Sie sollte regelmäßig und systematisch erfolgen (10 Prozent Ihres Einkommens sind ein guter Anfang).

Teilnahme am Gemeindeleben

Zur Ehre Gottes sollten Sie Ihre Begabungen, Ihre Sachkenntnis und Ihre Kreativität in das Gemeindeleben einfließen lassen.

Liebe und Gebet

Timothy Dwight schrieb folgende wunderschönen Worte nieder:

I love thy church, O God.
Her walls before thee stand,
dear as the apple of thine eye,
and graven on thy hand.
For her my tears shall fall;
for her my prayers ascend;
to her my cares and toils be given,
till toils and cares shall end.[160]

Ich liebe Deine Gemeinde, o Gott!
Ihre Mauern stehen vor Dir.
Teuer wie Dein Augapfel.
Und in Deine Hände gegraben.
Für sie sollen meine Tränen fließen;
Für sie meine Gebete emporsteigen;
Ihr sei meine Sorge und Mühe gewidmet,
Bis Mühen und Sorgen enden.

Denkanstöße

- Warum ist die Idee von der *Gemeinde* heute so unpopulär? Weshalb sind nur wenige Menschen an dem Besuch einer bibeltreuen Gemeinde interessiert?
- Welche geistlichen Schätze finden sich nach Hebräer 12,22-24 in der Gemeinde? Drücken Sie das in Ihren eigenen Worten aus, und danken Sie Gott anschließend für jeden einzelnen dieser Punkte!
- Woran lässt Sie das Bild der Gemeinde als dem Leib Christi denken (Eph 1,22-23)? Als sein Tempel (Eph 2,19-22)? Als seine Braut (Eph 5,25-33)?
- Was hat unsere Haltung gegenüber der Gemeinde mit unserer Haltung zu Christus zu tun? Ergibt eine positive Einstellung zur Gemeinde Sinn, wenn die Beziehung zu Christus nicht stimmt?

- Weshalb sind Sie möglicherweise versucht, das zu unterlassen, was in Hebräer 10,25 gesagt wird? Welche geistlichen Segnungen könnten Ihnen entgehen, wenn Sie die Zusammenkünfte versäumen?
- »wenn man das niedrigste Niveau zum Maßstab nimmt, könnte man vielleicht sagen, dass man nicht unbedingt zur Gemeinde gehen muss, um ein Christ zu sein. Man muss auch nicht nach Hause gehen, um verheiratet zu sein. Aber wenn man beides versäumt, wird das eine wirklich armselige Beziehung zur Folge haben!« (S. 200). Trifft diese Aussage zu? In welcher Weise stärkt ein regelmäßiger Gemeindebesuch und die Mitarbeit in der Gemeinde Ihre Beziehung zu Gott, zu Ihrer Familie, zu anderen Gläubigen? Gehen Sie ins Detail!

Anwendung / Konsequenz

Welchen Punkt hat Gott bei Ihnen in diesem Kapitel am konkretesten angesprochen? Sprechen Sie jetzt gleich mit ihm darüber!

Zum Nachdenken

Listen Sie so viele Stärken und Schwächen Ihrer Gemeinde auf, wie Ihnen in den Sinn kommen. Schreiben Sie anschließend Ihren Beitrag zu den einzelnen Punkten auf, ebenso wie Ihre Möglichkeiten, den Schwächen beizukommen.

15
Leiterschaft

Warren Bennis, ein kompetenter Autor für Organisationsfragen, sagt: »Leiterschaft ist ein Wort, das in aller Munde ist. Jugendliche opponieren dagegen, und die Polizei beansprucht sie. Experten nehmen sie für sich in Anspruch, Künstler verachten sie, wohingegen Gelehrte sie befürworten. ... Bürokraten tun so, als hätten sie sie, und Politiker wünschten sich, mehr davon zu besitzen. Und jeder stimmt zu, dass es von ihr weniger gibt, als nötig wäre.«[161]

Diese pessimistische Übereinstimmung und gemeinsame Sehnsucht nach Leiterschaft greift auch auf die Gemeinde über, in der heutzutage viele unter einem erschreckenden Mangel an Leiterschaft leiden. Man denke nur an die Zeit der 40er- bis 70er-Jahre, die Männer vom Format eines Harold John Ockenga, Billy Graham, Carl F. H. Henry und Francis Schaeffer hervorbrachte, ebenso wie an dynamische Leiter in den Gemeinden vor Ort).[162]

Gibt es tatsächlich weniger Leiterschaft, als nötig wäre? Es scheint so, aber eine objektive Analyse fällt schwer. Allerdings deuten Statistiken an, dass die männliche Leiterschaft in der Gemeinde ebenso im Rückgang begriffen ist wie auf der anderen Seite Frauen den Männern mittlerweile zahlenmäßig überlegen sind. Männer machen nur 41 Prozent der erwachsenen Gemeindebesucher aus, und in manchen kleineren Gemeinden findet sich nicht einmal ein Mann, um das Amt des Ältesten zu bekleiden. Mehr und mehr Männer begnügen sich damit, die drückende Verantwortung auf fremden Schultern ruhen zu lassen, während sie ihrem Vergnügen nachgehen. Sicherlich ist es wahr, dass Leiterschaft heute schwerer zu praktizieren ist aufgrund einer erhöhten Komplexität des Lebens und des zunehmenden Ausmaßes gesellschaftlicher Strukturen und Institutionen – ebenso wegen der gegenwärtigen allgemeinen Verwirrung darüber, was Leiterschaft eigentlich sei. Säkulare Analysen haben 350 Definitionen von Leiterschaft zutage gebracht. »Leiterschaft ist wie der Schneemensch«, schreibt Bennis, »dessen Fußabdrücke überall zu finden sind – er selbst jedoch nirgends.«[163]

Doch nichts davon entschuldigt die Gemeinde von heute – oder den christlichen Mann unserer Zeit. Im Gegensatz zu unserer Gesellschaft gibt die Bibel hinsichtlich Leiterschaft klare Anweisungen durch das Vorbild einiger großer Führungspersönlichkeiten und durch eine genau definierte Lehre in Bezug auf Charakter, Qualifikation und Engagement geistlicher Leiter. Hinzu kommt, dass es inmitten der allgemeinen Verwirrung in unserer Kultur einige scharfsinnige Analytiker gibt, die die Grundzüge genauestens aufzeigen und Informationen zur Verfügung stellen, die einen enormen Nutzen für die Gesellschaft darstellen – einschließlich der Gemeinde. Während wir das Thema Leiterschaft behandeln, werden wir beide Quellen anzapfen, obschon wir Gottes Wort sicherlich größeres Vertrauen entgegenbringen.

Vorbereitung auf geistliche Leiterschaft

Das »Lehrbuch«, dem wir die wesentlichen Qualitäten geistlicher Leiterschaft entnehmen wollen, sind die Anweisungen an Josua im Alten Testament. Dort hat der Heilige Geist sieben einzigartige Erfahrungen festgehalten, die Josua mit den erforderlichen Charakterzügen ausstatteten, um als Leiter des Volkes Gottes in die Fußstapfen Moses zu treten. Wir werden diese Erfahrungen in der Reihenfolge betrachten, wie wir sie in der Bibel vorfinden – sie ergeben ein erstaunlich umfassendes Porträt eines gottesfürchtigen Leiters.

Gebet

In 2. Mose 17,9 wird Josua zum ersten Mal erwähnt, nachdem die Amalekiter die Nachhut Israels angegriffen hatten: »*Und Mose sagte zu Josua: Wähle uns Männer aus und zieh aus, kämpfe gegen Amalek! Morgen will ich mich auf den Gipfel des Hügels stellen mit dem Stab Gottes in meiner Hand.*«

Der 80-jährige Mose nahm den Stab Gottes, mit dem er das Rote Meer geteilt hatte, und bestieg einen nahe gelegenen Hügel. Josua, im besten Kampfesalter, stellte sich an die Spitze der im Tal befindlichen Armee. Während Mose seine Hände in der darauffolgenden Schlacht erhoben hielt, hatte Israel die Oberhand. Doch wenn Mose müde wurde und seine Hände senkte, wendete sich das Blatt zugunsten der Amalekiter. Als Mose wiederum seine ganze Kraft aufbrachte und seine Hände erhob, war Israel erneut im Vorteil. Das Schicksal Israels erfuhr ein Auf und Nieder entsprechend den alternden Händen Moses.

Schon bald assistierten Aaron und Hur Mose, indem sie ihn auf einem Stein sitzen ließen und jeweils an einer Seite standen, um seine Hände nach oben zu halten. Bei Sonnenuntergang waren Moses Hände noch immer himmelwärts zu Gott ausgestreckt, und Israel beendete den Tag siegreich.

Das war eine deutliche Lektion für Josua. Er erfuhr, dass die wahre Kraft nicht in seinem Schwert lag, sondern in Gott. Der Sieg brachte ihn zweifelsohne in die Versuchung, das zu vergessen. Er wurde zu einem Held, dessen Name in dieser Nacht an allen Lagerfeuern besungen wurde. Doch in seiner Erinnerung prägte sich für immer das Bild von Aaron und Hur ein, wie sie Mose zur Seite standen und seine Hände zu Gott emporhielten.

Niemand, der meint, dass seine Kraft aus ihm selbst komme oder der vergangene Sieg seinem eigenen Genius zuzuschreiben sei, gelangt zu wahrer geistlicher Leiterschaft. Die wichtigste Lektion, die Josua an diesem Tag lernte, bestand darin, dass das Rückgrat jeglicher für Gott getaner Arbeit das Gebet ist. E. M. Bounds sagte über diejenigen, die eine effektive geistliche Leiterschaft ausgeübt haben: »Sie waren keine Leiter aufgrund ihrer brillanten Gedanken, ihrer unerschöpflichen Ressourcen, ihrer großartigen Kultur oder ihrer angeborenen Begabung, sondern weil sie durch die Kraft des Gebets Gottes Macht herbeirufen konnten.«[164]

Wie sehr steht dies im Kontrast zur herkömmlichen Ansicht über Leiterschaft! Das Erste, woran die Welt (und nur allzu häufig auch die Christen) denkt, ist die Ausstrahlung und der Elan eines Leiters: Besitzt er das nötige Charisma, um Menschen anzuziehen? Der Heilige Geist jedoch setzt das Gebet an die erste Stelle.

Gott sehen

In 2. Mose 24 wird Josua zum zweiten Mal erwähnt bei der Schilderung von Moses Aufstieg auf den Berg Sinai zum Empfang der Gesetzestafeln. Dieses Kapitel berichtet, dass Mose, Aaron, Nadab, Abihu und 70 Älteste von Israel (unter denen sich auch Josua befand) auf den Berg berufen wurden. Nachdem sie ein Stück des Aufstiegs bewältigt hatten und von Weitem einen Blick auf die Herrlichkeit Gottes werfen durften, blieben die 70 Ältesten zurück, während Josua und Mose den Weg weitergingen (V. 13). Josua verbrachte sechs Tage mit Mose, weil eine Wolke der Herrlichkeit den Berg Sinai verhüllte (V. 15-16). Aber am siebten Tag trat Mose in die Wolke hinein und ging weiter. Josua ließ er 40 Tage lang allein auf dem Berg Sinai zurück (V. 18).

Die Erfahrung am Sinai hinterließ ihre Spuren bei Josua. Die Erscheinung Gottes, der majestätisch auf einem saphirnen Untergrund stand (V. 10), und die anschließenden 40 Tage der Einsamkeit, während Mose in der leuchtenden und donnernden Wolke auf dem Sinai das Gesetz in Empfang nahm, prägten sein Herz durch einen tiefen Eindruck von Gottes Herrlichkeit, Heiligkeit und Macht.

Das Gottesbild eines christlichen Leiters prägt sehr viel in seinem Leben. Ein wunderbares geistliches Band verbindet die großen Leiter in Gottes Wort miteinander.

Man betrachte Mose inmitten von Donner und Blitzen am Sinai, als Gott ihn in eine Felsenhöhle stellte und in seiner Herrlichkeit an ihm vorbeizog (2Mo 33,21-23; 34,5-6).

Josua erlebte nicht nur am Sinai mit, wie Mose der Herrlichkeit Gottes begegnete, sondern er begegnete Gott sogar persönlich am Vorabend der Schlacht um Jericho – *»ich bin der Oberste des Heeres des HERRN«* – als einem Krieger in angelegter Gefechtsausrüstung, der mit gezücktem und im Mondlicht funkelndem Schwert vor ihm stand – worauf Josua anbetend niederfiel (Jos 5,13-15).

Davids Bild von Gott erweiterte sich, als er unter den Sternen Schafe hütete und über Gottes Größe nachdachte, sodass er beim Anblick Goliats, der das führerlose Israel herausforderte, ausrief *»Wer ist denn dieser unbeschnittene Philister da, der die Schlachtreihen des lebendigen Gottes verhöhnt?«* (1Sam 17,26) und ohne zu Zögern in den Kampf stürmte.

Jesaja sah *»den Herrn sitzen auf hohem und erhabenem Thron, und die Säume seines Gewandes füllten den Tempel«*, und diese gewaltige Schau brachte ihn in eine herausragende Leitungs- und Dienstposition: *»Hier bin ich, sende mich!«* (Jes 6,1.8).

Petrus, Jakobus und Johannes sahen die Verklärung des Herrn, als seine Herrlichkeit wie die Sonne schien. Später wurden sie zu Schlüsselfiguren in der apostolischen Gemeinde (Mk 9,2-8).

Paulus, der nicht zu den ursprünglichen Aposteln gehörte, wurde zur missionarischen Leitungsfigur der Gemeinde, als er vor Damaskus dem Herrn Jesus begegnete und anschließend seine Berufung erlebte (vgl. Apg 9; 22,6-10.17-21; 26,14-20).

Eine gewaltige, wachsende Erkenntnis Gottes ist unentbehrlich für geistliche Leiterschaft. Über Robert Dick Wilson, den berühmten Gelehrten des Alten Testaments, der zu Beginn des 20. Jahrhunderts am

Theologischen Seminar von Princeton diente, wird erzählt, dass er, wenn er hörte, ein ehemaliger Student sei zum Predigen zurückgekehrt, sich in den hinteren Teil der Kapelle setzte und zuhörte. Einmal sagte er: »Wenn meine Jungs zurückkommen, bin ich anwesend, um zu sehen, ob sie einen großen Gott oder einen kleinen Gott verkündigen; dann weiß ich, wie ihr Dienst aussieht.«[165] Das Gottesbild eines Menschen, seine *visio dei,* ist alles!

Gleichzeitig sollten Sie sich nicht beirren lassen oder Ihr Leitungspotenzial unter Wert verkaufen, wenn Sie keine himmlische Offenbarung hatten. Sie benötigen eine derartige Erfahrung nicht, da Sie zwei große Bücher voller Offenbarungen besitzen: das Buch des geschriebenen Wortes, das wiederholt Gottes Herrlichkeit offenbart, und das Buch der Schöpfung, das ununterbrochen die Größe Gottes bezeugt. Nehmen Sie beispielsweise die Sterne – *»Ein Tag sprudelt dem anderen Kunde zu, und eine Nacht meldet der anderen Kenntnis – ohne Rede und ohne Worte, mit unhörbarer Stimme«* (Ps 19,3-4). Diese gewaltige Offenbarung ist Ihnen stets zugänglich – wenn Sie nur gewillt sind, sie zu sehen. Lesen Sie die entsprechenden Texte der Bibel, um Ihre Erkenntnis von Gottes Größe zu erweitern. Blicken Sie zu den Sternen hoch und auf die Schöpfung um sie herum. Bitten Sie um eine zunehmende Erkenntnis der Größe Gottes und um die Gnade, das glauben zu können, was Sie lesen und sehen.

Hingabe

Einen weiteren Aspekt in der Vorbereitung Josuas zur Leiterschaft finden wir in 2. Mose 33, wo wir seine wachsende Hingabe an Gott beobachten können. Er diente mit Mose im Zelt der Begegnung, während sich die Wolkensäule vor dem Eingang des Zeltes erhob. In Vers 11 wird uns berichtet: *»Und der HERR redete mit Mose von Angesicht zu Angesicht, wie ein Mann mit seinem Freund redet; dann kehrte er, Mose, ins Lager zurück. Sein Diener Josua aber, der Sohn des Nun, ein junger Mann, wich nicht aus dem Innern des Zeltes.«* Obwohl er nicht das Vorrecht wie Mose besaß, mit Gott von Angesicht zu Angesicht zu reden, war Josua von Gottes Gegenwart so überwältigt, dass er das Zelt nicht verließ. Welch eine leidenschaftliche Hingabe kommt darin zum Ausdruck! »Herr, du bist so wunderbar, ich kann diesen Raum nicht verlassen. Ich bitte dich, erlaube mir zu bleiben!«

Das neutestamentliche Pendant zu Josua sehen wir in Maria aus Bethanien, die den Raum nicht verließ, in dem sich Jesus befand, und trotz der Unzufriedenheit ihrer Schwester zu seinen Füßen saß. Dort war sie genau richtig, wie wir aus dem Mund des Herrn erfahren: *»Maria aber hat das gute Teil erwählt, das nicht von ihr genommen werden wird«* (Lk 10,42). Es war die gleiche Maria, die ein Fläschchen mit Salböl im Wert eines Jahresgehaltes auf Jesu Haupt goss und von der er sagte: *»Sie hat ein gutes Werk an mir getan«* (Mk 14,6).

Wahre geistliche Leiterschaft beruht auf echter Hingabe und erfordert engste Gemeinschaft mit Gott. Wir können keine große Leitungsperson der Gemeinde nennen, die die persönliche Anbetung nicht zur obersten Priorität gemacht hat. Das finden wir im Leben von Luther, Bunyan, Edwards, Wesley, Müller, Lloyd-Jones und jedem anderen wahren geistlichen Leiter. Es gibt keine geistliche Leiterschaft ohne vollständige Hingabe.

Schon Oswald Sanders sagte: »Wer einen anderen demütigen will, sollte ihn nur über sein Gebet fragen.«[166] Ihr Männer, Ihr Leiter, wie würdet ihr darauf reagieren?

Großherzigkeit

Das nächste Mal wird Josua nicht so positiv beschrieben. In 4. Mose 11 lesen wir, dass er beunruhigende Nachrichten erhielt, während er Mose helfend zur Seite stand. Die beiden Ältesten Eldad und Medad weissagten im Lager Israels. Für Josua stellte das einen Angriff auf Moses Leitungsposition dar, da Mose Israels Prophet par excellence war. Erschrocken und voller Eifersucht für Mose ging er augenblicklich zu ihm. In völliger Überzeugung, dass Mose handeln würde, platzte es aus ihm heraus: *»Mein Herr, Mose, halte sie zurück!«* Mose jedoch erwiderte zur großen Überraschung Josuas: *»Eiferst du für mich? Bestünde doch das ganze Volk des HERRN aus Propheten, weil der HERR seinen Geist auf sie gelegt hat!«* (4Mo 11,28-29).

Das war eine Erfahrung, die Josua zum Umdenken brachte. Wäre er nicht durch Moses großherzige Erwiderung zurechtgewiesen worden, so hätte ihn sein »selbstloser« Eifer für Moses Ehre zu einem engstirnigen, kleinlichen Mann machen können, unfähig zur Leiterschaft. Wie sich herausstellte, hatte er die Lektion verstanden und äußerte diese kleinliche Haltung von nun an nicht mehr. Er wurde zu einer großherzigen Führungspersönlichkeit, die nur zur Ehre Gottes lebte.

Leider haben sich nicht alle Gemeindeleiter diese Lektion zu eigen gemacht. Im Jahr 1979 sagte John Claypool vom Predigerseminar in Yale, dass er dort das eifersüchtige Gerangel um Positionen miterlebt habe und dass das Leben im Gemeindedienst oftmals kaum anders sei. Diese traurige Feststellung erfolgte, nachdem er nationale Leiter-konferenzen besucht hatte, bei denen die Gespräche im Hotel entweder von Neid über eine erfolgreiche Leitungsperson geprägt waren oder kaum die Schadenfreude über die Fehlschläge anderer verbergen konnten.[167]

Wahre geistliche Leiterschaft kennt keines von beidem, wie das vielsagende Beispiel des großen Charles Simeon zeigt. Simeon, der zu Beginn des 19. Jahrhunderts Pastor der *Holy Trinity Church* in Cambridge war, wird die Etablierung des evangelikalen Zweiges der Kirche von England zugeschrieben. Das erreichte er durch seine großartige Leiterschaft, die sich aus seiner kraftvollen Persönlichkeit, seinen herrlichen Predigten, die 21 einflussreiche Bände füllten, und seinem persönlichen Jüngerschaftstraining mit einigen der größten Missionare und Gemeindeleiter zusammensetzte. Ein solcher Mann hätte der Versuchung erliegen können, Argwohn gegenüber denen zu hegen, die ihn hätten verdrängen können – beispielsweise gegenüber seinem Vikar Thomason, der an seiner Stelle predigte, als seine Gesundheit ihn verließ und Simeon acht Monate zur Erholung weg war. Thomason überraschte jeden durch seine rednerische Begabung, die mit der von Simeon mithalten konnte. Wie reagierte der große Mann darauf? Er freute sich! Wie seine Biografie mitteilt, verwies er sogar auf Johannes 3,30 (*»Er muss wachsen, ich aber abnehmen«*) und sagte zu einem Freund: »Jetzt erkenne ich, weshalb ich beiseitegesetzt wurde. Ich preise Gott dafür.«[168] Wahre geistliche Leiterschaft kennt keinen Geist, der sich selbst groß macht.

Zu dieser Wahrheit passt die Tatsache, dass Josua im *Pentateuch* mehrfach als der »Diener des Mose« bezeichnet wird. Manchmal kann »Diener« auch mit den Worten »Page«, »Helfer«, »Leutnant« oder »Ausführender« wiedergegeben werden, wobei die Bezeichnung immer den Gedanken von Unterordnung beinhaltet. Bezeichnend ist, dass Josua Moses Diener blieb, solange dieser lebte. Obwohl es schwierig ist, die zweite Geige zu spielen (viel schwerer als die erste), spielte Josua sie gut. Mehr noch, er war sogar ein meisterhafter zweiter Violinist.

Großherzige geistliche Führungspersönlichkeiten wie Josua können es ertragen, die Nummer zwei, drei, vier, fünf ... zu sein. Jesus, der wahre Josua, zeigte uns, wie das geht: *»Denn wer ist größer, der zu Tisch Liegende oder der Dienende? Nicht der zu Tisch Liegende? Ich aber bin in eurer Mitte wie der Dienende«* (Lk 22,27).

Geeignete geistliche Leiter sind großherzige, einander helfende »Josuas«, die jedem ihrer Mitmenschen dienen.

Glauben

Als Nächstes begegnet uns Josua in der wohlbekannten Begebenheit in 4. Mose 13 und 14, als das verheißene Land ausgekundschaftet werden sollte. Mose beauftragte zwölf Kundschafter (einen aus jedem Stamm), um das verheißene Land vor der Eroberung zu erkunden. Kaleb und Josua waren die Repräsentanten ihres jeweiligen Stammes (4Mo 13,6.8). Nach 40-tägiger heimlicher Erkundung kehrten die Späher zurück. Gemeinsam bestätigten sie, dass das Land reichen Ertrag verspreche (V. 23-24).

Zehn Kundschafter meinten jedoch, dass es nicht eingenommen werden könne, da die Städte gut befestigt und einige Bewohner des Landes Riesen seien (V. 28-29). Kaleb und Josua konterten: *»Und fürchtet doch nicht das Volk des Landes, denn unser Brot werden sie sein!«* (14,9).

Das Einzige, was Israel zu tun gehabt hätte – und darauf bestanden die beiden Männer –, war, das Land in Besitz zu nehmen (13,30; 14,9). Doch das Volk glaubte dem Bericht der Zehn und forderte sogar, Josua und Kaleb zu steinigen (14,1-10). Infolgedessen gerieten die Israeliten unter das Gericht Gottes und mussten noch 40 Jahre lang in der Wüste umherwandern (ein Jahr für jeden der 40 Tage der Erkundung des Landes), bis außer Josua und Kaleb niemand mehr am Leben war.

Für Josua war die Lektion sehr deutlich: Die Mehrheit hat nicht immer recht. In Wirklichkeit liegt sie sogar häufig falsch. Die Männer, die Gott gebrauchte, schwammen immer gegen den Strom – Luther, Knox, Fox, Wilberforce, Booth, Carey, Bonhoeffer. Wir haben es sehr nötig, uns daran zu erinnern. In unseren Tagen haben wir uns daran gewöhnt, dass die Wahrheit durch einen Mehrheitsentscheid festgelegt wird, die Gerechtigkeit durch eine Abstimmung. Das, was jeder tut, ist zu einer um sich greifenden Rechtfertigung für unser Verhalten geworden, und Jeffersons Befürchtungen bezüglich einer Tyrannei der Mehrheit sind bereits Realität. Geistliche Leiter schließen sich nicht unbedingt der Meinung der Mehrheit an.

Josua und Kaleb standen allein – ein weitverbreitetes Charakteristikum einer guten Führungspersönlichkeit. Doch die auffallendste Leitungsqualität, die wir durch ihre einsame Stellung ausmachen können, ist ein großer Glaube. Sie glaubten schlichtweg an den wunderbaren Gott, den Josua am Sinai von Weitem erblickt hatte. Für sie gab es keine Möglichkeit, die Furcht der anderen Kundschafter zu teilen. Wie konnten sie auch, wenn sie doch in Wahrheit an einen solch großen Gott glaubten?

Große geistliche Leiter haben ausnahmslos einen Glauben, der den ihrer Zeitgenossen überragt. Die Regel ihres Lebens lautet: »Durch Glauben, durch Glauben, durch Glauben ...« (vgl. Hebr 11).

Bedeutsamerweise änderte Mose Josuas ursprünglichen Namen Hosea *(Rettung)* bei dieser Gelegenheit in Josua *(der Herr ist Rettung)* (vgl. 4Mo 13,16). Das ist ein hoher Name für einen Leiter, denn Jesus ist die griechische Form von Josua. *»Du sollst seinen Namen Jesus nennen«*, sagte der Engel, *»denn er wird sein Volk retten von seinen Sünden«* (Mt 1,21).

Der Heilige Geist

Nach der 40-jährigen Wüstenwanderung war es in den Ebenen Moabs so weit, dass *»kein Mann von ihnen übrig geblieben war außer Kaleb, dem Sohn des Jefunne, und Josua, dem Sohn des Nun«* (4Mo 26,65). Damit war die Zeit für Josuas Beauftragung gekommen: *»Und der HERR sprach zu Mose: Nimm dir Josua, den Sohn des Nun, einen Mann, in dem der Geist ist, und lege deine Hand auf ihn! Und stelle ihn vor den Priester Eleasar und vor die ganze Gemeinde, und beauftrage ihn vor ihren Augen«* (4Mo 27,18-19). Diese Stelle macht deutlich, dass der Heilige Geist in Josua war. Er besaß somit die unentbehrliche Qualifikation eines geistlichen Leiters. J. Oswald Sanders schreibt: »Der Grundsatz ist, dass Gott die volle Verantwortung dafür übernimmt, dass er seinen Mann befähigt, jede Aufgabe durchzuführen, die er ihm aufgetragen hat.«[169] Das Neue Testament stimmt dem zu:

> *So seht euch nun um, Brüder, nach sieben Männern unter euch, von gutem Zeugnis, voll Geist und Weisheit, die wir über diese Aufgabe setzen wollen! Wir aber werden im Gebet und im Dienst des Wortes verharren. ... und sie erwählten Stephanus, einen Mann voll Glaubens und Heiligen Geistes.* (Apg 6,3-5)

Ohne das Erfülltsein mit dem Heiligen Geist gibt es keine geistliche Leiterschaft. Wir müssen vom Heiligen Geist erfüllt sein, wenn wir Leiterschaft in der Gemeinde anstreben. Praktisch bedeutet das, dass wir unsere Sünden bekennen, uns an Gottes Wort halten und uns beständig Gott unterwerfen müssen. Das Erkennungszeichen hierfür ist, dass das Leben Christi in uns überschäumt (Eph 5,17-20). Wenn wir im Geist leben und dienen, wird uns der Heilige Geist zu besonderen Aufgaben in der Gemeinde erwählen. Dazu können Leitungsaufgaben in allen möglichen Bereichen zählen, ob es nun das Aufstellen von Tischen oder die Verkündigung des Evangeliums ist.

Entbehrlichkeit

Im letzten Kapitel des *Pentateuch* finden wir Josua ein weiteres Mal – in 5. Mose 34,1-12, wo seine »Ausbildung« zur Leiterschaft durch Moses Tod abgeschlossen wird.

> *Und Mose stieg von den Steppen Moabs auf den Berg Nebo, den Gipfel des Pisga, der Jericho gegenüberliegt. Und der HERR ließ ihn das ganze Land sehen: das Land Gilead bis nach Dan und das ganze Land Naftali, das Land Ephraim und Manasse und das ganze Land Juda bis zum westlichen Meer und den Süden und den Umkreis des Jordan, die Steppe von Jericho, der Palmenstadt, bis hin nach Zoar. Und der HERR sprach zu ihm: Das ist das Land, das ich Abraham, Isaak und Jakob zugeschworen habe, indem ich sprach: Deinen Nachkommen werde ich es geben. Ich habe es dich mit deinen Augen sehen lassen, aber du sollst nicht nach dort hinübergehen. Und Mose, der Knecht des HERRN, starb dort im Land Moab nach dem Wort des HERRN. Und er begrub ihn im Tal, im Land Moab, Bet-Peor gegenüber; und niemand kennt sein Grab bis auf diesen Tag. Mose aber war 120 Jahre alt, als er starb. Sein Auge war nicht trübe geworden und seine Frische nicht geschwunden. Und die Söhne Israel beweinten Mose in den Steppen von Moab dreißig Tage lang; dann waren die Tage des Weinens der Trauer um Mose zu Ende. Josua aber, der Sohn des Nun, war erfüllt mit dem Geist der Weisheit; denn Mose hatte seine Hände auf ihn gelegt. Und die Söhne Israel gehorchten ihm und taten, wie der HERR dem Mose geboten hatte. Und es stand in Israel kein Prophet mehr auf wie Mose, den der HERR gekannt hätte von Angesicht zu Angesicht, mit all den Zeichen und Wundern, mit denen der HERR ihn gesandt hatte, sie im Land Ägypten, am Pharao und an all seinen Knechten und an seinem ganzen Land zu tun, und mit all der starken Macht und mit all dem Großen und Furchtbaren, das Mose vor den Augen von ganz Israel getan hat.*

Mose war der größte geistliche Leiter, den Israel je hatte – weitaus größer als Josua. Der Übergang von Mose zu Josua war wie der Wechsel von Poesie zu Prosa. Dennoch hatte Gott Mose nicht nötig. *Selbst Mose war entbehrlich!*

Das ist eine Wahrheit, die für jeden Leiter schwer zu begreifen ist: Gott benötigt uns nicht. Er hat einen Esel zur Verkündigung seines Wortes verwendet! Er ist vollkommen fähig, seine Pläne ohne unsere Leiterschaft auszuführen. Aber Wunder aller Wunder, Freude aller

Freuden – er hat sich entschieden, uns zu gebrauchen! Wir müssen unsere Berufung zur Leiterschaft ernst nehmen. Wir dürfen uns des Werkes rühmen, jedoch niemals unserer selbst.

Natürlich beinhaltet Leiterschaft noch viel mehr Elemente als die sieben Eigenschaften, die wir aus dem Leben Josuas herausgegriffen haben. Doch eines ist sicher: Leiterschaft muss eine Vision, ein geistiges Bild, ein präzises Ziel haben. Eine geistliche Schau ist die Währung der Leiterschaft. Eine klare Vision für das zu erreichende Ziel muss den Leiter ergreifen – wenn das der Fall ist, werden andere mitgezogen. Die Herausforderung an einen Leiter ist heute so groß, weil der moderne Mensch keine Träume mehr hat.

Als Nächstes muss ein Leiter in der Lage sein, diese Vision zu vermitteln. Das trifft ebenso auf Künstler zu, Pädagogen, militärische Führer und Inhaber von FastFood-Ketten. Eine große Führungspersönlichkeit vermittelt ihre Botschaft mit Klarheit – ganz gleich, ob durch Rede, Metapher, Diagramm oder anhand eines Modells.

Gute Führungspersönlichkeiten delegieren und organisieren. Sie sammeln kompetente Leute um sich. Sie erreichen Übereinstimmung. Und sie bauen die Menschen auf, mit denen sie arbeiten.

Gute Leiter führen durch ihr eigenes Beispiel. Sie ziehen die Leute mit, anstatt sie anzuschieben. General Eisenhower pflegte die Kunst des Führens auf einfache, aber wirkungsvolle Weise zu demonstrieren. Er pflegte einen einzelnen Bindfaden auf den Tisch zu legen und zu sagen: »Ziehe an diesem Faden und er folgt dir, wohin du willst; schiebe ihn, und es passiert nichts.«

Gute Leiter sind entschlossen. Jemand gab die Worte von Calvin Coolidge auf folgende Weise wieder:

Nichts in der Welt kann an die Stelle von Beharrlichkeit treten.
Begabung allein schafft es nicht;
Nichts trifft man häufiger als erfolglose Männer mit großem Talent.
Das Genie allein schafft es nicht;
Ein unerkanntes Genie ist geradezu sprichwörtlich.
Auch Bildung allein schafft es nicht;
Die Welt ist voll von gebildeten Obdachlosen.
Beharrlichkeit und Entschlossenheit – diese allein sind allmächtig.

Wenn wir gute Leiter sein wollen, müssen wir diese einfache Weisheit erkennen und uns zu eigen machen: *Vision, Vermittlung, Delegation* und

Organisation, Beispiel und *Entschlossenheit.* Wir schätzen und empfehlen das alles, aber wir müssen es auch in die Tat umsetzen.

Darüber hinaus beinhaltet der Ruf zu geistlicher Leiterschaft natürlich noch viel mehr, denn die sieben Eigenschaften, die in Josuas »Ausbildung« zum Leiter erkennbar sind, finden in keinem Manager-Handbuch der Welt eine exakte Parallele – erst recht nicht in dieser Konzentration. Wenn man sie als Disziplinen geistlicher Leiterschaft versteht, wird ihre gebündelte Energie uns zur richtigen Ausübung einer weisen Leiterschaft befähigen. Anders ausgedrückt: Die übernatürliche Weisheit geistlicher Leiterschaft wird unserer menschlichen Weisheit, die wir empfangen haben, Antrieb geben und sie aufwerten – das führt uns zu einer dynamischen Leiterschaft.

Reife männliche Leiterschaft in der Gemeinde ist Mangelware. Sind Sie Teil dieses Problems oder die Lösung dafür? Seien Sie ehrlich vor sich selbst und vor Gott! Ihr Männer, Josuas Vorbereitung auf seine Leiterschaft gibt uns zu verstehen, dass wir viel Arbeit vor uns haben, wenn wir unsere Führungsqualitäten ernsthaft verbessern wollen:

- Die Verpflichtung zu fürbittendem *Gebet* und dessen Ausübung,
- Das Streben nach einer großen und wachsenden *Erkenntnis* Gottes,
- Die zunehmende *Anbetung* Gottes und die *Hingabe* an ihn,
- Ein weites *Herz*, das die Erbauung anderer bewirkt,
- Ein *Glaube*, der die Zweifel anderer übersteigt,
- Ein befreiendes Verständnis und die Annahme der eigenen *Entbehrlichkeit.*

Das Beispiel von Josuas Vorbereitung fordert uns zur Anstrengung auf – zu heiliger Schwerstarbeit.

Erhebt euch, o Männer Gottes!
Die Gemeinde wartet auf euch.
Sie ist schwach, die Last zu schwer,
darum steht auf und macht groß das Reich![170]

Denkanstöße

- In welchem Verhältnis stehen bei Ihnen Leiterschaft – zu Hause, am Arbeitsplatz oder in der Gemeinde – und Gebet? Seien Sie ehrlich und konkret!
- »Es gibt keine geistliche Leiterschaft ohne vollständige Hingabe« (S. 203). Stimmen Sie dieser Aussage zu oder sind Sie anderer Meinung? Wie macht sich das in Ihrem Leben bemerkbar?
- Auf welche Weise hindert Sie Neid daran, als Leiter effektiver zu sein? Welche Leiter beneiden Sie zu Unrecht? Welche Aspekte aus deren Leben, Dienst oder Arbeit erstreben Sie?
- Wo möchte Gott, dass Sie größeren Glauben zeigen? Hinsichtlich welcher Angelegenheiten oder Probleme? Warum kommen Sie dem nicht nach?
- Welche Charaktereigenschaften eines Leiters werden in Apostelgeschichte 6,3-5 in Bezug auf Stephanus erwähnt? Kommen sie in Ihrem Leben als Vater, Chef oder Gemeindeleiter zur Geltung? Was können Sie tun, damit Gott diese Eigenschaften bei Ihnen weiterentwickeln kann?
- Was bedeutet das Wissen um die eigene Entbehrlichkeit für Leiterschaft? Wenden Sie es in Ihrer eigenen Leitungsrolle an? Welche Schritte sollten Sie dafür unternehmen?

Anwendung / Konsequenz

Welchen Punkt hat Gott bei Ihnen in diesem Kapitel am konkretesten angesprochen? Sprechen Sie jetzt gleich mit ihm darüber!

Zum Nachdenken

Überdenken Sie noch einmal das Leben Josuas, wie es die zitierten Bibelstellen dieses Kapitels beschreiben. Notieren Sie die Aspekte seiner Arbeit, die Ihnen persönlich etwas bedeuten, und fragen Sie sich anschließend, weshalb diese Sie bewegen. Führen Sie auch die Prinzipien auf, die momentan die Schwachstellen in Ihrer Leiterschaft bilden und was Sie tun können, um in diesen Bereichen zu wachsen.

16

Freigebigkeit

Im Jahr 1923 fand ein äußerst bezeichnendes Treffen im *Redgewater Beach Hotel* in Chicago statt. Dort kamen neun der erfolgreichsten Finanziers der Welt zusammen. Anwesend waren der Präsident der größten unabhängigen Stahlproduktionsgesellschaft, der Präsident des größten Versorgungsbetriebes, der Präsident der größten Benzingesellschaft, der größte Weizen-Spekulant, der Präsident der New Yorker Börse, ein Mitglied der amerikanischen Regierung, der höchste Funktionsträger der *Wall Street*, der Chef des weltweit größten Industrie-Monopols und schließlich der Präsident der *Bank of International Settlements.* Wenn es je eine Spitzengruppe gab, die sehr viel Einfluss hatte, dann war es diese. Diese Männer waren die obersten Herren der Finanzwelt!

Betrachten wir diese Männer 25 Jahre später, 1948. Charles Schwab war längst in Konkurs gegangen und fristete die letzten fünf Jahre seines Daseins von geliehenem Geld. Samuel Insull starb als von der Polizei Gesuchter im Ausland ohne einen Pfennig. Howard Hopson war geisteskrank. Arthur Critten starb zahlungsunfähig im Ausland. Richard Whitney war gerade aus dem Gefängnis entlassen worden. Albert Fall wurde begnadigt, um zu Hause sterben zu können. Jesse Livermore verübte Selbstmord ebenso wie Leon Fraser und Ivar Kreuger. Alle diese Männer, die Herren des Geldes, waren Sklaven ihres Reichtums, der sie betrogen hatte!

Die ungewöhnliche Parallelität ihrer Lebensläufe mit dem teuflischen Strudel, in den sie gerieten, ist eine deutliche Warnung. Gott setzte das Leben dieser Finanzriesen als Mahnmal, als erschütterndes Zeugnis für eine Nation, die sich bedingungslos in den Materialismus stürzte. Heute ist die Erinnerung an sie verblasst, und inzwischen gibt es eine neue Galerie solch verlorener Existenzen.

Trotzdem nahmen nur wenige ernsthaft Notiz von dieser Warnung. Vielleicht liegt der Grund darin, dass die meisten – und besonders die Christen – nicht so sehr nach der Leitungsposition eines Weltmonopols streben oder der vulgären Zurschaustellung der Lebensweise der Reichen und Berühmten nacheifern. Stattdessen gibt man sich mit einem weniger belastenden Maß an Wohlstand zufrieden. Dabei lässt man aber außer Acht, dass die persönlichen Gefahren dieselben sind wie bei den Super-Reichen: die wachsende Illusion, diese Welt sei alles, man werde eines Tages zufrieden sein, eine »Familie zu unterhalten« bedeute, ihr immer mehr zu bieten, Beziehungen würden durch Wohlstand bereichert und man werde dadurch zu einem besseren Menschen.

Es ist jedoch eine unveränderliche Wahrheit, dass der Wohlstand beträchtliche Gefahren für alle mit sich bringt, und besonders für die Christen, denen es in der heutigen Zeit zunehmend besser geht. Doch was können wir tun, um der Macht des Materialismus zu entkommen? Sich aus dieser vom Konkurrenzdenken geprägten Welt zurückziehen? Die *Wall Street* verlassen? Mit Geldgeschäften verbundene Berufe meiden? Sich einer Aussteiger-Gruppe anschließen? Einige glauben das, trotz der klaren Warnungen Christi vor Isolation von der Umwelt.

Es gibt einen besseren Weg, der Gottes Wort wiederholt gelehrt wird. Die Bibel bezeichnet ihn sogar als eine Gnade – die *Gnade des Gebens.*

Die deutlichste Aussage zu diesem Thema finden wir in 2. Korinther 8, wo der Apostel Paulus die dortige Gemeinde in vorbildlicher Weise über das Geben belehrt, indem er das wunderschöne Beispiel der Gabe der mazedonischen Gemeinden anführt. Er beginnt wie folgt: *»Wir tun euch aber, Brüder, die Gnade Gottes [gemeint ist die Gnade des Gebens] kund, die in den Gemeinden Mazedoniens gegeben worden ist«* (V. 1). Für Paulus bedeutet das Geben eine solche Gnade, dass er das griechische Wort *charis* in dem kurzen Abschnitt von 2. Korinther 8,1-9 fünfmal verwendet (V. 1.4.6.7.9). Wie wir noch sehen werden, ist das Geben von Anfang bis Ende eine Angelegenheit der Gnade.

Das Geben aus Gnade in der Geschichte Israels

Um Paulus' dynamische Lehre vom Geben aus Gnade richtig zu verstehen, müssen wir uns die frühen biblischen Anordnungen für das Volk Israel in Erinnerung rufen. Es bestehen heute einige Meinungsverschiedenheiten über das, was Gott im Alten Testament an Abgaben von seinem Volk erwartete. Die meisten meinen, es seien zehn Prozent gewesen, was leider eine irrtümliche Annahme ist. In Israel bestanden mehrere Ansprüche auf obligatorische Abgaben, die beträchtlich mehr als das umfassten.

Der Zehnte des Herrn

Den bekannten Zehnten bezeichnete man als den *»Zehnten des Herrn«* (in 4. Mose 18,21-29 finden wir ihn als den Zehnten der Leviten, da er ihren Priesterdienst unterstützen sollte). 3. Mose 27,30 sagt: *»Und der ganze Zehnte des Landes, vom Samen des Landes, von der Frucht der Bäume, gehört dem HERRN; es ist dem HERRN heilig.«* Das bedeutet, dass der zehnte Teil der Ernteerträge und des Viehs den Leviten gegeben wurde. Kein Israelit hatte darauf einen eigenen Rechtsanspruch. Jemand, der den zehnten Teil nicht abgab, beraubte Gott. Darauf bezieht sich Maleachi 3,8: *»Darf ein Mensch Gott berauben? Ja, ihr beraubt mich! – Ihr aber sagt: ›Worin haben wir dich beraubt?‹ Im Zehnten und im Hebopfer.«*

Der Zehnte zum Fest

Zusätzlich zu diesen anfänglichen zehn Prozent gab es einen weiteren Zehnten, der als der »festliche« Zehnte bezeichnet wurde. Laut 5. Mose 12,10-11.17-18 wurde dieser Zehnte eingesetzt, als Israel das verheißene Land eroberte, weshalb weitere zehn Prozent für ein jährliches Fest abgegeben werden mussten – ein Fest mit Familien, Freunden und Dienern. Während der Zehnte des Herrn die Sicherstellung des Dienstes zum Ziel hatte, war der Zehnte zum Fest für die Errichtung religiöser Gedenkfeiern und die Gemeinschaft unter dem Volk Gottes gedacht. Die beiden Zehnten zusammengenommen umfassten wirtschaftlich gesehen eine beträchtliche Summe – vorgeschriebene 20 Prozent.

Der Zehnte für die Armen

Doch das war immer noch nicht alles, denn 5. Mose 14,28-29 ordnet einen dritten Zehnten an, den Zehnten für die Armen:

> *Am Ende von drei Jahren sollst du den ganzen Zehnten deines Ertrages von jenem Jahr aussondern und ihn in deinen Toren niederlegen. Und der Levit – denn er hat keinen Anteil noch Erbe mit dir – und der Fremde und die Waise und die Witwe, die in deinen Toren wohnen, sollen kommen und essen und sich sättigen, damit der HERR, dein Gott, dich in allem Werk deiner Hand, das du tust, segnet.*

Das diente dem sozialen Wohl derer, die nicht für sich selbst sorgen konnten. Da diese Abgabe zehn Prozent in jedem dritten Jahr betrug, ergeben sich daraus 3,3 Prozent pro Jahr, wodurch wir insgesamt auf mehr als 23 Prozent kommen.

Diese drei obligatorischen Abgaben kamen der Priesterschaft, einem Fest für das Volk und den Armen zugute. Genug, könnten wir meinen. Aber 3. Mose 19,9-10 befiehlt sogar noch mehr. Das Volk wurde angehalten, die Ränder ihrer Felder nicht vollständig abzuernten und die Nachlese ihrer Weinberge sowie das Auflesen der abgefallenen Beeren zu unterlassen, um sie den Armen zur Verfügung zu stellen. Zusätzlich dazu gab es von Zeit zu Zeit weitere Abgaben, wie zum Beispiel die Entrichtung eines Drittels vom Schekel pro Jahr, den sie für die Opfergaben im Tempel zu geben hatten (Neh 10,33-34). Zusammengerechnet ergibt das ein Minimum von 25 Prozent jährlich, das Gottes Volk abgeben musste.

Das Geben aus Gnade

Man könnte meinen, dass 25 Prozent nun aber wirklich das Äußerste waren. Doch an diesem Punkt begann das Geben von Herzen – *das Geben aus Gnade* oder die gesetzlich nicht geforderten Opfer. Es gab die *Opfergabe der Erstlingsfrucht*, die ein Israelit Gott aus Liebe von den Erstlingen seiner Ernte oder seines Viehs bringen konnte (4Mo 18,11-13). Das Schöne daran war, dass er dies tat, bevor er den Rest seiner Ernte einfuhr, also ohne dass er den Gesamtertrag kannte. Er gab Gott das Beste und vertraute darauf, dass Gott ihn mit dem Nötigen versorgen würde. Es war ein absolut freiwilliges Geben im Glauben.

Es gab auch die *freiwilligen Opfergaben*, Opfergaben, nach denen Gott verlangte, als er Mose den Auftrag zum Bau des Heiligtums gab: »*Rede zu den Söhnen Israel und sage ihnen, sie sollen ein Hebopfer für mich nehmen! Von jedem, dessen Herz ihn antreibt, sollt ihr mein Hebopfer nehmen*« (2Mo 25,2). Wie das Opfer auszusehen hatte, wurde nicht näher beschrieben, außer dass es freiwillig sein und von Herzen kommen sollte. Die Reaktion des Volkes war so überwältigend, dass Mose die Israeliten sogar bremsen musste (2Mo 36,2-7).

Das Geben eines Herzens, das vor Gottes Gnade überfließt, war sowohl vor als auch nach dem Kommen Christi das Ideal des Volkes Gottes – dabei spielt es keine Rolle, ob es vorgeschriebene oder freiwillige Abgaben sind oder waren. Wenn das Herz von dem durch Gnade bewirkten Geben überfließt, erhält Gott einen beträchtlichen Anteil am Einkommen des Gebenden.[171]

Das Geben aus Gnade im Neuen Testament

Wie wir bereits bemerkt haben, begann Paulus seine Rede über das Geben aus Gnade, indem er das Beispiel der erstaunlichen Gabe der verarmten Mazedonier hochhielt: »*Wir tun euch aber, Brüder, die Gnade Gottes kund, die in den Gemeinden Mazedoniens gegeben worden ist, dass bei großer Bewährung in Bedrängnis sich der Überschwang ihrer Freude und ihre tiefe Armut als überreich erwiesen haben in dem Reichtum ihrer Aufrichtigkeit im Geben*« (2Kor 8,1-2).

Das Wort, das hier für »*tiefe Armut*« gebraucht wird, ist das griechische *bathos*, das wir auch in dem Begriff Bathysphäre – tiefste Tiefe des Ozeans – wiederfinden, ein Wort, das Jacques Costeau bei seinen Tauchfahrten in die Tiefen des Ozeans verwendete. Der große Griechisch-Gelehrte Alfred Plummer übersetzte es mit »ihre bis in die Tiefe reichende Armut«.[172] Die Mazedonier waren mit ihren Mitteln am Ende angelangt; sie waren wirklich arm.

Heute hält man sich schon für arm, wenn man es sich gut überlegen muss, ob man zum Essen ausgeht. Unser Handeln besteht im Zücken der Kreditkarte – mit dem Geld, das wir nicht haben, kaufen wir Dinge, die wir nicht brauchen, um Menschen zu beeindrucken, die wir nicht mögen. Aber bei den mazedonischen Christen war das anders.

Nicht nur, dass sie vollkommen arm waren, sie befanden sich zudem »*in Bedrängnis*« (V. 2). Damit ist gemeint, dass sie von den Schwierigkeiten in ihrem Leben eingeengt wurden. Ihr gesellschaftliches Umfeld lehnte sie ab und bedrängte sie zunehmend wegen ihrer Hingabe an Christus. Sie befanden sich in einem anhaltenden Druckkessel. Ihre Lage war unerträglich: drückende Armut und schwere Prüfungen. Daraus erwuchs jedoch eine erstaunliche Gnade, und in ihrer großen Armut und den schweren Prüfungen erfüllte sie eine überfließende Freude, die »*in den Reichtum ihrer Aufrichtigkeit im Geben*« mündete. Gemeint war die *Gnade des Gebens*.

Das ist wirklich erstaunlich. Wenn es jemandem schwer fällt, das zu glauben, so möge er sich Paulus' weitere Erklärungen in den Versen 3 und 4 anhören: »*Denn nach Vermögen, ich bezeuge es, und über Vermögen waren sie aus eigenem Antrieb willig und baten uns mit vielem Zureden um die Gnade und die Beteiligung am Dienst für die Heiligen.*« Sie gaben »*über* [wörtlich: entgegen] *Vermögen*«. Darüber staunte Chrysostomus, als er sagte: »Sie baten Paulus und nicht umgekehrt: ›Zeig' Herz, Paulus! Beschränke uns nicht!‹«

Die *Gnade des Gebens* hat nichts damit zu tun, dass man materiell gut gestellt ist. Sie wird nicht durch die Möglichkeiten des Gebens bestimmt. Sie besteht in der Bereitschaft zu geben. Geben wird als Privileg angesehen. Sie ist der freudige Enthusiasmus und die Suche nach der Gelegenheit, mehr zu geben.

Wodurch wird ein solches Geben noch hervorgerufen? Paulus liefert uns die Antwort in Vers 5, wo er den vertikalen und den horizontalen Aspekt der Spendenaktion der Mazedonier miteinander in Verbindung bringt: *»Und nicht nur so, wie wir hofften, sondern sie gaben sich selbst zuerst dem Herrn und dann uns durch Gottes Willen.«* Ihre bemerkenswerte Gabe resultierte daraus, dass sie sich zuerst Gott gaben. Es ist ganz einfach: Wenn man alles, was man besitzt, Gott gegeben hat, wird die Freigebigkeit zum selbstverständlichen Charakterzug unseres Wesens.

Es ist leicht, einen Teil abzugeben, nachdem man bereits das Ganze geopfert hat. Das zeigte sich im Leben des jungen Norwegers Peter Torjesen, als er im Alter von 17 Jahren entschlossen war, Geld für die Missionsarbeit zu geben. So sehr entschlossen, dass er seine Brieftasche öffnete und den gesamten Inhalt in den Kollektenbeutel ausschüttete. Nachträglich warf er noch ein Stück Papier hinein mit der Aufschrift: »Und auch mein Leben«.[173] Bezeichnenderweise führte der junge Torjesen später ein fruchtbringendes Leben als Missionar in China.

Die Mazedonier handelten in der rechten Weise: Zuerst gaben sie ihre Herzen Gott, dann gaben sie sich selbst ihren Mitgläubigen, was wiederum zur Folge hatte, dass sie das, was sie hatten, für das Werk Christi gaben. So muss das Geben aus Gnade beginnen – indem wir uns Gott vollkommen ausliefern. Ohne diese Voraussetzung gibt es kein Geben aus Gnade (vgl. Röm 12,1).

Die Auswirkung des Gebens aus Gnade

Das leuchtende Beispiel der mazedonischen Gabe wurde vom Apostel hochgehalten, um die Gemeinde in Korinth zu überführen und zu motivieren. Paulus ließ keinen Zweifel darüber, was er sich davon erhoffte: *»...sodass wir Titus zugeredet haben, er möge bei euch ebenfalls dieses Gnadenwerk auch so vollenden, wie er es früher angefangen hatte. Aber so wie ihr in allem überreich seid: in Glauben und Wort und Erkenntnis und allem Eifer und der Liebe, die von uns in euch geweckt ist, so sollt ihr auch in diesem Gnadenwerk überströmend sein«* (V. 6-7).

Die Korinther waren eine Gemeinde, die mit allen Gaben ausgestattet war. Sie zeichneten sich durch viele lobenswerte Dinge aus, ausgenommen das Geben. Paulus wusste, dass sie, bevor sie nicht die Gnade des Gebens erfahren hatten, trotz all ihrer Vorzüge niemals zu dem würden, was sie sein konnten und sollten. Denn eine geistliche Tatsache bleibt bestehen: Es gibt keine Möglichkeit, zu geistlicher Reife zu gelangen, ohne dem Herrn seine Gaben zu bringen. *Es ist zwar denkbar, Gott unser Geld zu geben, ohne dass wir ihm zuvor unsere Herzen ausgeliefert haben, aber es ist unmöglich, dass er unsere Herzen besitzt, nicht aber unser ganzes Geld.* Jesus sagte: »*Denn wo dein Schatz ist, da wird auch dein Herz sein*« (Mt 6,21).

Das warnende Beispiel der gefallenen *Wall-Street*-Giganten ist nicht das Einzige, das uns die Gefahren des Geldes vor Augen hält. Das ganze Neue Testament ist mit wiederholten Warnungen gefüllt, von denen viele direkt aus dem Mund Jesu stammen. Nachdem sich der reiche Jüngling abgewandt hatte, weil Jesus von ihm verlangt hattee, alles zu verkaufen, sagte er zu seinen Jüngern: »*Es ist leichter, dass ein Kamel durch das Öhr der Nadel geht, als dass ein Reicher in das Reich Gottes hineinkommt*« (Mk 10,25). Er meinte damit, dass es für einen Mann, der auf seinen Reichtum vertraut, unmöglich ist, in den Himmel zu kommen. Gut, dass er am Schluss noch hinzufügte: »*Bei Menschen ist es unmöglich* [errettet zu werden, vgl. V. 26], *aber nicht bei Gott; denn bei Gott sind alle Dinge möglich*« (V. 27).

Tatsächlich stellte Jesus den Reichtum immer als ein Hindernis für den Glauben dar, sofern sich der Mensch auf ihn anstatt auf Gott verlässt. Am Ende der Bergpredigt gibt er die Anweisung: »*Sammelt euch nicht Schätze auf der Erde, wo Motte und Fraß zerstören und wo Diebe durchgraben und stehlen; sammelt euch aber Schätze im Himmel, wo weder Motte noch Fraß zerstören und wo Diebe nicht durchgraben noch stehlen!*« (Mt 6,19). Und etwas später warnt er: »*Niemand kann zwei Herren dienen; denn entweder wird er den einen hassen und den anderen lieben, oder er wird einem anhängen und den anderen verachten. Ihr könnt nicht Gott dienen und dem Mammon*« (Mt 6,24).

Zu einem Mann, der sich nach einem Erbe ausstreckte, sagte Jesus: »*Seht zu und hütet euch vor aller Habsucht! Denn auch wenn jemand Überfluss hat, besteht sein Leben nicht aus seiner Habe*« (Lk 12,15). Anschließend erzählte er das Gleichnis von dem reichen Mann, der größere Scheunen errichtete, nur um in der darauffolgenden Nacht zu sterben. Jesus beendete diese Geschichte mit der ernsten Ankündigung: »*So ist, der für sich Schätze sammelt und nicht reich ist im Blick auf Gott*« (V. 21).

Männer, *»reich ... im Blick auf Gott«* sind diejenigen, die nicht nur sich selbst geben, sondern auch ihr Vermögen – und sich auf diese Weise Schätze im Himmel sammeln. Der Schlüssel zur Befreiung von der Macht des Materialismus liegt nicht in der Flucht aus der Gesellschaft – nicht darin, dass man die *Wall Street* verlässt oder den Wohlstand im Land anderen überlässt –, sondern in der *Gnade des Gebens.*

Das *Geben aus Gnade* geht über den Zehnten hinaus – bis zur Schmerzgrenze. Es wirkt sich auf den Lebensstil eines Menschen aus. Es gibt Dinge, die man nicht haben kann, auf die man verzichten muss, wenn man aus Gnade gibt. C. S. Lewis bemerkte dazu:

> Wenn wir für unseren Komfort, für Luxusgegenstände und Vergnügungen ebensoviel wie andere Menschen mit der gleichen Einkommensklasse ausgeben, so tun wir vermutlich zu wenig für die Armen. Eine Wohltätigkeit, die uns nicht ein bisschen zwackt oder uns lästig wird, ist keine rechte Wohltätigkeit. Es sollte Dinge geben, die wir uns gerne leisten würden, die sich aber verbieten, weil wir unser Geld für wohltätige Zwecke ausgeben.[174]

Geber vor Gott machen die Macht des Geldes zunichte. Sie laden die Gnade Gottes ein, sie zu durchströmen.

Es ist möglich, dass Sie in Ihrer geistlichen Entwicklung einen Punkt erreicht haben, an dem Sie nicht weiterkommen und darüber erstaunt sind. Immerhin gehen Sie regelmäßig zur Gemeinde, genießen die Gemeinschaft der Christen, beten und lesen täglich in der Bibel. Das Problem könnte sein, dass Sie nichts von Ihrem Vermögen weggeben – dass Sie Gott diesen Bereich einfach noch nicht ausgeliefert haben. Wenn das so ist, dann benötigen Sie die Gnade des Gebens: das Geben der Erstlinge, was bedeutet, Gott im Voraus das Beste zu geben und ihm zu vertrauen, dass er für den Rest sorgt; freudiges *Geben aus freiem Willen,* wie die Israeliten es taten, bis Mose ihnen Einhalt gebot; das Geben aus Gnade der Mazedonier, deren Großzügigkeit überströmte, als sie um die Gelegenheit baten, mehr geben zu dürfen.

Der Apostel hat sein Argument überzeugend angebracht, aber er steigert es noch mit einer nicht zu übertreffenden Illustration: *»Denn ihr kennt die Gnade unseres Herrn Jesus Christus, dass er, da er reich war, um euretwillen arm wurde, damit ihr durch seine Armut reich wurdet«* (2Kor 8,9). Obwohl Jesus über jeden Stern verfügt, entäußerte er sich selbst und wurde für uns ein mittelloser, irdischer Diener. Das ist das himmlische

»Verwaltungsprogramm« und ein Vorbild für uns. Die Korinther wurden nicht durch Furcht oder durch einige aufsehenerregende Spendenaufrufe zum Geben veranlasst. Stattdessen wurde ihnen das höchste Vorbild des Gebens vorgestellt – *»die Gnade unseres Herrn Jesus Christus«* –, das die *Gnade des Gebens* in ihrem Leben hervorbrachte. Der Grund war einzig und allein Jesus.

Disziplin zum Geben

Wir müssen verstehen, dass die Gnade Gottes in unserem Leben Disziplin verlangt. Deshalb sagt der große Apostel der Gnade: *»Übe dich aber zur Gottesfurcht«* (1Tim 4,7). Auch bezüglich der *Gnade des Gebens* ist Disziplin notwendig.

Unsere Einstellung zum Geben

Bevor wir irgendeine äußerliche Disziplin ansprechen, müssen wir ein klares Verständnis vom Geben besitzen.

Erstens müssen Sie bedenken, dass Geben kein Verdienst ist, der Ihnen eine bessere Stellung vor Gott einbringt. Auch erhebt das Geben Sie nicht über andere Christen.

Zweitens dürfen Sie nicht vergessen, dass das Geben, obwohl es Ihnen keine Gunst bei Gott verschafft, dennoch Segen mit sich bringt! Jesus sagt: *»Gebt, und es wird euch gegeben werden: ein gutes, gedrücktes und gerütteltes und überlaufendes Maß wird man in euren Schoß geben; denn mit demselben Maß, mit dem ihr messt, wird euch wieder gemessen werden«* (Lk 6,38). Damit übereinstimmend schreibt Paulus: *»Dies aber sage ich: Wer sparsam sät, wird auch sparsam ernten, und wer segensreich sät, wird auch segensreich ernten«* (2Kor 9,6).

Zugegeben, diese Segnungen sind im Wesentlichen geistlicher Natur. Aber was würden Sie bevorzugen – einen geistlichen Segen oder ein dickeres Bankkonto – innere Zufriedenheit oder eine neue Jacht?

Drittens müssen Sie im Auge behalten, dass sich das gottgefällige Geben durch Großzügigkeit und Opferbereitschaft auszeichnet. Wie wir zuvor festgestellt haben, gaben die Mazedonier aus ihrer tiefen Armut heraus. Ebenso können wir aus den Worten Jesu an die arme Witwe Nutzen ziehen, die nur ein Bruchteil dessen gab, was wir in der Lage wären zu geben: *»Wahrlich, ich sage euch: Diese arme Witwe hat mehr eingelegt als alle, die in den Schatzkasten eingelegt haben«* (Mk 12,43).

Viertens ist es erforderlich, zu verstehen, dass die Höhe Ihrer Gaben zwischen Ihnen und Gott festgelegt werden muss. Ihre Gabe sollte nicht das Ergebnis einer flüchtigen oder leichtfertigen Entscheidung sein, sondern unter ernsthaftem Gebet geschehen. Fragen Sie Gott, was er von Ihnen möchte!

Bewusste Entscheidung

Nachdem wir uns mit unserer inneren *Einstellung* befasst haben, ist der Weg frei zur tatsächlichen *Handlung* des Gebens.

Zunächst möchte ich erwähnen, dass das Geben eine Begleiterscheinung unserer völligen Hingabe an den Herrn ist, so wie es bei den Mazedoniern war, die *»sich selbst zuerst dem Herrn«* gaben (2Kor 8,5). Das sollte im Stillen geschehen, damit diesem besonderen Akt des Gottesdienstes niemand zusieht. Denn die Hingabe an Gott ist tatsächlich Gottesdienst (Röm 12,1). Zweitens ist es sehr zu empfehlen – gerade in Anbetracht der umfangreichen Forderungen von Abgaben beim Volk Israel –, dass jeder wenigstens zehn Prozent als minimalen Ausgangspunkt ansehen sollte. Im Fall der Mazedonier muss der Anteil weit mehr als zehn Prozent betragen haben, denn diese Summe hätte bei ihrer tiefen Armut (2Kor 8,2) niemandem geholfen.

Drittens sollten Sie regelmäßig geben. Zu einer anderen Gelegenheit unterwies Paulus die Korinther: *»An jedem ersten Tag der Woche lege ein jeder von euch bei sich zurück und sammle an, je nachdem er Gedeihen hat, damit nicht erst dann, wenn ich komme, Sammlungen geschehen«* (1Kor 16,2). Der Apostel wusste, dass regelmäßiges systematisches Geben den Leuten helfen würde, ihren regulären Verpflichtungen und dringenden Nöten gerecht zu werden.

Viertens müssen Sie mit dem Geben sofort anfangen. Es ist eine natürliche Neigung, das Geben so lange hinauszuzögern, bis man sich dazu in der Lage sieht. Eine solche Denkweise hält viele davon ab, überhaupt jemals zu geben. Ein Prediger besuchte einst einen Farmer und fragte ihn:

> »Wenn du 200 Dollar hättest, würdest du dann 100 Dollar dem Herrn geben?«
>
> »Ja, das würde ich.«
>
> »Wenn du zwei Kühe hättest, würdest du dann eine dem Herrn zur Verfügung stellen?«

»Sicherlich.«

»Wenn du zwei Schweine hättest, würdest du eines dann für den Herrn bereithalten?«

Da sagte der Farmer: »Das ist aber jetzt nicht fair! Du weißt doch, dass ich zwei Schweine habe.«[175]

Das Geben sollte nicht nur regelmäßig geschehen, sondern auch spontan entsprechend der jeweiligen Notlage erfolgen, so wie bei den Mazedoniern oder bei Maria aus Bethanien, die ihr Erspartes bei der Salbung Jesu reichlich ausgoss.

Der erhabene Himmel weist die Gaben zurück,
die so fein berechnet sind, ob weniger, ob mehr.[176]

Schließlich sollte Ihr Geben von Freude geprägt sein – *»denn einen fröhlichen Geber liebt Gott«* (2Kor 9,7). Das Wort »fröhlich« kann vom griechischen *hilaros* auch mit »gebefreudig« oder »hilfsbereit« übersetzt werden und lässt an einen Menschen denken, der sich »über alle Schranken hinwegsetzt«.

Das Geben ist eine gesegnete Haltung. Wir tun gut daran, uns zu erinnern, dass der Herr Jesus sagte: *»Geben ist seliger als Nehmen«* (Apg 20,35). Mögen wir uns selbst und unseren ganzen Besitz Gott treu und diszipliniert zur Verfügung stellen!

Denkanstöße

- Was bedeutet Ihnen der Ausdruck *Geben aus Gnade*? In welcher Verbindung stehen Gnade und Geben? Entrichten Sie Ihre Abgaben an die Gemeinde oder an verschiedene christliche Organisationen, weil Sie sich dazu verpflichtet fühlen oder aus tiefstem Herzen?
- Was meinen Sie, welchen Anteil Ihres Einkommens möchte Gott von Ihnen? Belegen Sie Ihre Antwort mit Bibelstellen, und fragen Sie Gott anschließend im Gebet nach seiner Ansicht!
- Was sagt Ihnen Maleachi 3,8ff. über Abgaben an Gott? Sind Sie dieser Aussage gehorsam oder ungehorsam?
- Sollten wir nur geben, wenn wir es erübrigen können, sozusagen in Zeiten, in denen Gott »uns gesegnet hat«? Ziehen Sie einen Vergleich zu 2. Korinther 8,1-2!

- Welche Bedeutung hat Matthäus 6,19-21.24 in Ihrem Leben? Welche speziellen Möglichkeiten gibt es für Sie, diese Verse anzuwenden?
- Welches Beispiel finden wir in 2. Korinther 8,9? Was sagt Ihnen dieser Vers?

Anwendung / Konsequenz

Welchen Punkt hat Gott bei Ihnen in diesem Kapitel am konkretesten angesprochen? Sprechen Sie jetzt gleich mit ihm darüber!

Zum Nachdenken

Welche Grundsätze zum Thema »Geben« in 2. Korinther 8,1-9 stechen hervor? Führen Sie so viele auf, wie Ihnen möglich ist, und überprüfen Sie im Anschluss jeden dieser Punkte in Ihrem Leben!

17
Das christliche Zeugnis

Wenn meine Frau und ich uns in Südkalifornien aufhalten, fahren wir öfter zum Krabbenessen nach *Newport Beach* hinaus, wo man schmackhafte Meeresfrüchte auf Papiertellern serviert bekommt. Nach dem Essen spazieren wir den Strand entlang und sehen den Surfern zu, anschließend fahren wir auf die Halbinsel hinaus und nehmen die Fähre zu den Balboa-Inseln. Während wir den Hafen passieren, muss ich jedes Mal an Jim denken (»Big Jim«, wie seine Freunde ihn nannten), denn als College-Schüler führte Jim in den frühen 30er-Jahren während der Sommermonate eines dieser Boote. Dann erinnere ich meine Frau daran: »So ein Boot hat Jim einmal geführt.« Daraufhin schwelgen wir beide in angenehmen Erinnerungen, die absolut nichts mit dem Meer zu tun haben.

Als ich Jim 1975 das erste Mal begegnete, war er ein stolzer selbstgenügsamer Geschäftsmann in gehobener Position, der gerade pensioniert war und wenig Interesse am Christentum zeigte. Häufig war er sogar zum Streit aufgelegt. Seinen Spitznamen »Big Jim« trug er nicht aufgrund seiner Größe – er war vielleicht 1,65 Meter groß –, sondern wegen seiner energischen Persönlichkeit. Er war mir gegenüber misstrauisch und betrachtete alle Christen kritisch. Wir wurden zunächst zu Kontrahenten und anschließend zu Freunden. In Gesprächen zeigte sich, dass er ein offensichtliches geistliches Bedürfnis hatte und ein heimliches Interesse an Christus.

So geschah es, dass ich im August 1976 Zeuge von Jims bemerkenswerter Bekehrung in der privaten Atmosphäre seines eigenen Wohnzimmers wurde. Tränen stiegen ihm in die Augen und liefen seine Wangen hinunter, als er sagte: »Ich bin nicht gut. Aber ich möchte Christus annehmen, wenn er mich haben will.« Dann beteten wir zusammen. Jim war ein rauer Kerl. Bei seinen ersten Gemeindebesuchen sagte er: »Pastor, das war eine grauenhafte Predigt.« Aber er zeigte sich lernfähig und wurde zu einem Jünger, und einige der rauen Kanten seiner Persönlichkeit begannen zu verschwinden.

Meine Lieblingserinnerung an Jim ist, wie er mit kurzen Hosen und gekreuzten Beinen im Schmutz saß, ohne Hemd und braungebrannt (noch immer der Strandjunge), an der Sprinkleranlage in der Gemeinde arbeitete und es mit den folgenden Worten ablehnte, nach Hause zu gehen und sich auszuruhen: »Nach allem, was Christus für mich getan hat, ist das das Geringste, was ich für ihn tun kann.« Tatsächlich ist es sogar meine letzte Erinnerung an ihn, denn eine Woche später, als ich ihn telefonisch zum Essen einladen wollte, kam mir ein Anruf zuvor und man teilte mir mit, dass Jim gestorben war, während er in dem Sessel saß, in dem er sich zu Christus bekehrte hatte.

»Durchschnittliche« Freuden

Die schönsten Erinnerungen habe ich nicht an berufliche Erfolge, sondern an persönliche Begegnungen. Die dauerhaftesten geistlichen Freuden meiner Familie sind im Rückblick betrachtet durch das tagtägliche persönliche Zeugnis gegenüber Menschen wie Susie entstanden, der Erzieherin meiner Tochter Holly im Kindergarten. Woche für Woche versprach sie Holly, unsere Gemeinde zu besuchen – und schließlich kam sie auch. Von da an kam sie immer wieder, wurde ein gute Freundin der Familie und fand zu Christus.

Unser Nachbar John, ein Lehrer für Industriedesign und der netteste Mann in der Umgebung, wurde Christ und später Diakon in unserer Gemeinde, nachdem unsere Familien über Jahre hinweg gegenseitige Beziehungen gepflegt hatten.

Eine weitere besonders geschätzte Erinnerung haben wir an unseren Briefträger, Damon, einen ehemaligen Seemann, und seine junge Frau Bobbie. Unsere täglichen Begrüßungen entwickelten sich zu einer Freundschaft, die ihren Höhepunkt darin erreichte, dass Bobbie durch einen Frauenkreis zu Christus geführt wurde und Damon durch eine Männerrunde.

Nichts hat meiner Frau und mir in den Jahren unseres fruchtbaren Dienstes mehr Freude bereitet, als mitzuerleben, wie die Beziehung zu Christus bei unseren Nachbarn James und Deby Fellowes wuchs und sie in der Gemeinde, der Nachbarschaft und in ihrem beruflichen Umfeld zu echten Zeugen für ihn wurden. (Im Anhang des Buches ist das Zeugnis von James und Deby Fellowes nachzulesen.)

Meiner Frau und mir ist zunehmend deutlich geworden, dass die größten Freuden des Gemeindedienstes nicht in außergewöhnlichen Ereignissen zu finden sind (wie beispielsweise einem besonderen Gottesdienst oder dem Beginn eines großen Bauvorhabens), sondern in dem normalen, »durchschnittlichen« Zeugnis von Mensch zu Mensch im täglichen Leben – den Dingen, die jeder Christ tun kann, ungeachtet seiner Gaben und Berufung.

Deshalb betone ich gern, dass Andreas – ein Name, der in der Bibel häufig mit dem Zeugnisgeben in Verbindung gebracht wird – ein einfacher Mann war, der anderen in alltäglichen Situationen von Christus erzählte. Mir scheint, in seinem Namen könnte eine von Gott gewollte tiefere Bedeutung liegen, denn der Name *Andreas* stammt von dem griechischen Wort *andres* und bedeutet »männlich«. Somit ist er ein Vorbild für jeden Nachfolger Christi. Andreas ist, was jeder Mann beim Zeugnis für Christus sein sollte. Ein Blick auf sein Leben wird uns herausfordern und motivieren.

Die Evangelien teilen uns mit, dass Andreas am Anfang von Jesu Wirken zu ihm stieß. Als er Jesus begegnete, war er bereits ein Jünger von Johannes dem Täufer (Joh 1,35ff.), was darauf schließen lässt, dass er für geistliche Dinge empfänglich war und erkannt hatte, dass die Tage böse waren – ein Mann, der von Johannes getauft wurde und den Messias erwartete. Er war der Bruder von Simon Petrus, der schon bald der Anführer der apostolischen Schar werden sollte (Joh 1,40).

Doch Andreas ist uns dadurch bekannt, dass er zusammen mit Johannes zu den allerersten der zwölf Jünger Jesu gehörte. Die frühe Kirche erkannte das an und gab ihm den ehrwürdigen Titel *Protokletos* – »Erstberufener«[177].

Trotz seines beneidenswerten Anfangs erlangte er unter den Jüngern nie größeren Bekanntheitsgrad. Er gehörte nicht zu dem engeren Kreis der drei Jünger wie Petrus, Jakobus und Johannes. Ihm wurden nicht ihre wunderbaren Erfahrungen mit dem Herrn zuteil – die Verklärung Jesu, die Heilung der Tochter des Jairus oder Jesu Betrübnis in Gethsemane. Des Weiteren hatte er nicht die Qualitäten einer Führungspersönlichkeit. Er hielt keine Predigten, die der Aufzeichnung wert gewesen wären. Er schrieb keine Briefe, und uns sind keine Wunder von ihm bekannt. Er hatte scheinbar nichts von der mutigen Kühnheit seines Bruders Petrus und wird nirgendwo in den Vordergrund gestellt. Doch auch Andreas zeichnet sich durch etwas aus, und das ist etwas besonders Wertvolles: *Er führte andere zu Christus!*

Interessanterweise hat ihn diese Auszeichnung weithin beliebt gemacht, sodass er vielerorts zum Schutzpatron erhoben wurde.[178] Eusebius etwa behauptet in seiner Kirchengeschichte, dass Andreas später nach Skythien ging, dem Land nördlich des Schwarzen Meeres zwischen den Flüssen

Danube und Tanais, dem heutigen Russland. Eine weitere Überlieferung macht ihn zum Schutzpatron Griechenlands, denn es heißt, dass er dort das Martyrium erlitt, indem er an ein X-förmiges Kreuz gehängt wurde, wo er drei Tage lang Gott lobte und für seine Feinde betete. Ein weiteres Land, das Andreas zu seinem Schutzpatron erhoben hat, ist Schottland. Eine fantasievolle Legende berichtet, dass, nachdem der Mönch Regulus im 8. Jahrhundert Reliquien von Andreas (drei Finger seiner rechten Hand, einen Armknochen, einen Zahn und eine Kniescheibe) in das heutige St. Andrews nach Schottland gebracht hatte, die Schotten von einem weißen X-förmigen Kreuz in die Schlacht geführt wurden, das über ihnen im Himmelblau schwebte. Seitdem ist das weiße Sankt-Andreas-Kreuz auf himmelblauem Hintergrund die Nationalflagge Schottlands.

Ist Andreas nun wirklich nach Griechenland, Russland oder Schottland gegangen? Niemand weiß das genau. Weshalb beanspruchen drei Länder ihn dann für sich? Die Antwort liegt in Andreas' einnehmendem Charakter, wie er in der Bibel beschrieben ist. Er war ein großherziger Mann mit durchschnittlichen Fähigkeiten, der es liebte, anderen Christus vorzustellen. Das außergewöhnliche evangelistische Herz des durchschnittlichen Andreas gab seinem Namen eine solch unverblichene Schönheit, dass ganze Nationen von ihm fasziniert waren.

Andreas ist ein Vorbild für jeden Mann. Sein Leben zeugt davon, was ein durchschnittlicher Christ mit Gott erleben kann.

Das außergewöhnliche Herz des Andreas

Ein wissendes Herz

Andreas begegnete Christus persönlich und lernte ihn näher kennen. Als er und ein anderer Jünger bei Johannes dem Täufer standen, kam Jesus des Weges, und der Täufer rief aus: *»Siehe, das Lamm Gottes!«* (Joh 1,36). Das veranlasste sie dazu, Jesus nachzufolgen und den Rest des Tages mit ihm im Gespräch zu verbringen (vgl. Joh 1,39-49). Obschon es nicht aufgezeichnet ist, kann man sagen, dass dieses Gespräch einen geistlichen Wendepunkt für Andreas bildete. Die gewinnende Persönlichkeit des Mensch gewordenen Gottes erweiterte seinen geistlichen Horizont und festigte seine Treue. Andreas hörte Jesus Worte der Wahrheit reden, Worte, die er niemals zuvor gehört hatte, sodass sein Herz Feuer fing. Jetzt kannte und liebte Andreas Jesus Christus!

Aufgrund seiner neu gewonnen Erkenntnis über Christus war es Andreas' augenblicklicher Wunsch, dass jeder ihn kennenlernen sollte – so ist es bei allen, die Christus wirklich kennen. Als John Bunyans Pilger Christus am Fuße des Kreuzes begegnet, ist seine Freude so groß, dass er sie den Bäumen, Sternen, Bächen und Vögeln entgegenrufen will – jedem und allem.[179]

George Whitefield, der große Erweckungsprediger in England und Amerika, schildert in seinem Tagebuch ähnliche Gefühle bei seiner Begegnung mit Christus:

> O! Mit welcher Freude, unaussprechlichen Freude, ja, sogar einer mit großer Herrlichkeit angereicherten Freude, war meine Seele erfüllt. ... Sicherlich war es der Tag meiner Vermählung – ein Tag, der in immerwährender Erinnerung zu halten ist! Zuerst war meine Freude wie eine Springflut, die die Ufer überschwemmte![180]

Ich verstehe diese Aussagen sehr gut, weil sie genau meine Erfahrungen wiedergeben, als ich zu Christus fand. Einige meiner wohlmeinenden Freunde versuchten mich zu mäßigen und sagten: »Wir freuen uns ja für dich ..., aber sei etwas gelassener!« Doch ich konnte es nicht für mich behalten, denn nachdem ich Christus kennengelernt hatte, besaß ich die übergroße Motivation und Qualifikation, ihn vor anderen zu bezeugen. Ihr Männer, wir dürfen es nicht zulassen, dass wir folgender tiefen Wahrheit gegenüber abstumpfen und blind werden: Je unmittelbarer und persönlicher wir Christus kennen, desto natürlicher ist es, anderen von ihm zu erzählen. Das ist der Grund, weshalb Neubekehrte oftmals so viel von Christus weitersagen und so erfolgreich andere zu ihm führen, obgleich ihnen meistens grundlegende Kenntnisse fehlen.

Wenn Sie Christus kennen, dann besitzen Sie ebenso wie der einfache Andreas die wesentliche Herzensvoraussetzung, ihn anderen Menschen zu bezeugen – selbst wenn Sie nicht immer eine Antwort parat haben. Der Schlüssel zu einem dauerhaften lebendigen Zeugnis ist eine ständige Frische in Bezug auf die wachsende Erkenntnis der Person Jesu.

Ein fasziniertes Herz

Das zweite Kennzeichen von Andreas' außergewöhnlichem Herz bestand darin, dass es von Christus fasziniert war. Er fühlte sich von Christus so sehr angezogen, dass er sicher war, dass es ausreiche, wenn andere nur einmal in Berührung mit Jesus kämen. Die Bibel sagt: *»Dieser findet zuerst seinen eigenen Bruder Simon und spricht zu ihm: Wir haben den Messias gefunden«* (Joh 1,41).

Andreas hatte genau den richtigen Gedanken! Denn im Gegensatz zu den gängigen Karikaturen der Person Jesu ist der Christus der Bibel so einnehmend, so radikal anders, so gänzlich verschieden von den Klischeevorstellungen über ihn, dass er, wenn er so gesehen wird, wie er wirklich ist, selbst den Widerspenstigsten zu sich zieht. Obwohl es schon immer Männer und Frauen gab, die Christus widerstanden haben – was auch weiterhin der Fall sein wird –, gibt es unzählig viele, die von ihm angezogen werden, wenn sie die Wahrheit über ihn begreifen.

Wenn wir ein Herz wie Andreas haben möchten, müssen wir die unverfälschte Realität Christi wiederholt betrachten, wie sie uns in den Evangelien mitgeteilt wird. Von Christus angezogene Herzen ziehen auch andere zu Christus.

Ein selbstloses Herz

Andreas besaß ein wissendes, fasziniertes und bemerkenswert selbstloses Herz, wie uns das Johannesevangelium zeigt:

> *Andreas, der Bruder des Simon Petrus, war einer von den zweien, die es von Johannes gehört hatten und ihm nachgefolgt waren. Dieser findet zuerst seinen eigenen Bruder Simon und spricht zu ihm: Wir haben den Messias gefunden – was übersetzt ist: Christus. Und er führte ihn zu Jesus. Jesus blickte ihn an und sprach: Du bist Simon, der Sohn des Johannes; du wirst Kephas heißen – was übersetzt wird: Stein.* (Joh 1,40-42)

Wir bemerken hier – was auch durch die anderen Evangelien bestätigt wird –, dass Andreas gewöhnlich als »der Bruder des Simon Petrus« identifiziert wurde und nicht umgekehrt. In der Aufzählung der Apostel in Matthäus 10,2-4 und Lukas 6,14-16 wird er so bezeichnet. Der Bericht des Johannes über die Speisung der 5000 nennt ihn ebenso den *»Bruder des Simon Petrus«* (Joh 6,8).

Jeder kannte den angeberischen und überschwänglichen Petrus. Von Natur aus zog er die Menschen an. Im Gegensatz zu ihm glich Andreas einem Mauerblümchen – besonders, wenn sein auffallender Bruder in der Nähe war. »Andreas? O, du weißt, wer er ist. Der Bruder von Petrus. Irgendwie farblos. Leicht entbehrlich.« Ein Mann von geringerer Größe hätte hier aufbegehrt. Nachdem er sein ganzes bisheriges Leben mit Petrus verbracht hatte, wurde ihm nun der Platz eingeräumt, Petrus zu Christus zu führen – der Platz in der hinteren Reihe! Doch Andreas war nicht von sich eingenommen, denn er führte Petrus trotzdem zu Christus. Und Petrus wurde zu einer Hauptfigur!

Es gibt Männer, die nur unter der Bedingung in die Armee eintreten, dass sie Offizier werden können; Männer, die bei einer Evangelisation nur mitmachen, wenn sie die Evangelisten sind. Aber das Herz eines wahren Evangelisten ist selbstlos. Das Herz von Andreas mag zwar nichts Besonderes gewesen sein, aber es zeigte eine außergewöhnliche Selbstlosigkeit.

Ein zuversichtliches Herz

Die vierte Eigenschaft, die Andreas' Herz kennzeichnete, war seine zuversichtliche Haltung, wenn Probleme an Christus herangetragen wurden. Es war Andreas, der Christus von dem kleinen Jungen mit den fünf Gerstenbroten und den zwei Fischen erzählte, während Philippus seine Bestürzung über die Unmöglichkeit der Speisung von 5000 Menschen ausdrückt (Joh 6,5-9). Andreas' Anregung mag töricht gewirkt haben, aber er wusste, dass Christus alle Dinge, die ihm gebracht werden, auf mächtige Weise gebrauchen kann. Das Ergebnis war fantastisch – das größte Picknick aller Zeiten! Danach kannte die Zuversicht von Andreas keine Grenzen mehr.

Unsere Einstellung ist entscheidend, wenn wir Menschen zu Christus führen wollen. Der Glaube an die Allgenügsamkeit Christi gab den großen Werken Wesleys und Whitefields ihren Antrieb. In Wirklichkeit liegt dem Kern jeder großen evangelistischen Arbeit diese Zuversicht zugrunde.

Besitzen wir eine zuversichtliche Einstellung zu dem, was Christus bewirken kann? Wenn das der Fall ist, werden wir ebenso wie der einfache Andreas zusehen können, wie er das Gewöhnliche in Außergewöhnliches verwandelt.

Ein mitteilsames Herz

Das letzte Merkmal von Andreas' Herz, das wir betrachten wollen, ist seine Mitteilsamkeit. Johannes 12,20-22 liefert eine kurze und prägnante Illustration dieses Aspekts:

Es waren aber einige Griechen unter denen, die hinaufkamen, um auf dem Fest anzubeten. Diese nun kamen zu Philippus von Betsaida in Galiläa und baten ihn und sagten: Herr, wir möchten Jesus sehen. Philippus kommt und sagt es Andreas, es kommt Andreas und Philippus, und sie sagen es Jesus.

Die Griechen, die Jesus sehen wollten, waren natürlich Heiden und standen somit aus traditionell-jüdischer Sicht unter dem Fluch. Philippus war sich nicht sicher, wie er auf ihre Bitte reagieren sollte, und trat deshalb an Andreas heran – und Andreas ging geradewegs und ohne Zögern zu Jesus. Andreas zeichnet sich dadurch aus, dass er der erste Jünger war, der verstanden hatte, dass Jesus die Antwort für *alle* Menschen ist, und der diese Erkenntnis in die Tat umsetzte. Kein Wunder, dass er der Schutzpatron der Griechen, der Russen und der Schotten wurde!

Außergewöhnliche Ermutigung

Was für eine Ermutigung finden wir hier für uns alle, denn Andreas war ein durchschnittlicher Mensch. Er hatte nicht eine Ausbildung wie der Arzt Lukas. Er besaß nicht den großen Intellekt des Apostels Paulus. Auch hatte er nichts von der energischen Persönlichkeit und der Sprachbegabung seines berühmten Bruders. Aber auf seine eigene Weise wirkte er an der Verkündigung der Botschaft Christi mit – sicherlich sehr zu seinem eigenen Erstaunen.

Wenn wir daran denken, wie Menschen zum Herrn geführt wurden, dann denken wir an Andreas. Die *Billy-Graham-Association* hat uns zu Recht ermutigt, andere unter dem Motto »Operation Andreas« zu den Evangelisations-Feldzügen zu bringen. Andreas ist einer der wunderbarsten Namen in der Christenheit.

Das außergewöhnliche Herz des gewöhnlichen Andreas ist ein Herz, nach dem wir alle streben sollten: ein *wissendes* Herz, ein *fasziniertes Herz*, ein *selbstloses Herz*, ein *zuversichtliches Herz* und ein *mitteilsames Herz*. Ein Herz, das jeder normale Christ besitzen kann, wenn er es möchte und wenn er sich dem Wirken des Heiligen Geistes unterstellt. Das Herz des schlichten Jüngers Andreas fordert uns nicht nur heraus, sondern heiligt auch das normale, durchschnittliche Leben an jedem Tag. Die größten Freuden lassen sich nicht in den außergewöhnlichen Ereignissen des Dienstes finden, sondern auf den gewöhnlichen Wegen des täglichen Zeugnisses – indem wir Menschen zu Christus führen.

Die Evangelisationsmethoden des Andreas

Statistiken belegen, dass die beziehungsorientierte Evangelisation des Andreas die effektivste Methode ist. Erst kürzlich befragte das *American Institute of Church Growth* (Institut für Gemeindewachstum) etwa 8000 Kirchgänger und fand dabei heraus, dass ein bis zwei Prozent Menschen mit besonderen Nöten waren, zwei bis drei Prozent Passanten, fünf bis sechs Prozent kamen wegen eines speziellen Predigers, zwei bis drei Prozent kamen aufgrund des guten Gemeindeprogramms, ein bis zwei Prozent kamen als Erwiderung auf einen zuvor geleisteten Besuch bei ihnen zu Hause, vier bis fünf Prozent wurden durch die Sonntagsschule erreicht, fünf Prozent kamen aufgrund von Evangelisationen und Fernsehsendungen, und der Gemeindebesuch der überwältigenden Mehrheit von 75–90 Prozent ist dem Einfluss von Freunden und Verwandten zuzuschreiben.[181] Uns wird klar, dass die persönliche Vorgehensweise des Andreas der wichtigste Aspekt des Evangelisierens ist. Er übertrifft die institutionellen Methoden bei Weitem.

Zusätzlich teilt uns eine Organisation *(Search Ministries)* mit, die es sich zur Aufgabe gesetzt hat, Gemeinden bei der »Evangelisation als Lebensstil« zu unterstützen: Etwa ein Prozent der Christen haben die Gabe, im öffentlichen Verkündigungsdienst zu stehen, ungefähr fünf bis zehn Prozent die Fähigkeit, ein Zeugnis in kontroversen Gesprächssituationen abzulegen, und volle 100 Prozent können in ihren alltäglichen Beziehungen evangelisieren.[182] Die Bedeutung ist klar: Obwohl alle Formen der Evangelisation für die Gemeinde wichtig sind, ist die »Eins-zu-eins-Methode« des Andreas bei Weitem die effektivste.

Disziplin zum Zeugnisgeben

Vorausgesetzt, dass man weiß, wie man einen Menschen zu Christus führt, bedeutet das, dass die Christen in der Gemeinde unter Gebet daran zu arbeiten haben, Andreas nachzueifern und das Zeugnisgeben zu praktizieren.

Der Wert von Beziehungen

Wir müssen verstehen, dass wir einen souveränen Gott haben, der alles in unserem Leben leitet, einschließlich unserer Beziehungen. Unsere

Freundschaften sind ebenso wie flüchtige Begegnungen nicht einer Art sozialem Zufall unterworfen.[183] Gott hat uns in unsere Familien gestellt, in unsere Nachbarschaft und an unseren Arbeitsplatz, weil er eine bestimmte Absicht damit verfolgt. Er hat uns an die Seite von Menschen gebracht, um diese für Christus zu gewinnen. Die Beziehung zu Susie, der Erzieherin unserer Tochter, kam nicht zufällig zustande. Das Gleiche gilt für Damon, unseren Briefträger, oder James und Deby, unsere Nachbarn und guten Freunde. Jeder Mensch, dem wir begegnen, besitzt eine ewige Seele von unschätzbarem Wert. Wir sollten ihn ebenso schätzen, wie Gott ihn schätzt. C. S. Lewis, der große Universitätsdozent von Oxford, bemerkte dazu:

> Es ist eine ernste Angelegenheit, in einer Welt von möglichen Göttern und Göttinnen zu leben und sich ständig vor Augen zu halten, dass auch der langweiligste und uninteressanteste Mensch, mit dem wir hier zu tun haben, eines Tages ein Geschöpf sein kann, das wir, wenn wir es jetzt schon wüssten, ernsthaft versucht wären zu verehren, oder aber ein Schrecken und Verderben, wie er uns jetzt höchstens in einem Alptraum begegnet. Jeden Tag verhelfen wir einander in gewisser Weise gegenseitig zu der einen oder anderen Bestimmung. Im Licht dieser überwältigenden Möglichkeiten, mit der ihnen gebührenden Ehrfurcht und Umsicht, sollten wir unsere Kontakte miteinander, unsere Freundschaften, unser Lieben, unser Spiel und unsere Politik pflegen. Es gibt keine *gewöhnlichen* Menschen. Wir haben nie mit bloßen Sterblichen gesprochen. Nationen, Kulturen, Künste und Zivilisationen sind sterblich – ihr Leben ist gegenüber dem unseren wie das Leben einer Mücke. Aber es sind Unsterbliche, mit denen wir scherzen, arbeiten, verheiratet sind, die wir kurz abfertigen und ausbeuten – unsterbliche Schrecken oder ewigwährender Glanz.[184]

Beziehungen bewusst wahrnehmen

Jeder von uns ist Teil eines komplexen Netzwerkes von Beziehungen, das sich um vier natürliche Kontaktpunkte knüpft: biologisch (Verwandte und Familie, und im weiteren Sinne auch die Gemeindefamilie), geografisch (die Nachbarn in unserer Umgebung), beruflich (unsere Arbeitskollegen) und in der Freizeit (z. B. Sportkameraden).[185] Wir müssen das Netzwerk unserer Beziehungen entdecken lernen. Machen Sie sich eine Liste Ihrer persönlichen Kontakte und fangen Sie an, für diese zu beten.

In Beziehungen investieren

Schließlich müssen wir neben dem Gebet auch unsere Zeit, unser Talent und Dinge, die uns wertvoll sind, in Beziehungen investieren.[186]

- Bringen Sie sich in das Leben anderer Menschen ein. Planen Sie ein viel Zeit für jene ein, die Sie erreichen wollen, und stellen Sie sicher, dass sich dies auch in Ihrem Terminkalender bemerkbar macht.
- Laden Sie Ihre Freunde ins Restaurant oder zu einem Kaffee bei sich zu Hause ein.
- Organisieren Sie gemeinsame Unternehmungen wie Spielabende, den Besuch von Sportveranstaltungen oder Kunstausstellungen ...
- Nutzen Sie besondere Anlässe und Möglichkeiten, um Ihr Interesse zu zeigen – Geburtstage, Abschlussfeiern, Urlaube, Hochzeiten, Geburten, Telefongespräche oder Briefe.
- Schließen Sie sich einem Interessenverbund an: Kleingärtnervereine, Sportklubs, Jagdverein, Kochkurse, Bastelkurse ...
- Trainieren Sie ehrenamtlich eine Jungen- oder Mädchen-Sportgruppe, geben Sie Nachhilfeunterricht, helfen Sie ehrenamtlich im Krankenhaus oder in einer der vielen Wohltätigkeits-Organisationen mit.
- Öffnen Sie Ihr Haus der Nachbarschaft. Machen Sie es zum gastfreundlichsten Heim für Kinder und Erwachsene in Ihrer Umgebung.

Menschen gehen an mir vorbei.
Jeden Tag seh ich es neu:
Leere Menschen voller Not,
unterwegs weit weg von Gott.
Man bewahrt den falschen Schein,
viele sind verstört.
Außen lächeln, innen schrein,
das nur Jesus hört.
Jeder Mensch braucht Gott.
Jeder Mensch braucht Gott.
Wenn ein Lebenstraum zerbricht,
führt er aus der Not.
Jeder Mensch braucht Gott.
Jeder Mensch braucht Gott.
Begreif es endlich doch:
Jeder Mensch braucht Gott.[187]

Denkanstöße

- Warum müssen Ihre Bekannten die Botschaft von Johannes dem Täufer hören – »*Siehe, das Lamm Gottes!*« (Joh 1,36)?
- »Wenn Sie Christus kennen, dann besitzen Sie ... die wesentliche Herzensvoraussetzung, ihn anderen Menschen zu bezeugen – selbst wenn Sie nicht immer eine Antwort parat haben« (S. 227). Können Sie dieser Behauptung zustimmen? Zögern Sie, von Jesus zu sprechen, weil Sie nicht auf alles eine Antwort haben? Wie können Sie das überwinden?
- Zu welchen Menschen hat Gott Sie eine Beziehung eingehen lassen, um ihnen durch Ihre Worte und Ihr Leben Zeugnis zu geben? Beten Sie im nächsten Monat täglich für sie, und suchen Sie Möglichkeiten, um mit ihnen über Christus zu reden!
- Was ist mit »Evangelisation als Lebensstil« gemeint? Benutzen Sie diese Methode, um Menschen persönlich zu erreichen? Warum oder warum nicht?
- Wenn es Ihnen so wie vielen anderen Christen geht, dann sind es Familienmitglieder und Verwandte, bei denen Ihnen das Zeugnisgeben am schwersten fällt. Warum? Wie können Sie Brücken zu ihnen bauen?
- »Wir müssen unsere Zeit, unser Talent und Dinge, die uns wertvoll sind, in Beziehungen investieren.« Sollen wir das nur tun, um andere für Christus zu gewinnen? Welche Gründe sollen wir noch haben? Wie sieht das Investieren in Beziehungen praktisch aus?

Anwendung / Konsequenz

Welchen Punkt hat Gott bei Ihnen in diesem Kapitel am konkretesten angesprochen? Sprechen Sie jetzt gleich mit ihm darüber!

Zum Nachdenken

Untersuchen Sie das Beispiel von Andreas und sein Zeugnis für Christus in Matthäus 10, Lukas 6 und Johannes 1; 6 und 12. Was machte sein Zeugnis so wirkungsvoll? Warum legte er Zeugnis ab? Worin bestand seine Botschaft? Vergleichen Sie nun seine Erfahrungen auf diesem Gebiet mit Ihren eigenen. Seien Sie dabei aufrichtig!

18

Der christliche Dienst

Für Männer, die sich als Christen bezeichnen, gibt es zwei unterschiedliche Wege im Leben. Der eine besteht darin, ein enges Herz zu entwickeln. Dies scheint den meisten der sicherste Weg zu sein, da er die Sorgen des Lebens auf ein Minimum reduziert. Sollte es unsere Absicht sein, den Schwierigkeiten der menschlichen Existenz auszuweichen, so gibt es ein einfaches Rezept: Vermeiden Sie es, Beziehungen einzugehen, öffnen Sie Ihr Leben nicht für andere, und stellen Sie sicher, dass Sie keine erhabenen und edlen Ideale pflegen. Wenn wir dementsprechend leben, werden wir einer ganzen Anzahl von Nöten entgehen.

Dieses Prinzip bestätigt sich ebenfalls in anderen Lebensbereichen. Stellen wir uns taub, müssen wir die Disharmonien des Lebens nicht hören. Kultivieren wir Blindheit, werden unseren Augen hässliche Dinge erspart bleiben. Wenn wir mit einem Minimum an Schwierigkeiten durch das Leben gehen wollen, müssen wir nur Scheuklappen anlegen. Auf diese Weise machen sich sehr viele Menschen ein leichtes Leben, selbst bekennende Christen – sie haben mit Erfolg ein enges Herz gepflegt.

Der andere Weg ist, ein Herz für den Dienst zu entwickeln. Wenn Sie sich anderen öffnen, werden Sie einem ganzen Schwall von Nöten ausgesetzt, die für ein enges Herz kaum vorstellbar sind. Erweitern und verbessern Sie Ihre Ideale, und Ihre Verletzbarkeit wird proportional dazu zunehmen.

In dem Tagebuch von James Gilmour, dem Pioniermissionar in der Mongolei, finden wir einen Satz, den er am Ende seiner Laufbahn schrieb und der dieses Thema aufgreift: »Was Bekehrte anbelangt, so habe ich keinen Erfolg vorzuweisen. Ich habe – soweit ich mir bewusst bin – nicht einmal einen Menschen getroffen, der Christ werden wollte.« Schmerzliche Worte. Doch die Tiefe von Gilmours Schmerzen kann man nur schwach erfassen, wenn man nicht auch den Anfang seines Tagebuches gelesen hat. Als er in die Mongolei kam, schrieb er: »Mehrere Hütten in Sicht. Wann werde ich in der Lage sein, mit den Leuten zu sprechen? O Gott, zeige mir durch deinen Geist, wie ich mit ihnen in Kontakt treten kann. Und bereite mich vor, ihnen das Leben und die Liebe Jesu Christi nahe zu bringen.« ... »Ich habe – soweit ich mir bewusst bin – nicht einmal einen Menschen getroffen, der Christ werden wollte.«[188]

Aus diesen pulsierenden Worten quillt sein Lebensblut. Natürlich denken wir: »Armer Gilmour.« Aber die Wahrheit ist, dass der Grund in Gilmour selbst lag, denn er hatte ein »Problem« – ein weites Herz. Gilmour hätte diese erschütternden Zeilen niemals geschrieben, wenn er nicht ein Herz für den Dienst entwickelt und Anteilnahme gezeigt hätte. Wenn er auf die Ratschläge seiner Freunde gehört hätte, wäre er im bequemen England geblieben, anstatt in dieses feindselige Land zu gehen.

Halten Sie Ihr Herz offen, disziplinieren Sie sich zum Dienst, und Sie werden Ihren Erfahrungsschatz um viele schmerzhafte Erlebnisse erweitern. Das ist ein unwiderlegbarer geistlicher Grundsatz. Niemand, der jemals ein Herz für den Dienst entwickelt hat, konnte später von einem leichten Leben berichten.

Natürlich sind die Auswirkungen dieser beiden Herzenshaltungen völlig verschieden. Engherzigkeit hat noch nie jemandem geholfen, obschon sie Sicherheit gibt und Schutz bietet. Niemand hat einen Nutzen von den eingeschränkten Sympathien und Sichtweisen von engherzigen Menschen. Herzen dagegen, die dem Dienst gewidmet sind, sind zwar angreifbar, aber sie erleben auch die größere Freude und hinterlassen der Welt den Abdruck ihres Herzens.

Wenn wir uns taub stellen, werden wir niemals Disharmonien zu hören bekommen, aber ebenso wenig werden wir die herrlichen Klänge einer großen Symphonie hören können. Kultivieren wir Blindheit, dann werden wir das Hässliche nicht zu Gesicht bekommen, doch genauso wenig erkennen wir die Schönheit von Gottes Schöpfung. Oder um es mit einem Vergleich aus unseren täglichen Erfahrungen auszudrücken: Wer kein Fußball spielt, setzt sich auch nicht der Gefahr von Verletzungen aus, aber er wird ebenso wenig Anteil am Sieg durch ein Tor in der letzten Minute haben! Wer keinen Berg erklimmt, wird auch nicht hinunterfallen können, aber ihm wird ebenso verwehrt, auf einem Alpengipfel zu stehen und den berauschenden Blick auf die Schönheit der Natur von oben zu genießen.

Vor Jahren habe ich die Realität dieses bedeutenden Prinzips an mir selbst erfahren. Meine Frau Barbara informierte mich, dass sie einen Anruf vom Leiter unserer Fußball-Liga bekam, in der unsere Jungs spielten. Er teilte ihr mit, dass es an Trainern mangelte und dass manche Jungen nicht zum Einsatz kämen, wenn einige Väter (wie ich!) nicht bereit wären, ein zu Team übernehmen. Barbara ließ durchblicken, dass ich interessiert sein könnte.

Meine Antwort war, dass ich zu beschäftigt sei, das möge sie ihm doch bitte ausrichten. Sie gab mir zu verstehen, dass ich das selbst übernehmen müsse und dass ich am Abend mit einem Anruf rechnen solle. Ich sagte nur: »Gut, kein Problem.«

Der verhängnisvolle Anruf kam während des Abendessens, als meine gesamte Familie zugegen war. Als der Anrufer mir von der Misere der Liga berichtete, hörte ich mich meine Zustimmung geben und mich verpflichten, der Trainer der *Awesome Aztecs* zu werden.

Weise sagt die Bibel: *»Denn auch wenn die Posaune einen undeutlichen Ton gibt, wer wird sich zum Kampf rüsten?«* (1Kor 14,8) – genau das war die Erfahrung meiner armen Azteken. Ich wusste nicht einmal, was ein Verteidiger war, die Abseitsregel blieb mir für den Großteil der Saison unergründlich, und in unseren ersten Spielen wurden wir vollkommen auseinandergeschossen.

Gedemütigt und verzweifelt sah ich mir Lehrfilme über Fußball an und verbrachte einige Abende mit exzessivem Lesen von Fußball-Handbüchern. Ich heuerte auch einen pensionierten Schotten an, der früher einmal Profi-Fußballer war, und überredete einen weiteren Vater, mir als Assistent zur Seite zu stehen. Wir fanden heraus, dass wir einige gute Sportler in unseren Reihen hatten, und so gelang es uns, nach und nach einige Spiele zu gewinnen. Wir wurden sogar so gut, dass wir die Play-Off-Runde erreichten. Dort machte ich eine der großen Erfahrungen meines Lebens, als wir gleich zu Anfang gegen das Team von Mr. G. spielten. Mr. G. hatte die Liga gegründet und mit seinem Team den Titel schon mehrmals gewonnen.

Aber, Wunder aller Wunder, zur Halbzeit führten wir mit 1:0. Später glich das Team von Mr. G. aus, das Unentschieden hielt bis kurz vor Schluss. Fünf Minuten waren noch zu spielen – drei Minuten – eine Minute – dreißig Sekunden – zehn – zwei –, und wir erzielten das entscheidende Tor gerade noch vor dem Abpfiff! Die freudige Erregung dieses Augenblicks ist unbeschreiblich.

Wenn man niemals Fußballtrainer war, hat man auch nicht die schmachvolle Erfahrung machen müssen, der Fußabtreter der Liga zu sein, aber man wird auch die Freude entbehren, Mr. G. geschlagen zu haben! Entwickle ein enges Herz, und dein Leben wird sanft vorbeistreichen, doch du wirst niemals den berauschenden Wind des Heiligen Geistes in deinen Segeln spüren und das Hochgefühl, von

Gott gebraucht zu werden. Wenn Sie ein enges Herz pflegen, werden Sie niemals zu solch mutigen Menschen gehören wie Gilmour in der Mongolei, und Sie werden mit Sicherheit nie das Herz haben, das Gott in Ihnen sehen möchte.

Wir müssen nur einmal in die Zeitung schauen, um uns daran zu erinnern, dass wir in einer Zeit leben, in der weite und anteilnehmende Herzen im Dienst dringend nötig sind. Einige von Ihnen erfahren die erschreckenden Stürme, von denen ein sich öffnendes Herz begleitet wird. Sie benötigen Ermutigung, um Ihre vielen Kontakte und Ihren erweiterten Horizont aufrechtzuerhalten. Falls das auf Sie zutrifft, dann ist der anschließende Bibeltext genau richtig für Sie – die Geschichte, in der Jesus der Frau am Jakobsbrunnen begegnet. Denn sie zeigt auf beeindruckende Weise den Dienst Jesu, dem wir als seine Jünger nacheifern sollen.

Arbeit

Das Johannesevangelium teilt uns mit, dass Jesus, als er den Taufdienst in Judäa beendet hatte und wieder nach Galiläa zurückkehrte, durch Samaria ziehen musste, was ihn in die uralte Stadt Sychar führte. Johannes berichtet uns: *»Es war aber dort eine Quelle Jakobs. Jesus nun, ermüdet von der Reise, setzte sich ohne Weiteres an die Quelle nieder. Es war um die sechste Stunde«* (Joh 4,6). Die sechste Stunde war Mittag – Zeit zum Essen. So sandte der Herr seine Jünger in die Stadt, um Nahrung zu kaufen, während er sich zur Erholung an den Brunnen setzte. Aufgrund der Worte *»ermüdet von der Reise«* stelle ich mir vor, dass er sich wie ein Mann hinsetzte, der nach einem harten Arbeitstag regungslos niedersinkt.[189]

Er war erschöpft, und das aus gutem Grund. Ein Blick in die Evangelien zeigt, dass er selten Zeit für sich selbst fand – es sei denn, dass er sich zurückzog. Wenn er nicht gerade von den Volksmengen umlagert war, diente er den Zwölfen, dem kleinen Kreis der drei Jünger oder dem unbezähmbaren Petrus. Meistens befand er sich auf den staubigen Straßen. Zu einer Gelegenheit sagte er selbst: *»Die Füchse haben Höhlen und die Vögel des Himmels Nester, aber der Sohn des Menschen hat nicht, wo er das Haupt hinlegt«* (Mt 8,20). Kein Wunder, dass er müder war als seine Jünger, denn geistige Abgespanntheit und physische Müdigkeit zusammen erschöpfen einen Mann. Deshalb sank Jesus reglos nieder.

Es war sicherlich angenehm, allein in der warmen Sonne zu sitzen und sich nicht bewegen zu müssen. Es ist durchaus möglich, dass der Herr seine Augen geschlossen hatte, als er Schritte hörte, aufblickte und eine samaritische Frau sah. Es wäre so einfach für ihn gewesen, seine müden Augen wieder zu schließen und sich zu sagen: »Ich habe zuvor Tausenden gedient, sie ist allein, nur eine Person. Ich muss mich ausruhen. Wenn ich mich nicht um die Bedürfnisse meines Körpers kümmere, wer tut es dann?«

Aber nicht Jesus! Es kam zu einem der großartigsten uns überlieferten Gespräche, in dem unser Herr das Herz einer verachteten Frau erreichen wollte. Der Herr Jesus sorgte sich so sehr um die Seelen der Menschen, dass er seine Kräfte sammelte, um selbst am Ende seiner physischen Möglichkeiten noch zu dienen. Menschen, die ein Herz wie Jesus haben, werden anderen in gleicher Weise dienen, auch wenn sie erschöpft sind.

Man sagt, dass die Welt von müden Männern regiert wird, und das stimmt, denn wir sehen Tag für Tag, wie Amerika von erschöpften Politikern geführt wird. Dass erschöpfte Generäle Kriege gewinnen, müde Diplomaten den Frieden sichern und ebenso müde Gesetzgeber Gesetze erlassen. Der Grund dafür ist, dass solche Leiter bereit sind, sich einzusetzen, wann immer die Ausführung ihrer beachtlichen Aufgaben es erforderlich macht.

Im Reich Gottes standen ebenfalls erschöpfte Leute im Dienst. Osteuropa wurde von erschöpften Missionaren evangelisiert, die das Beste aus der verbleibenden Gnadenzeit machten. Nennen Sie mir eine gut funktionierende Gemeinde, und ich zeige Ihnen einige müde Menschen, sowohl in Leitungspositionen als auch hinter den Kulissen, denn die Größe einer Gemeinde ist von einem Kern von Menschen abhängig, die immer bereit sind, sich entsprechend der jeweiligen Situation einzusetzen. Ihr Männer, wir müssen begreifen, dass wir niemals große Dinge für Gott tun werden, ohne die Bereitschaft, uns um des Evangeliums willen anzustrengen – selbst wenn wir schon völlig abgearbeitet sind.

Jesu Beispiel lehrt uns, dass ein dienendes Herz notwendigerweise auch ein Herz für die Arbeit sein muss. Der Apostel Paulus hatte ein solches Herz: »*Denn ihr erinnert euch, Brüder, an unsere Mühe und Beschwerde: Nacht und Tag arbeitend, um niemand von euch beschwerlich zu fallen, haben wir euch das Evangelium Gottes gepredigt*« (1Thes 2,9). Diese apostolische Arbeitsmoral ist bei Paulus ein großes Thema: »*In Mühe und Beschwerde, in Wachen oft …*« (2Kor 11,27).

Tatsache ist, dass jeder, der jemals etwas für Gott getan hat, ein Herz für die Arbeit hat – ohne Ausnahme. Von Luther wird gesagt, er habe so hart gearbeitet, bis er so müde ins Bett fiel, dass er ein Jahr lang nicht die Zeit fand, seine Bettwäsche zu wechseln! Während er sich in sein Bett schleppte, bestand D. L. Moodys Nachtgebet einmal nur aus den Worten: »Herr, ich bin müde! Amen.«

Weite Herzen, die Gott gebraucht, sind *arbeitende Herzen*, die sich, wenn nötig, trotz Müdigkeit bereitwillig verausgaben. Sie mögen meinen, ein Herz für den Dienst zu haben, aber wenn Sie für das Evangelium nicht an dem von Gott zugeteilten Platz arbeiten und wegen Ihres Engagements keine Unannehmlichkeiten einstecken müssen, dann betrügen Sie sich selbst. Dienende Herzen besitzen Disziplin zur Arbeit, denn sie verzichten regelmäßig auf Bequemlichkeiten, sie setzen sich Situationen aus, in denen sie verletzt werden können, sie gehen Verpflichtungen ein, die sie etwas kosten, sie scheuen keine Müdigkeit um Christi willen, sie bezahlen einen hohen Preis, sie begeben sich auf stürmische Meere. Aber ihre Segel stehen im Wind des Heiligen Geistes.

Andere mit dem Evangelium erreichen

Jesu Gespräch mit der Samariterin zeigt uns, dass ein Herz, das Disziplin bei der Arbeit besitzt, nicht nur hart arbeitet, sondern auch schwierige zwischenmenschliche Barrieren überschreitet, um andere zu erreichen. Weiter wird berichtet: *»Da kommt eine Frau aus Samaria, Wasser zu schöpfen. Jesus spricht zu ihr: Gib mir zu trinken! – Denn seine Jünger waren weggegangen in die Stadt, um Speise zu kaufen. – Die samaritische Frau spricht nun zu ihm: Wie bittest du, der du ein Jude bist, von mir zu trinken, die ich eine samaritische Frau bin? – Denn die Juden verkehren nicht mit den Samaritern«* (Joh 4,7-9). Rassenunterschiede gehören zu den entmutigendsten Schranken in dieser Welt.

Der australische anglikanische Bischof John Reed erzählt, dass er in der ersten Zeit seines Dienstes einen Ausflug mit einem Bus machte, in dem sich ungefähr so viele schwarze Aborigine-Jungen wie weiße Jungen befanden. Als sie in den Bus stiegen, setzten sich die weißen Jungen auf die eine Seite und die schwarzen auf die andere. Während der Fahrt spotteten sie immer heftiger übereinander.

Schließlich konnte Reed nicht länger zusehen. Er hielt den Bus an und befahl jedem auszusteigen. Dann stellte er sich vor den Bus und forderte jeden Jungen zu der Aussage »Ich bin grün« auf, bevor er ihnen erlaubte, wieder einzusteigen.

Es kostete ihn einiges, aber zum Schluss war der Bus voll. Bischof Reed war ziemlich stolz auf seine Leistung, bis er hinten im Bus jemanden rufen hörte: »Okay, hellgrün auf diese Seite, dunkelgrün auf die andere!«

Die Samariterin war über Jesu offenes Verhalten erstaunt. Doch für die Juden war die Geschichte noch erstaunlicher. Der Hass zwischen Judäa und Samaria hatte seinen Anfang mehr als 400 Jahre zuvor genommen. Er hatte die Reinerhaltung des Volkes Gottes als Ausgangspunkt. Denn während die Juden auch in der Zeit der Babylonischen Gefangenschaft ihr Volk rein erhielten, hatten die Samariter diesen Grundsatz aufgegeben, als sie sich mit den assyrischen Eroberern vermischten. Das war in den Augen der Juden unverzeihlich. Sie sahen mit Empörung auf die Vermischung der kompromissbereiten Samariter herab. Wie vorauszusehen war, bauten die Samariter ihren eigenen Tempel auf dem Berg Garizim, der zur Zeit der Makkabäer von den Juden zerstört wurde.

So hatte der gegenseitige Hass in den Tagen Jesu bereits tiefe Wurzeln geschlagen und war äußerst unerbittlich. Die Rabbiner sagten: »Es soll kein Mensch das Brot der Samariter essen, da derjenige, der ihr Brot isst, dem gleichkommt, der Schweinefleisch isst.« Die schlimmste Herabsetzung finden wir in einem hasserfüllten jüdischen Gebet, das mit den Worten schließt: »... und in der Auferstehung gedenke der Samariter nicht.« Folglich sehen wir, dass Jesu Kontakt mit dieser Frau ein radikaler Bruch mit den rassischen und religiösen Konventionen war.

Zur Überschreitung dieser Barriere kam noch hinzu, dass seine Gesprächspartnerin eine Frau war. Strenge Rabbiner verboten anderen Rabbinern, Frauen in der Öffentlichkeit zu grüßen. Es gab sogar Pharisäer, die sich selbst frömmlerisch als die »verletzten und blutenden Pharisäer« bezeichneten, weil sie ihre Augen schlossen, sobald sie eine Frau sahen, und deshalb gegen Wände liefen und über Dinge stolperten, die auf ihrem heiligen Pfad lagen. Jesus sprach dennoch zu einer Frau – einer Frau, die zudem eine zu verachtende Samariterin war! Dann, gerade so, als würde er einer Übertretung die nächste folgen lassen, bat Jesus sie in skandalöser Weise, aus ihrem Becher trinken zu dürfen, wodurch er sich nach jüdischem Gesetz zeremoniell verunreinigt hätte.[190]

Jesu mutiger Versuch, die Seele dieser verlorenen samaritischen Frau zu erreichen, übersprang auf radikale Weise die konventionellen Barrieren jener Zeit – und stieß die Leute vor den Kopf.

Mit seiner wunderbaren Geste lieferte Jesus der Gemeinde einen ihrer beispiellosen Vorzüge, die sie in dieser Welt so auszeichnet: das Durchbrechen von Grenzen, seien es ethische, soziale, wirtschaftliche oder psychologische. Das ist genau das, was die frühe Kirche tat, als Juden und Nicht-Juden, Reiche und Arme, Sklaven und Freie, Männer und Frauen sich gemeinsam an einem Tisch als eine Familie in Christus versammelten. Das war so radikal anders, dass die Menschen ihres Zeitalters begannen, die Gemeinde der Magie und Zauberei zu beschuldigen. Ein solches Grenzen-niederreißendes Verhalten war zur Zeit Jesu unfassbar.

Wir alle fühlen uns wohler, wenn wir mit Menschen reden, die wie wir sind: Gleiches gesellt sich zu Gleichem, die Reichen gewinnen die Reichen, Anwälte andere Anwälte, Fußballer gewinnen Fußballer und Angestellte ihre Kollegen im Büro. Das ist aber nicht der von Jesus und der frühen Gemeinde aufgestellte Grundsatz. Stattdessen sollten wir ein Herz haben, das so sehr von Liebe erfüllt ist, so viel Bereitwilligkeit besitzt, auch die zweite Meile zu gehen, dass wir jeden zu erreichen versuchen, mit dem wir in Kontakt kommen, ungeachtet aller Barrieren.

Wie können wir das angehen? Zuerst müssen wir verstehen, dass wir es nicht mit der herablassenden Manier eines »Weltverbesserers« probieren dürfen, sondern vielmehr mit dem auf dem Wort Gottes beruhenden Bewusstsein, dass wir nicht besser sind als andere Menschen. Als gerettete Sünder versuchen wir, verlorene Sünder zu gewinnen. Die Möglichkeiten sind praktisch unbeschränkt: einsame ausländische Studenten, die sich den Kontakt zu Menschen wünschen und ein aufrichtiges Interesse an ihnen haben; Immigranten, die verzweifelt versuchen, in einer fremden Kultur Fuß zu fassen; alleinstehende schwangere Frauen, die Zuflucht und Schutz benötigen. Ebenso die überall anzutreffenden Menschen mit sehr geringem Einkommen – jene, die Autos waschen, Toiletten reinigen, Zeitungen austragen oder andere Gelegenheitsjobs verrichten, an denen die meisten mit der gleichen Achtlosigkeit vorübergehen wie an Werbeplakaten.

Es liegt nicht in unserer Natur, Schranken zu überwinden. Vielmehr erfordert es das übernatürliche Herz Christi, ein Herz, das wir nur durch bewusste Gebete und Disziplin erhalten. Jeder Gläubige ist dazu aufgefordert, ein Herz zu haben, das andere erreichen möchte.

Werden Sie um ein solches Herz beten? Werden Sie sich Disziplin auferlegen, um andere zu erreichen? Jesus sehnt sich danach, dass Ihr Herz im Gleichklang mit seinem schlägt.

Göttliche Führung

Jesu Gespräch mit der Frau am Brunnen legt uns noch eine weitere Eigenschaft des dienenden Herzens nahe: die Einsicht, dass unsere persönlichen Kontakte eine Reihe von göttlichen Verabredungen im Leben sind. Das wird durch die Aussage in Vers 4 indirekt mitgeteilt: *»Er musste aber durch Samaria ziehen.«* Hier wird angedeutet, dass diese Reise ein Teil von Gottes Plan war.[191] Eigentlich hätte Jesus nicht durch Samaria gehen müssen. Er hätte dran vorbeiziehen können, doch er war sich der souveränen Führung seines Lebens bewusst, ebenso wie der Bedürftigkeit der Menschen, die er auf dem Weg treffen würde.

Dienende Herzen kennen diese Sicht. Sie wissen, dass es keine zufälligen Begegnungen gibt.

1968 nahm ich 25 Schüler von der Highschool mit nach Parker in Arizona, um vor unzähligen jungen Kaliforniern ein Zeugnis abzulegen, die in den Osterferien nach Arizona kamen. Mein Plan war sorgfältig vorbereitet: Mit einem Freund war ich in einem kleinen Flugzeug nach Parker geflogen, hatte von der Stadt bis zum Staudamm Luftaufnahmen vom Colorado Fluss gemacht und fuhr den Fluss anschließend beidseitig ab, um einen Platz zum Campen zu finden. Bei unserer Ankunft stellte sich jedoch heraus, dass wir den Platz nicht bekommen konnten. Das hatte zur Folge, dass ich mit meinem Wohnwagen den Rest des heißen Tages von einem Fleck zum anderen fuhr und mehrfach abgewiesen wurde, bis wir kurz vor Sonnenuntergang schließlich eine freie Stelle fanden, wo wir unsere Zelte aufschlagen konnten. Einige Meter von uns entfernt befand sich der Lagerplatz von fünf Highschool-Schülern. Am Ende der Woche bekannten sich vier von ihnen zu Christus, drei folgen ihm heute noch treu, zwei stehen im aktiven Dienst!

Es ist eine gesegnete Erkenntnis: *»Vom HERRN her werden eines Mannes Schritte gefestigt«* (Ps 37,23). Scheinbar zufällige Begegnungen werden von Gott arrangiert. Eine heilige Ernüchterung erfahren wir, wenn wir erkennen, dass wir es nicht bloß mit Sterblichen zu tun haben, sondern dass jeder Mensch (sowohl die Frau am Brunnen als auch die im Waschsalon, der religiöse Führer und der Junge vom Pizza-Service) in Ewigkeit fortbestehen wird, entweder als verherrlichtes Wesen oder als verlorene Seele. Das dienende Herz – wie das Herz Jesu – hat ein Gespür dafür und behandelt jeden Menschen dementsprechend.

Das leuchtende Vorbild des dienenden Herzens Jesu im Kontakt mit der Samariterin hat uns ein für alle Mal gezeigt, was im Dienst erforderlich ist. Erstens ist es ein Herz, *das diszipliniert arbeitet.* Der Mann, der eine solche Herzenshaltung besitzt, setzt sich für Christus und seine Gemeinde ein. Er ist bereit, Unannehmlichkeiten auf sich zu nehmen. Er erlaubt es, dass man ihn in seiner Ruhe stört. Wenn nötig, wird er bis zur Erschöpfung arbeiten.

Zweitens ist das dienende Herz ein Herz, das *andere mit dem Evangelium zu erreichen versucht.* Um des Evangeliums willen überwindet es soziale Schranken und riskiert dabei sogar die Ablehnung anderer. Es geht auch andersartigen Menschen demütig nach.

Drittens hat das von Gott gebrauchte Herz das Bewusstsein, dass all seine menschlichen Beziehungen eine Folge der geplanten *Führung Gottes* sind. Dieses Herz sieht in allen Beziehungen im Leben eine Möglichkeit zum Zeugnis. Für dieses Herz hat alles einen Platz im Drama der Ewigkeit, in dem jeder Christ mit einer speziellen Rolle betraut wurde.

Das Herz, das diszipliniert daran arbeitet, andere mit dem Evangelium zu erreichen und seine sozialen Beziehungen als gottgegebene Möglichkeiten sieht, ist vor allem ein gefährdetes Herz. Seine hohen Ideale und weitreichenden Kontakte machen es anfällig für zahlreiche Nöte, die einem engen Herz unbekannt sind. Zugleich ist es jedoch auch offen für viele Freuden, die dem engen Herzen ebenso verborgen bleiben.

Wenn man nie Fußballtrainer war, musste man auch niemals als der Fußabtreter der Liga herhalten, aber man wird auch die Freude entbehren, Mr. G. in der letzten Minute zu schlagen! Ebenso wird man niemals das freudige Herzklopfen erfahren, wenn die *Awesome Aztecs* und ihre Eltern eines Tages überraschenderweise im Gottesdienst sitzen.

Entwickle ein enges Herz, und das Leben wird sanft an dir vorbeistreichen, doch du wirst niemals das Hochgefühl erfahren, das vom Wind des Heiligen Geistes aufgeblähte Segel mit sich bringen. Ihr Männer, die Wahl liegt bei uns. Mögen wir uns zum Dienst disziplinieren!

Denkanstöße

- Haben Sie ein enges oder ein dienendes Herz? Beschreiben Sie diese beiden Herzen mit Ihren eigenen Worten!
- Welche Gründe hätte Jesus, menschlich gesehen, haben können, um der samaritischen Frau nicht zu dienen (Joh 4)? Weshalb hat er dennoch versucht, sie zu erreichen?
- Was lernen wir aus 1. Thessalonicher 2,9 und 2. Korinther 11,27? Wie steht es diesbezüglich bei Ihnen? Welche Dinge halten Sie zurück?
- Welche Art von Vorurteilen verhindern einen effektiven christlichen Dienst? Welche Vorurteile hegen Sie persönlich – wenn auch nur gelegentlich? Welche Dienste sind aus diesem Grund gescheitert? Was werden Sie daran ändern?
- »Es ist eine gesegnete Erkenntnis: *›Vom HERRN her werden eines Mannes Schritte gefestigt‹* (Ps 37,23). Scheinbar zufällige Begegnungen werden von Gott arrangiert« (S. 243). Ist das Ihre Einstellung, wenn Sie mit Ihren Arbeitskollegen Schulter an Schulter arbeiten, Ihren Nachbarn begegnen, Menschen in der Gemeinde, in der Hauptverkehrszeit, im Restaurant usw. treffen?
- »Das Herz, das diszipliniert daran arbeitet, andere mit dem Evangelium zu erreichen und seine sozialen Beziehungen als gottgegebene Möglichkeiten sieht, ist vor allem ein gefährdetes Herz« (S. 244). Welche Gefahr besteht für Sie, wenn Sie ein dienendes Herz haben? Was könnte Sie der Dienst für Gott und an anderen kosten?

Anwendung / Konsequenz

Welchen Punkt hat Gott bei Ihnen in diesem Kapitel am konkretesten angesprochen? Sprechen Sie jetzt gleich mit ihm darüber!

Zum Nachdenken

Welche Dienste haben Sie kürzlich für Christus getan? Führen Sie sie auf und werten Sie anschließend die positiven und negativen Aspekte Ihres Dienstes aus. Was denken Sie: Aus welchen Diensten möchte Gott, dass Sie sich zurückziehen? Welche zusätzlichen Dienste könnte Gott für Sie bereithalten? Welche Vorbereitung benötigen Sie dafür?

Disziplin

19

Gnade zur Disziplin

Wie wir im Anfangskapitel dieses Buches erfahren haben, beinhaltet das Wort *Disziplin* ausgehend von 1. Timotheus 4,7 (*»Übe dich aber zur Gottesfurcht«*) den Gedanken von Anstrengung – die Anstrengung eines guten Trainings. Es ist ein unverminderter Aufruf zu geistlicher Schwerstarbeit.

Die Etymologie des Begriffs »Disziplin« deutet ein bewusstes *Ablegen* aller Hindernisse an, und danach die entschlossene *Aktivierung* aller vorhandenen Energien einer Person. Ebenso wie ein Athlet im Altertum alles auszog und *gymnos* (nackt) in den Wettkampf ging, so muss der disziplinierte christliche Mann sich jeder Verbindung, Gewohnheit und Neigung entledigen, welche die Gottesfurcht erschweren. Wenn er es dann zu dieser äußersten »geistlichen Nacktheit« gebracht hat, muss er all seine Energie aufwenden, um an seiner Gottesfurcht zu arbeiten.

Die gelenkige, wohlgeformte Gestalt des klassischen griechischen Läufers illustriert diese Wahrheit. Er hat über Tausende von Kilometern geschwitzt mit der Absicht, gut und erfolgreich zu laufen. Genauso ist das erfolgreiche christliche Leben eine ausnahmslos disziplinierte und schweißtreibende Angelegenheit, ohne überflüssigen Ballast.

Die Einsicht, dass dynamische geistliche Disziplin unbedingt zur Gottesfurcht erforderlich ist, entspricht dem allgemeinen Verständnis, dass für jede Leistung im Leben Disziplin notwendig ist. Der legendäre Erfolg von Mike Singletary, zweimal zum Verteidiger des Jahres in der NFL gewählt, bezeugt sein bemerkenswert diszipliniertes Leben. Ernest Hemingways enorme literarische Disziplin veränderte den Sprachgebrauch der Menschen in der gesamten englischsprachigen Welt. Michelangelos, da Vincis und Tintorettos Billionen von Skizzen, die die *quantitative* Disziplin ihrer Arbeit bewiesen, bereiteten den Weg für die weltbewegende *Qualität* ihrer Arbeit. Winston Churchill, der Redner des Jahrhunderts, war alles andere als ein »Naturtalent« – es sei denn, wir bezeichnen mit »Naturtalent« einen von Natur aus hart arbeitenden Mann, der seine beträchtliche Sprachstörung durch ein hohes Maß an harter Arbeit und zusätzlicher Anstrengung überwand. Ignacy Jan Paderewski, der brillante Pianist, brachte es auf den Punkt, als er zu einer mehr als leidenschaftlichen Verehrerin sagte: »Meine Dame, bevor ich zum Genie wurde, war ich ein Arbeitstier.«

Es ist eine unumstößliche Tatsache, dass wir ohne Disziplin nichts im Leben erreichen – das gilt besonders in geistlichen Dingen. Einige Menschen haben angeborene Vorteile im sportlichen oder musikalischen Bereich. Aber niemand von uns kann einen angeborenen *geistlichen Vorteil* für sich in Anspruch nehmen. Keiner von uns ist aus sich selbst gerecht, keiner sucht von Natur aus nach Gott oder tut automatisch das Gute. Deshalb ist für uns, die Kinder der Gnade, geistliche Disziplin äußerst wichtig.

Ohne Disziplin keine Jüngerschaft!
Ohne Schweiß keine Heiligkeit!
Ohne Arbeit keine Inspiration!
Ohne Schmerz kein Gewinn!
Ohne Männlichkeit keine Reife!

Dieser wichtige Grundsatz hat die Grundlage für unser Studium der 16 Lebensbereiche geliefert, die zu einem gottesfürchtigen Leben unerlässlich sind: *sexuelle Reinheit, Eheleben, Vaterschaft, Freundschaft, Gedankenwelt, Hingabe, Gebetsleben, Gottesdienst, Integrität, Sprache, Arbeit und Beruf, Gemeinde, Leiterschaft, Freigebigkeit, christliches Zeugnis und christlicher Dienst.*

Es ist eine beachtliche Liste, das kann man wohl sagen! Was uns tatsächlich entmutigen könnte, ist die Tatsache, dass wir in jedem einzelnen dieser 16 Bereiche noch großes Entwicklungspotenzial haben. Tatsächlich beinhaltet jedes Kapitel durchschnittlich sieben Denkanstöße und Anwendungen. Zusammen ergibt das über 100 Aufforderungen.

Die richtige Antwort

Wie sollen wir darauf reagieren? Sicherlich nicht mit jener Passivität, die in zunehmender Weise zu einem Kennzeichen des Mannes geworden ist. Für viele Männer bedeutet eine Herausforderung, die Möglichkeit zum Ausweichen zu suchen – die Bettdecke hochzuziehen und im Bett zu bleiben. »Es gibt so viel zu tun! Ich weiß gar nicht, wo ich anfangen soll …«, lautet die lähmende Reaktion auf die Realität.

Auf der anderen Seite liegt eine ebenso tödliche Antwort in selbstgerechter *Gesetzlichkeit*. Zugegeben, das ist statistisch gesehen eine geringere Gefahr als die Passivität. Dennoch gibt es viele Menschen, die sich die 16 genannten Lebensbereiche und die vielfachen Aufforderungen zum Handeln leicht als ein drakonisches Vorbild für eine strenge gesetzliche

Haltung zu eigen machen. Oh, welche Möglichkeiten ihnen eine solche Liste bietet! »So, du hast also in der letzten Woche an einigen Tagen mit dem Bibellesen ausgesetzt? Schäm dich. Erinnere dich, dass du täglich mindestens fünf Seiten lesen solltest.« – »Wenn Peter wirklich der Ehemann wäre, der er vorgibt zu sein, dann hätte er die Tür längst repariert.«

Gott möge uns vor dem *Reduktionismus* einer solchen Gesetzlichkeit bewahren, der Geistlichkeit als eine Serie von starren Gesetzesvorschriften darstellt und dabei sagt: »Wenn Sie diese sechs, 16 oder 66 Dinge erfüllen, sind Sie gottesfürchtig.« Christsein und Gottesfurcht sind weitaus mehr als eine Checkliste. »In Christus« zu sein, bedeutet, eine Beziehung zu ihm zu haben. Sie braucht wie alle Beziehungen disziplinierte Pflege, aber niemals gesetzlichen Reduktionismus.

Gott möge uns ebenso vor selbstgerechtem *Richten* bewahren. Wie leicht können unsere sündigen Herzen uns selbst erheben und andere gleichzeitig auf die Anklagebank setzen!

Wie wir bereits am Anfang festgehalten haben, liegt ein ganzes Universum zwischen den Motiven einer gesetzlichen Haltung und Disziplin. Die Gesetzlichkeit sagt: »Ich werde dies tun, um bei Gott Verdienste zu erwerben«, göttliche Disziplin hingegen: »Ich werde dies tun, weil ich Gott liebe und ihm gefallen möchte.« Gesetzlichkeit ist ichbezogen, Disziplin ist gottbezogen. Als absoluter Gegner der Gesetzlichkeit sagte Paulus: *»Übe dich aber zur Gottesfurcht.«*

Weisheit zur Disziplin

Während ich dieses Buches schrieb, hatte ich vor meinem geistigen Auge das Bild der jungen Männer in meiner Familie, meiner Söhne und Schwiegersöhne, wie sie vor mir am Tisch sitzen und wir uns über die Lebensbereiche eines gottesfürchtigen Mannes unterhalten. Sie fragen mich: »Wie sollen wir damit umgehen? Sag uns, wie wir uns zur Gottesfurcht disziplinieren sollen, ohne gesetzlich zu werden.« Meine Antwort darauf ist sehr persönlich.

Prioritäten setzen

Ich sage ihnen, dass ich damit beginnen würde, die 16 Lebensbereiche nochmals durchzusehen, um sie dann auf verschiedene Listen zu schreiben. Auf die eine Liste kämen jene Gebiete, in denen ich weniger Defizite habe, auf die andere meine Problembereiche. Um eine objektive Auflistung zu gewährleisten, kann bei Verheirateten die Unterstützung des Ehepartners hilfreich sein. Bei Unverheirateten kann ein geistlich reifer Freund helfen.

Im Anschluss würde ich meine Problembereiche der Dringlichkeit nach durchnummerieren – z. B. 1) sexuelle Reinheit, 2) Gedankenwelt, 3) Gebetsleben, 4) Zeugnisgeben, 5) Freigebigkeit, 6) Arbeit, 7) Freundschaft und 8) Leiterschaft. Dann würde ich mit dem ersten Punkt anfangen – in diesem Fall der sexuellen Reinheit –, die Unterpunkte in dem Kapitel noch einmal durchsehen und ein bis drei Dinge auswählen, die mir meiner Meinung nach am ehesten weiterhelfen. Dabei würde ich möglichst der Versuchung widerstehen, mich auf zu viele Bereiche zu konzentrieren. Es ist besser, in wenigen erfolgreich zu sein, als durch Übereifer Fehler zu begehen. In Bezug auf die sexuelle Reinheit würde ich zunächst vielleicht die Bibelstellen lernen, die mir helfen, mich vor Versuchungen zu schützen, und mir zudem keine erotischen Fernsehsendungen oder Filme ansehen. Ich könnte auch Gott vor Zeugen bitten, dass er mir Möglichkeiten zum Zeugnis gibt, und nach Gelegenheiten suchen, wo ich noch ungeretteten Menschen begegnen könnte.

Nachdem ich meine Liste durchgegangen bin, hätte ich mir vielleicht 20 spezifische Punkte ausgesucht, die mir in meinen acht schwächsten Lebensbereichen helfen können.

Realistische Einschätzung

Doch bevor ich ins Detail ginge, würde ich noch einen realistischen und ehrlichen Blick auf die Gesamtliste werfen und mich fragen: »Ist es mir mit Gottes Hilfe wirklich möglich, die Ziele in den ausgesuchten Bereichen anzustreben?« Wenn ich hinsichtlich meiner Gedankenwelt so sehr bestrebt bin, eine Veränderung herbeizuführen, dass ich mir vorgenommen habe, das Alte Testament einmal und das Neue Testament zweimal im Jahr durchzulesen – und zusätzlich noch das Buch *Krieg und Frieden* im Januar, dann habe ich mir das wohl nicht gut genug überlegt! Wäre es nicht ein weitaus realistischeres Ziel, ein Jahr für das Neue Testament zu veranschlagen und in den Monaten Januar bis April *Krieg und Frieden* durchzulesen, wenn Sie ansonsten nicht so viel lesen? Gehen Sie sicher, dass Ihre Pläne Arbeit für Sie bedeuten, aber seien Sie sich ebenso sicher, dass sie alles in allem auch durchführbar sind. Es ist besser, Ihre Ziele bei Erfolg zu erweitern, als sich mehr vorzunehmen, als Sie erreichen können. Ein Erfolgserlebnis ist eine gute Ausgangsbasis für ein weiteres.

Beten

Bevor Sie Ihre Vorhaben in die Tat umsetzen, sollten Sie sich eine Woche Zeit nehmen, um darüber nachzudenken und dafür zu beten. Suchen Sie die Führung des Heiligen Geistes, um auch andere Möglichkeiten persönlicher Disziplin kennenzulernen als die in diesem Buch beschriebenen.

Legen Sie Rechenschaft ab

Bitten Sie Ihre Ehepartnerin oder einen Freund, auf Ihre Fort- oder Rückschritte zu achten. Stellen Sie sicher, dass Sie sich regelmäßig mit ihm beraten und beten – auch wenn es nur telefonisch geht. Seien Sie bezüglich Ihrer Siege und Niederlagen ehrlich. Und zeigen Sie die Bereitschaft, auf Ratschläge einzugehen und Korrekturen vorzunehmen.

Falls Sie Schwierigkeiten bekommen …

Zweifelsohne werden Sie Probleme bekommen und gelegentlich sogar total versagen. Wenn das eintrifft, können Ihr verletzter Stolz und Ihre Beschämung Sie dazu bringen, Ihre Sachen zu packen und aufzugeben. Wir mögen Dinge nicht, in denen wir versagen. Aber wir müssen erkennen, dass Fehlschläge ein Teil des Erfolges sind – wir gestehen unser Versagen ein und starten einen neuen Versuch. Außerdem stehen wir nicht unter dem Gesetz, sondern unter der Gnade. Gott rechnet uns unser Versagen nicht zu, und mit unseren Erfolgen sammeln wir uns auch keine Verdienste bei ihm. Wir versuchen einfach nur, ein diszipliniertes Leben zu führen, das unserem liebenden Vater gefällt – und er hat mehr Verständnis für unser Versagen als wir gegenüber unseren eigenen Kindern.

Gnade zur Disziplin

Der Mann, der sich in Weisheit zur Gottesfurcht diszipliniert, kennt die Notwendigkeit von *Prioritäten*, einer *realistischen Einschätzung*, des *Gebets* sowie der *Verantwortlichkeit* und ist sich bewusst, dass *Fehlschläge* zum Erfolg gehören. Doch seine größte Weisheit und Kraft liegt in seinem Verständnis von der *Gnade*. Alles in seinem Leben entspringt der Gnade Gottes – *sola gratia*, Gnade allein!

Die Rettung geschieht allein aus Gnade. Wir waren tot in unseren Vergehen und Sünden, von dunklen Mächten gefangen, nicht fähiger, unsere eigene Errettung zu bewirken, als ein Toter. »*Gott aber, der reich ist an Barmherzigkeit, hat ... auch uns, die wir in den Vergehungen tot waren, mit dem Christus lebendig gemacht –* ***durch Gnade*** *seid ihr gerettet! ... Denn* ***aus Gnade*** *seid ihr errettet durch Glauben, und das nicht aus euch, Gottes Gabe ist es; nicht aus Werken, damit niemand sich rühmt*« (Eph 2,4-5.8-9; Hervorhebungen durch den Autor). Wir sind durch Gottes Gnade gerettet worden, durch seine unverdiente Gunst. Wie Paulus unmissverständlich deutlich macht, vermindert selbst ein noch so kleiner Anteil von guten Werken die Bedeutung der rettenden Gnade: »*Wenn aber durch Gnade, so nicht mehr aus Werken; sonst ist die Gnade nicht mehr Gnade*« (Röm 11,6). *Sola gratia.*

So wie die Rettung allein aus Gnade geschieht, so auch das christliche Leben. Hinsichtlich der Erfahrungen des Gläubigen in dieser Welt macht Jakobus diese überwältigende Feststellung: »*Er gibt aber desto größere Gnade*« (Jak 4,6). Damit ist nicht die rettende Gnade gemeint, sondern die Gnade, die uns zu einem christlichen Leben in dieser gefallenen Welt befähigt – »*größere Gnade*«.

Einmal stellte ein Künstler sein Gemälde von den Niagara-Fällen einer Ausstellung zur Verfügung, lehnte es aber ab, dem Werk einen Titel zu geben. Der Aussteller, der nun vor dem Problem der Namensgebung stand, entschied sich für die Worte: »Mehr wird folgen.« Die alten Niagara-Fälle, über die schon seit Tausenden von Jahren Billionen Liter Wasser strömten, haben die Bedürfnisse der in der Umgebung lebenden Menschen bei Weitem übertroffen und sind ein passendes Beispiel für die Flut der göttlichen Gnade, die er über uns ergießt. Es wird immer mehr folgen! Die Worte des Apostels Johannes beziehen sich darauf: »*Denn aus seiner Fülle haben wir alle empfangen, und zwar Gnade um Gnade*« (Joh 1,16) – wörtlich heißt es, »Gnade anstatt Gnade«. In anderen Übersetzungen finden wir die Versionen »Gnade über Gnade« (MENGE) oder »Gnade und immer neu Gnade« (NGÜ). »Für die tägliche Not gibt es tägliche Gnade; für plötzlich auftretende Not plötzliche Gnade; für überwältigende Not überwältigende Gnade«, schreibt John Blanchard.[192]

Wenn wir die Lebensbereiche eines gottesfürchtigen Mannes angehen, müssen wir uns vergegenwärtigen, dass es von Anfang bis Ende eine Frage der Gnade ist.

Denken Sie langsam und sorgfältig über die folgenden Worte Paulus' nach: »*Aber durch Gottes* ***Gnade*** *bin ich, was ich bin; und seine Gnade mir gegenüber ist nicht vergeblich gewesen, sondern ich habe viel mehr gearbeitet als sie alle;*

nicht aber ich, sondern die **Gnade** *Gottes, die mit mir ist«* (1Kor 15,10; Hervorhebungen durch den Autor). Sie sehen, es gibt keinen Widerspruch zwischen Gnade und harter Arbeit. Gnade führt zu geistlicher Schwerstarbeit!

Es ist die Gnade Gottes, die uns zu einem gottesfürchtigen Leben befähigt. Er gibt immer mehr Gnade.

Gnade zur sexuellen Reinheit
Gnade zu einem erfüllten Eheleben
Gnade zur verantwortungsvollen Vaterschaft
Gnade zur Freundschaft
Gnade zu reinen Gedanken
Gnade zur Hingabe
Gnade zum Gebetsleben
Gnade zum Gottesdienst
Gnade zur Integrität
Gnade zum Sprachgebrauch
Gnade zur Arbeit
Gnade zum Gemeindeleben
Gnade zur Leiterschaft
Gnade zur Freigebigkeit
Gnade zum christlichen Zeugnis
Gnade zum christlichen Dienst

Brüder, wenn wir seinen Willen tun wollen, gibt er immer mehr Gnade!

Wenn wir unser Leben fast nicht mehr ertragen,
wenn wir ganz erschöpft, eh die Arbeit getan,
sind wir ganz am Ende mit unseren Kräften,
dann soll'n wir erfahren, dass er helfen kann.
Seine Liebe ist unendlich, seine Gnade unermesslich,
seine Kraft, seine Weisheit unbegreiflich sie sind.
Unergründlich ist der Reichtum, den wir haben in Jesus,
Davon gibt er und gibt er und gibt dir stets mehr.[193]

Denkanstöße

- Wie reagieren Sie manchmal auf die Herausforderung in 1. Timotheus 4,7? Wie denkt Gott wohl über diese Reaktionen?

- Gehen Sie die 16 Lebensbereiche dieses Buches noch einmal durch und setzen Sie anschließend Prioritäten, die auf Ihr Leben abgestimmt sind – in Bezug auf Ihre von Gott gegebenen Fähigkeiten und Interessen, Ihre Möglichkeiten, den Stand Ihres geistlichen Verständnisses, Ihre geistliche Reife und Ihre Bereitschaft, Fortschritte zu machen.
- Haben Sie eher das Problem, sich für Gott oder die Gemeinde zu wenig vorzunehmen, oder tendieren Sie dazu, sich zu viel aufzuladen und es dann auch nicht bewältigen zu können?
- Was halten Sie davon, einen engen christlichen Freund ins Vertrauen zu ziehen, den Sie über Ihren Stand regelmäßig informieren? Ermutigt Sie dieser Gedanke oder ängstigt er Sie? Weshalb haben wir es nötig, uns gegenseitig an unsere Verantwortung zu erinnern? Reicht es nicht, vor Gott verantwortlich zu sein?
- Wie reagieren Sie, wenn Sie geistliche Rückschläge hinnehmen müssen? Was sind gewöhnlich die Gründe für Ihr Versagen oder Ihr Abkommen vom Weg? Was können Sie tun, um mit der Hilfe Gottes weniger Rückschläge zu erfahren?
- In welchem Zusammenhang stehen Disziplin und Gnade? Definieren Sie beide Begriffe sorgfältig! Welche Bedeutung haben sie in Ihrem Leben? Welcher Aspekt des Wesens Gottes ermutigt Sie am meisten und hält Sie aufrecht?

Anwendung / Konsequenz

Welchen Punkt hat Gott bei Ihnen in diesem Kapitel am konkretesten angesprochen? Sprechen Sie jetzt gleich mit ihm darüber!

Zum Nachdenken

Erstellen Sie eine vollständige Liste von allen Bereichen Ihres Lebens, in denen Sie mehr Disziplin benötigen! Im Anschluss sollen Sie aufschreiben, was Sie tun können, um ein disziplinierteres Leben zu führen. Da Sie das nicht aus eigener Kraft erreichen können und Gottes Hilfe benötigen, sollen Sie Möglichkeiten überlegen, wie Sie diese in Anspruch nehmen können.

Anhang A

Das persönliche Zeugnis von James und Deborah Fellowes

James: Meine Frau Deby und ich freuen uns über die Gelegenheit, die Veränderungen in unserem Leben bezeugen zu können, die eintrafen, als wir Jesus Christus als unseren Herrn und Heiland annahmen. Wir sind für jene Menschen dankbar, die im Glauben lebten und uns zur Entscheidung für Christus führten.

Vor unserer Verlobungszeit und in den ersten Jahren unserer Ehe gingen wir nie in die Kirche. Ich kann mich auch nicht daran erinnern, dass wir jemals über Gott gesprochen hätten oder über das, woran wir glaubten. Wir waren zu sehr mit unseren Karrieren und uns selbst beschäftigt.

Meine Familie ging zur Kirche. Meine Eltern waren wunderbare Beispiele christlicher Idealvorstellungen, und sie sind es immer noch. Sie sind großherzig, liebevoll, barmherzig, freundlich und bescheiden. Aber, so gut ihr Vorbild auch war, in meiner Jugend verstand ich das Leben, den Tod und die Auferstehung Jesu nicht wirklich. Ich dachte, ich sei ein Christ, weil ich zur Kirche ging und versuchte, ein guter Mensch zu sein, so wie meine Mutter und mein Vater.

Deborah: Wie Jamie war auch ich als Kind es gewohnt, in die Kirche zu gehen. Meine Mutter war viele Jahre lang Sonntagsschullehrerin und sorgte dafür, dass mein Bruder und ich jeden Sonntag hingingen. Ich glaube, wir drei fanden Trost und Kraft in der Kirche, um mit unseren Problemen in der Familie fertig zu werden.

Ich erinnere mich, dass ich während meiner ersten Jahre in der Highschool ein starkes Interesse an geistlichen Dingen hatte, inmitten einer Zeit voller Ungewissheit und Unsicherheit. Ich verspürte einen starken Wunsch, zur Kirche zu gehen, aber konnte keine Antworten finden. Ich erinnere mich an ein Buntglasfenster in unserer Kirche, auf dem ein kniender Engel mit ausgebreiteten Flügeln dargestellt war. Wie ich mich danach sehnte, unter seinen Flügeln Sicherheit, Schutz und Frieden zu finden!

Als ich mich in Jamie verliebte, schien es mir, als könnte ich all diese Dinge, nach denen ich suchte, in ihm und unserer Beziehung finden. Wir hatten einander, und ich kehrte Gott den Rücken zu. Wir lebten für den Augenblick und füreinander.

James: Am 23. Dezember 1975 um 14 Uhr nachmittags wurde unser erstes Kind geboren, Jennifer. Die Erfahrung der Geburt im Entbindungsraum war mehr, als ein frischgebackener Vater ertragen konnte. Ich weinte unkontrolliert, überwältigt vor Freude, Staunen und Dankbarkeit. Dieser großartige Moment der Geburt löste zum ersten Mal ein ernsthaftes Fragen nach geistlichen Dingen in mir aus.

In den Stunden und Tagen danach dachte ich viel über Gott und die Entstehung eines Babys nach. *Nur Gott kann ein Baby erschaffen*, dachte ich. Ich möchte Gott kennenlernen. Ich hatte sein großes und machtvolles Werk gesehen.

Am nächsten Sonntag suchten wir nach einer Gemeinde in unserer Nachbarschaft im *Lincoln-Park*-Bezirk von Chicago und fanden schließlich eine, die uns zusagte. Ich genoss diesen neuen Bereich unseres Lebens wirklich. Als Erwachsener begann ich, etwas über das Christentum zu lernen. Ich mochte die Menschen ebenso wie das Gefühl, Teil der Gemeinschaft zu sein. Mit der Zeit wurde ich zum Platzanweiser, dann zum Ältesten und schließlich zum Vorsitzenden des Ältestenrats.

Deborah: Während Jamie einen neuen Lebensbereich und Erfüllung gefunden hatte, ärgerten mich seine neuen Interessen. Es gab jetzt mehr Veranstaltungen und Verpflichtungen in seinem Leben, die mich ausschlossen. Da ich wusste, wie viel ihm die Gemeinde bedeutete, versuchte ich, mich ein wenig mit ihm zusammen dort einzubringen.

Im geistlichen Bereich empfand ich jedoch weiterhin keine Befriedigung. Allein das Singen von Liedern brachte mich zum Weinen. Ich wollte wissen, woran ich glauben sollte. Ich suchte nach Sinn in meinem Leben – allerdings an den falschen Orten. Materieller Besitz und weltlicher Erfolg waren viel zu wichtig für mich. Das waren erreichbare Ziele, da Jamies Verantwortung und Stellung in seinem Familienunternehmen wuchsen. Aber trotz unseres materiellen Besitzes empfand ich eine Leere in meinem Leben.

Aufgrund unserer Vergangenheit nahmen Jamie und ich Abstand von evangelikalen Gemeinden. Als wir 1979 nach Wheaton (Illinois) umzogen, suchten wir nach einem Haus, das möglichst weit entfernt vom *Wheaton College* lag. Unser Traumhaus fanden wir aber nur einen Block von dem Bezirk entfernt, dem wir aus dem Weg gehen wollten.

Fünf Monate nach unserem Umzug zog der neue Pastor der *College Church,* Kent Hughes, mit seiner Familie in ein Haus, das gegenüber von uns lag. Ich freundete mich mit seiner Frau Barbara an. Sie lud mich zu einem Bibelkreis in ihrer Gemeinde am Mittwochmorgen ein – und ich entschloss mich, es zu versuchen. Von dem Augenblick an, als ich den Raum betrat, bemerkte ich etwas Außergewöhnliches bei dieser Gruppe. Die Frauen schienen ein aufrichtiges Interesse füreinander zu haben. Es war nicht die Oberflächlichkeit, der ich in so vielen anderen sozialen und beruflichen Gruppierungen begegnet war.

Es dauerte nicht lange, und der Bibelkreis wurde für mich zum Höhepunkt der Woche. Ich bewunderte die Charakterstärke dieser Frauen, die ich bei mir vermisste. Ich begann zu begreifen, dass sie aufgrund der Lehren der Heiligen Schrift anders waren. Sie wollten nach den Lehren der Bibel leben und handeln. Sie vertrauten Christus die Führung ihres Lebens an, anstatt es selbst in die Hand zu nehmen. Dies stand so sehr im Gegensatz zu der Art, wie wir unser Leben gestalteten.

In dieser Zeit erhielten Jamie und ich von seinen Berufskollegen eine Einladung zum Essen in einem Country-Club. Ein bedeutender Geschäftsmann und seine Frau veranstalteten dieses Treffen, um davon zu zeugen, welche Bedeutung ihre Beziehung zu Christus in ihrem Leben hatte. Um unserer Freunde willen gingen wir hin. Ich hörte dort, was ich bereits im Bibelkreis gehört hatte, nur diesmal von der Frau eines bedeutenden Geschäftsmannes, einer Person, die mit vielen Dingen zu kämpfen hatte, die auch mir Probleme bereiteten. Ich konnte mich gut mit ihr identifizieren. Ich erkannte, dass Offenbarung 3,20 zu mir sprach: *»Siehe, ich stehe an der Tür und klopfe an; wenn jemand meine Stimme hört und die Tür öffnet, zu dem werde ich hineingehen und mit ihm essen, und er mit mir.«*

Die folgende Nacht war eine der schwersten in meinem Leben. Verzweifelt betete ich, dass meine Freundin Barbara mich am nächsten Tag besuchen würde, um mit mir darüber zu reden. Und sie kam. Nachdem ich ihr erklärt hatte, was am gestrigen Abend geschehen war, spürte sie den Kampf, den ich ausfocht. Sie bot mir an, mich durch die Bibel zu leiten und mir Jesu Ansprüche an mein Leben zu erklären. Mit ihrer Hilfe wagte ich den Glaubensschritt und übergab mein Leben Christus. Ich wusste, dass dies große Veränderungen in unserer Ehe mit sich bringen würde, aber ich war mir auch im Klaren, dass ich es tun musste.

James: Natürlich war ich bei dem gleichen Abendessen zugegen. Am Ende des Zeugnisses wurden Karten an uns verteilt, die wir ausfüllen sollten. Ich kreuzte das Kästchen an: »Kein weiteres Interesse.« Ich misstraute diesen »wiedergeborenen« Typen. Ich dachte, sie seien selbstgerecht und häufig sogar viel schlechter als der Rest von uns. Darüber hinaus war ich Vorsitzender des Ältestenrats und diente unserer Gemeinde auf andere Weise. War das nicht religiös genug?

Es machte mich krank, dass meine Frau davon so berührt war und sich in diese »wiedergeborenen« Kreise hineinziehen ließ. Vielleicht würde es mit der Zeit ja wieder nachlassen.

Bald schon machte sich ein Bruch zwischen Deby und mir bemerkbar. Ständig las sie die Bibel. Und wenn nicht die Bibel, dann Bücher von Chuck Swindoll, C. S. Lewis oder Kent Hughes, unserem Nachbarn. Sie verbrachte ihre ganze Zeit in Bibel- und Gebetskreisen. Sie nahm Einladungen zu Partys an, auf denen ich mich langweilte. Ich fühlte mich ausgeschlossen und wollte auch gar nicht dazugehören. In mancherlei Hinsicht begannen wir, uns auseinanderzuleben.

Deborah: Im Grunde geschah das, wovor ich Angst hatte. Jamie konnte nicht verstehen, wie sich meine Prioritäten über Nacht ändern konnten. Wie passte er jetzt noch da hinein? Obwohl mir unsere Beziehung noch so wichtig war wie all die Jahre zuvor, wuchs eine neue Beziehung in mir – die Beziehung zu Christus. Mein Wunsch, Christus zu folgen, ihm zu dienen und zu gehorchen, war an die erste Stelle meines Lebens gerückt. Durch meine Entscheidung wollte ich meine Zeit nun anders verwenden. Die Vorlieben in meinem Leben änderten sich. Der Bruch in unserer Ehe nahm zu. Mir blieb nichts anderes übrig, als Christus zu vertrauen.

James: Ich versuchte, verständnisvoll und geduldig zu sein, bemerkte aber, dass ich mich oftmals über Deby ärgerte. Ich fühlte mich einsam in meinem eigenen Haus. Wenn Gott gut ist, wie konnte er dann der Auslöser für die Trennung einer bis dahin erfolgreichen und glücklichen Ehe sein? Ich war sehr verwirrt.

Ich hatte meine eigenen Ansichten über Gott, wusste aber nicht genau, worauf sie basierten. Ich dachte, ich hätte eine gute Chance, in den Himmel zu kommen, weil ich ein recht guter Mensch war. Zweifellos würde Gott die Menschen auf einer Skala einstufen – und dabei hoffentlich großzügig sein. Deby widerlegte meine Argumente mit der Bibel. Sie sprach von der Rettung durch Glauben und Gottes Gnade.

Im Interesse des Familienfriedens entschloss ich mich an einem Sonntagabend, mit Deby zu einem Gottesdienst zu gehen. Meine

Erfahrung war der von Deby sehr ähnlich, als sie zum ersten Mal den Frauenbibelkreis besuchte. Ich empfand einen Unterschied zu den anderen Gemeinden, die ich bisher kannte. Ich beschloss, am nächsten Sonntag wieder hinzugehen. Ich spürte die Gegenwart Christi auf eine bis dahin unbekannte und tiefe Weise.

Ich dachte, dass eventuell doch etwas Gutes daran sein könnte – obwohl es mir schwerfiel, das zuzugeben. Trotz all der neuen Lebensumstände, über die ich mich ärgerte, musste ich eingestehen, dass Deby sich in vielerlei Hinsicht positiv verändert hatte. Allem voran hatte sie Frieden in Bezug auf unsere Beziehung. Ich war derjenige, der unter emotionalem Druck stand. Sie war eine deutlich stärkere, unabhängigere Person geworden. Sie diskutierte weniger, sondern vergab stattdessen mehr. Ironischerweise war sie in dieser Zeit der ehelichen Spannungen irgendwie romantischer geworden.

Ich beschloss, einige ihrer herumliegenden Bücher zu lesen – *In seinen Fußstapfen* von Charles Sheldon, *Pardon – ich bin Christ* von C. S. Lewis und *Den Frieden Gottes leben* von Chuck Colson. Zusammen mit Kent Hughes las ich *Der christliche Glaube* von John Stott. Wir fingen an, uns über den Glauben zu unterhalten. Während eines beruflich bedingten Aufenthalts in San Francisco las ich das Johannesevangelium in einer Gideon-Bibel, die ich im Hotel in der Schublade fand. Die Kraft des Wortes begann zum ersten Mal, in meinem Leben Wirkung zu zeigen.

Deborah: Jamie hatte sich verändert. Es war keine Erfahrung, die über Nacht kam, so wie bei mir, aber ich spürte bei ihm den langsam wachsenden Willen, den Herrn kennenzulernen. Unsere Beziehung wuchs in einer Weise wie nie zuvor – im geistlichen Bereich. Wir begannen, Gott bezüglich unserer täglichen Entscheidungen zu vertrauen. Wir erkannten, dass er souverän war und unser Leben in der Hand hielt. Wir wurden glücklicher, und unsere Beziehung gewann mehr an Tiefe als zuvor. Wenn wir auf die zurückliegenden Jahre blicken, können wir sehen, wie Gott uns sanft und dennoch fest zu sich führte – und uns stärker miteinander verband. Gott tat, was er in Hesekiel 11,19-20 versprochen hatte: »*Und ich werde ihnen ein Herz geben und werde einen neuen Geist in ihr Inneres geben, und ich werde das steinerne Herz aus ihrem Fleisch entfernen und ihnen ein fleischernes Herz geben, damit sie in meinen Ordnungen leben und meine Rechtsbestimmungen bewahren und sie befolgen. Und sie werden mir zum Volk, und ich werde ihnen zum Gott sein.*«

James: Trotz einer großartigen Ehe, Kindern und all den schönen Dingen, die wir uns leisten konnten, war eine Leere in meinem Leben. Wie kann man Leere erklären? Das ist schwer. Die meiste Zeit unterdrückten wir sie oder unternahmen den kläglichen Versuch, sie mit Oberflächlichkeit zu verdecken.

Als ich die Ansprüche Christi zu verstehen begann und weshalb er auf die Erde gekommen und für mich gestorben war, schaute ich auf mein Leben. Es war beschämend, als ich darüber nachdachte, wie Gott mich beschenkt hatte, und ich dies mit meinem Egoismus und der ausgesprochenen Schlechtigkeit meines Herzens verglich. Ich schämte mich.

Ich begab mich häufig zum Kreuz und bat um Vergebung. Im Gebet legte ich alle Einzelheiten bloß, so widerlich es auch war. Je mehr ich las und hörte, desto besser verstand ich, was ich falsch gemacht hatte. Und was noch wichtiger war: Ich entdeckte, wie ich den richtigen Weg gehen konnte. Durch Gottes Vergebung und Gnade begann ich, mich frei und auf eine neue Art lebendig zu fühlen.

In diesen ersten Tagen schien Gott mich mit einer neuen Kraft und einem völlig neuen Bewusstsein meines Wertes vor ihm zu erfüllen. Wenn ich ihm vertraute, schien alles besser zu gehen. Irgendwie verschwand der Druck und ich fühlte mich in meinem Leben freier, als ich versuchte, ihm zu gefallen anstatt mir selbst.

Jesus Christus hat all die Veränderungen in unserem Leben bewirkt. Unser Leben ist ein lebendiges Zeugnis seiner Macht. Er hat unseren Weg geführt durch unzählige Prüfungen, Kämpfe und alltägliche Ereignisse. Er hat uns über unsere Erwartungen hinaus gesegnet. Wir sind vielen dankbar, die für uns beteten, sich um uns sorgten und uns in der Jüngerschaft ausbildeten.

Bei einem Geschäftsmann ist eine gesunde Skepsis nur natürlich. Meine Bekehrung geschah langsam und bewusst, anders als bei Deby. Doch ich fand den Weg, die Wahrheit und das Leben – den Herrn Jesus Christus. Ich habe gelernt, in wen ich mein Vertrauen setzen muss. Gott ist treu. Er liebt Sie und er liebt mich. Vertrauen Sie ihm!

Anhang B

Anmerkungen

Kapitel 1: *In Gottesfurcht leben*

1. Mike Singletary mit Armen Keteyian, *Calling the Shots* (Chicago/New York: Contemporary Books, 1986), S. 57.
2. Paul Johnson, *Intellectuals* (New York: Harper & Row, 1988), S. 168–169.
3. Leland Ryken, *The Liberated Imagination* (Portland: Multnomah, 1989), S. 76.
4. MD, »Scriveners' Stances«, Bd. 13, Nr. 7 (Juli 1969), S. 245–254.
5. Ryken, *The Liberated Imagination*, S. 76.
6. Lane T. Dennis, *Letters of Francis Schaeffer* (Wheaton: Crossway Books, 1985), S. 93–94.
7. William Manchester, *The Last Lion: Winston Spencer Churchill; Visions of Glory: 1874–1932* (Boston: Little, Brown and Company, 1983), S. 32–33.
8. Gerhard Kittle, *Theological Dictionary of the New Testament*, Bd. 1 (Grand Rapids: Eerdmans, 1968), S. 775.
9. Persönliche Korrespondenz mit Harold Smith, dem geschäftsführenden Herausgeber des *Marriage Partnership* Magazins, 1. Februar 1991.
10. Bill Hendricks vom Verband christlicher Buchhändler berichtete am 28. Februar 1991, dass eine kürzlich erhobene Umfrage in sieben christlichen Buchläden in unterschiedlichen Teilen des Landes ergeben hat, dass drei von vier Käufern christlicher Literatur Frauen sind, das Durchschnittsalter bei 35 liegt und 70 Prozent der Kunden verheiratet sind. Die Umfrage besage auch, dass die Hälfte der gesamten Kundschaft (Verheiratete und Ledige) Kinder haben, das Durchschnittseinkommen bei 32.000 Dollar pro Haushalt liegt, die Ausgaben pro Kaufbesuch sich bei durchschnittlich 15 Dollar ansiedeln und 60 Prozent der Kunden mehr als einmal in der Woche eine Gemeinde besuchen.
11. Ebd.
12. Gallup Poll, *Emerging Trends*, eine Publikation des *Princeton Religion Research Center.*
13. *Leadership*, Winter 1991, Bd. 12, Nr. 1, S. 17.
14. Ebd., S. 18.

Kapitel 2: *Sexuelle Reinheit*

15. Barbara Lippert, »Talk on the Wild Side«, *Chicago Tribune*, 3. September 1990.
16. Robert H. Bork, *The Tempting of Amerika* (New York: The Free Press, 1990), S. 212.
17. Der Artikel »Wie weit verbreitet ist Indiskretion unter Pastoren?« aus einer 1988er-Winterausgabe des *Leadership* Magazins berichtet:
    »Die Umfrage untersuchte die Häufigkeit eines Verhaltens, das Pastoren als unangemessen bezeichnen. *Haben Sie, seitdem Sie im Dienst Ihrer Gemeinde stehen, einmal etwas mit einer Person (gemeint ist nicht Ihr Ehepartner) getan, das in sexueller Hinsicht unangemessen war?* Die Antworten: ja – 23 Prozent; nein – 77 Prozent.

Das ›unangemessene‹ Verhalten wurde nicht näher definiert – wahrscheinlich reicht das Verhalten von anzüglichen Worten über Flirten bis zum Ehebruch. Die anschließenden Fragen gingen ins Detail: *Hatten Sie jemals Geschlechtsverkehr mit einer Person außer Ihrem Ehepartner, seitdem Sie im Dienst Ihrer Gemeinde stehen?* Ja – 12 Prozent; nein – 88 Prozent. Und von den 88 Prozent deuteten viele an, dass es nicht leicht für sie war, sexuelle Reinheit zu bewahren.«

18. Ebd. Um diese Zahlen in eine Relation stellen zu können, haben Journalisten von *Christianity Today* zudem fast tausend Abonnenten ihres Magazins befragt, die nicht Pastoren sind. Unmoralische Verhaltensweisen verdoppelten sich nahezu: 45 Prozent deuteten an, dass sie etwas getan haben, das sie als sexuell unangemessen betrachteten; 23 Prozent sagten, dass sie außerehelichen Geschlechtsverkehr hatten; und 28 Prozent gaben an, dass sie in andere Formen sexueller Kontakte außerhalb der Ehe verwickelt waren.
19. Dietrich Bonhoeffer, *Versuchung* (München: Kaiser Verlag, 1953), S. 43.
20. J. Allan Peterson, *The Myth of the Greener Grass* (Wheaton: Tyndale House, 1983), S. 29.
21. J. Oswald Sanders, *Bible Men of Faith* (Chicago: Moody Press, 1974), S. 13.
22. Leon Morris, *The First and Second Epistles to the Thessalonians* (Grand Rapids: Eerdmans, 1959), S. 128.
23. Jerry B. Jenkins, »How to Love Your Marriage Enough to Protect It«, *Marriage Partnership*, Sommer 1990, S. 16–17. In diesem Artikel werden die folgenden vier Schutzmaßnahmen vorgeschlagen. Weitere Hilfen finden sich in seinem Buch *Hedges* (Brentwood: Wolgemuth & Hyatt, 1989), S. 75-130.

Kapitel 3: *Ein erfülltes Eheleben*

24. Mike Mason, *Das Geheimnis der Ehe. Die geistliche Dimension des gemeinsamen Lebens* (Wuppertal: R.Brockhaus, 2001), S. 53.
25. George Gilder, »Taming the Barbarians«, in *Men and Marriage* (Gretna: Pelican Publishing House, 1986), S. 39–47.
26. Mason, *Das Geheimnis der Ehe*, S. 158–159.
27. N. G. L. Hammond und H. H. Scullard, *The Oxford Classical Dictionary* (London: Oxford University Press, 1978), S. 722.
28. William Shakespeare, *Der Kaufmann von Venedig*, 2. Akt, 6. Szene.
Verwünscht mich, wenn ich sie nicht herzlich liebe;
Denn sie ist klug, wenn ich mich drauf verstehe,
Und schön ist sie, wenn nicht mein Auge trügt,
Und treu ist sie, so hat sie sich bewährt.
Drum sei sie, wie sie ist, klug, schön und treu,
Mir in beständigem Gemüt verwahrt.
29. Mason, *Das Geheimnis der Ehe*, S. 36.
30. Robert Seizer, *Mortal Lessons: Notes on the Art of Surgery* (New York: Simon and Schuster, 1976), S. 45–46.
31. Walter Trobisch, *The Complete Works of Walter Trobisch* (Downers Grove: InterVarsity Press, 1987), zitiert in *Marriage Partnership*, Winter 1989, S. 17.
32. William Alan Sadler, Jr., *Master Sermons Through the Ages* (New York: Harper & Row, 1963), S. 116.

33. Gespräch mit Harold Smith, dem geschäftsführenden Herausgeber des *Marriage Partnership* Magazins, 19. Februar 1991.
34. Eugene H. Peterson, *Working the Angles* (Grand Rapids: Eerdmans, 1989), S. 62.
35. Im Juni 1984 lieferte Howard Hendricks diese Information in einem Vortrag in der *College Church* in Wheaton.
36. James Humes, *Churchill, Speaker of the Century* (Briarcliff Manor: Stein and Day, Scarborough House, 1980), S. 291.
37. Dante Alighieri, *Die göttliche Komödie*, 1. Teil – Die Hölle, Gesang III:
Der Eingang bin ich zu der Stadt der Trauer,
Der Eingang bin ich zu dem ew'gen Schmerze,
Der Eingang bin ich zum verlornen Volke!
Gerechtigkeit trieb meinen hohen Schöpfer:
Die Allmacht hat der Gottheit mich gegründet,
Die höchste Weisheit und die erste Liebe.
Vor mir ist nichts Erschaffenes gewesen,
Als Ewiges, und auch ich daure ewig.
Laßt, die ihr eingeht, jede Hoffnung fahren.
38. Jeanette Lauer und Robert Lauer, »*Marriages Made to Last*«, *Psychology Today*, Juni 1985, S. 26.

Kapitel 4: *Verantwortungsvolle Vaterschaft*

39. Lance Morrow, *The Chief, A Memoir of Fathers and Sons* (New York: Macmillan, 1984), S. 6–7.
40. Elizabeth R. Moberly, *Homosexuality: A New Christian Ethic* (Cambridge: James Clarke & Co., 1986). Auf Seite 2 schreibt sie:
»Aus einer Unzahl von Einzelheiten drängt sich ein beständiges grundlegendes Prinzip auf: ... das sexuelle Defizit in der Beziehung zum *gleichgeschlechtlichen* Elternteil; und dass es einen übereinstimmenden Hang gibt, dieses Defizit auszugleichen – durch gleichgeschlechtliche oder ›homosexuelle‹ Beziehungen.«
41. William Manchester, *The Last Lion: Winston Spencer Churchill; Visions of Glory: 1874–1932* (Boston: Little, Brown and Company, 1983), S. 187–188. Das gesamte Zitat:
»Ich hätte viel lieber die Lehre eines Maurergesellen begonnen oder Botengänge getätigt oder meinem Vater geholfen, die Schaufenster eines Lebensmittelgeschäfts auszustatten. Das wäre etwas Reales gewesen, etwas Natürliches; das hätte mich mehr gelehrt; und ich hätte meinen Vater kennengelernt, was mir eine Freude gewesen wäre.«
42. Peter T. O'Brien, *Colossians, Philemon*, Word Biblical Commentary, Bd. 44 (Waco, TX: Word, 1982), S. 225.
43. *Calvin's Commentaries: The Epistles of Paul the Apostle to the Galatians, Ephesians, Philippians and Colossians*, Übers. T. H. L. Parker (Grand Rapids: Eerdmans, 1974), S. 213.
44. Elton Trueblood und Pauline Trueblood, *The Recovery of Familiy Life* (New York: Harper & Brothers, 1953), S. 94.
45. James Dobson, *Hide or Seek* (Old Tappan: Revell, 1974), S. 82–83. Deutsche Ausgabe: *Minderwertigkeitsgefühle – eine Epidemie* (Kehl: Editions Trobisch, 1983).

Dobson zitiert Dr. Stanley Coopersmith, den außerordentlichen Professor für Psychologie an der Universität von Kalifornien, der 1738 normale Jungen aus der Mittelschicht und deren Familien befragte, beginnend in der vorpubertären Zeit bis zum frühen Mannesalter. Nachdem er die Jungen mit der höchsten Selbstachtung herausgesucht hatte, verglich er im Anschluss ihre Elternhäuser und Kindheitseinflüsse mit jenen Jungen, die eine geringere Selbstachtung besaßen. Er fand drei wichtige Kennzeichen heraus, die sie unterschieden. Das zweite wird im Folgenden beschrieben:
»2. Die Gruppe mit der hohen Selbstachtung hatte ein Zuhause, in dem die Eltern bedeutend strenger auf Disziplin achteten. Im Gegensatz dazu hatten die Eltern der anderen Gruppe durch ihre Nachgiebigkeit Unsicherheit und Abhängigkeit erzeugt. Des Weiteren wurden in der späteren Untersuchungsphase die erfolgreichsten und unabhängigsten jungen Männer in den Elternhäusern gefunden, die die strengsten Anforderungen an Verantwortlichkeit auferlegten. Und wie vorauszusehen war, blieben die familiären Bindungen am stärksten … in den Elternhäusern, in denen Disziplin und Selbstbeherrschung gelehrt wurden.«

46. Dorothy Walsorth, »General of the Army: Evangeline Booth«, *Reader's Digest*, August 1947, S. 37.

Kapitel 5: *Freundschaft*

47. Englisches Sprichwort, das auf den Politiker Edward Coke zurückgeht (Anm. d. dt. Hg.).
48. James Wright, *Above the River: The Complete Poems* (Hanover / New York: Wesleyan University Press / Farrar, Straus & Giroux, 1990), S. 122.
49. Alan Loy McGinnis, *The Friendship Factor* (Minneapolis: Augsburg, 1979), S. 11.
50. Harold B. Smith, »Best Friend«, *Marriage Partnership*, Sommer 1988, S. 126.
51. McGinnis, *The Friendship Factor*, S. 60–61.
52. Blaise Pascal, *Gedanken* (https://www.projekt-gutenberg.org/pascal/gedanken/titlepage.html, abgerufen am 29.07.2025), 1. Teil, Neunter Artikel, Abschnitt 60.
53. C. S. Lewis, *Was man Liebe nennt: Zuneigung, Freundschaft, Eros, Agape* (Basel: Brunnen, 1998), S. 126.

Kapitel 6: *Gedankenwelt*

54. Charles Malik, *The Two Tasks* (Grand Rapids: Eerdmans, 1980), S. 32.
55. Harry Blamires, *The Christian Mind* (Ann Arbor: Servant Books, 1978), S. 3–4.
56. Harry Blamires, *Recovering the Christian Mind* (Downers Grove: InterVarsity Press, 1988), S. 9.
57. Charles Colson, *Who Speaks for God?* (Wheaton: Crossway Books, 1985), S. 129–130.
58. https://de.statista.com/statistik/daten/studie/118/umfrage/fernsehkonsum-entwicklung-der-sehdauer-seit-1997/, abgerufen am 16.07.2025.
59. George Barna und William Paul McKay, *Vital Signs* (Wheaton: Crossway Books, 1984), S. 51.
60. Vgl. https://izi.br.de/deutsch/Grundddaten_Jugend_Medien.pdf mit https://sz-magazin.sueddeutsche.de/schule/zwoelftausend-stunden-zweitfamilie-76414, abgerufen am 16.07.2025.

61. Neil Postman, »TV's ›Disastrous‹ Impact on Children«, *U.S. News and World Report,* 19. Januar 1981, S. 44.
62. Ebd., S. 45.
63. Linda Lichter, S. Robert Lichter, Stanley Rothman, »Hollywood and America: The Odd Couple«, *Public Opinion,* Januar 1983, S. 54–58.
64. A.T. Robertson, *Paul's Joy in Christ* (Grand Rapids: Baker, 1979), S. 242.
65. Persönliche Korrespondenz mit dem pensionierten Oberst der *Air Force William Waldrop*, Februar 1991.
66. Dennis Prager, »A Civilization That Believes in Nothing«, *The Door,* November/ Dezember 1990, S. 15.
67. Bill Hendricks, Verband christlicher Buchhändler, 28. Februar 1991.

Kapitel 7: *Hingabe*

68. E. Stanley Jones, *A Song of Ascents* (Nashville: Abingdon, 1979), S. 383.
69. Dallas Willard, *Das Geheimnis geistlichen Wachstums* (Asslar: Gerth Medien, 2011), S. 206.
70. George Gallup, Jr. und Sarah Jones, *100 Questions and Answers: Religion in America* (Princeton: Princeton Religion Research Center, 1989), S. 39: »Am meisten neigen Frauen dazu, die Bedeutung des täglichen Gebets zu erwähnen (82 %)« und »Männer gehören zu der Gruppe, von der das Gebet am wenigsten hervorgehoben wird (69 %).«
71. Eugene Peterson, *Working the Angles* (Grand Rapids: Eerdmans, 1989), S. 70.
72. Edmund P. Clowney, *Christian Meditation* (Nutley: Craig Press, 1978), S. 13.
73. C. H. Spurgeon, *The Treasury of David,* Bd. 1 (London: Passemore and Alabaster, 1884), S. 6.
74. C. S. Lewis, *Du fragst, wie ich bete. Briefe an Malcolm.* (Einsiedeln: Johannes Verlag, 1985), S. 29.
75. George Arthur Buttrick, *The Interpreter's Bible,* Bd. 8 (New York: Abingdon Press, 1952), S. 725 zitiert Fenelon, *Spiritual Letters to Man,* Brief LXXXVII, »To the Vidame D'Amiens: On Prayer and Meditation.« Siehe ebenso Brief XXIV, »To One Who Had Recently Turned to God.«
76. Roland Bainton, *Here I Stand* (Nashville: Abingdon, 1950), S. 41.
77. H. G. Haile, *Luther: An Experiment in Biography* (Garden City: Doubleday, 1980), S. 56.
78. Annie Dillard, *Pilgrim at Tinker Creek* (New York: Bantam, 1978), S. 35.
79. A. W. Tozer, *Das WesenGottes. Gottes Eigenschaften und ihre Bedeutung für den Glaubenden* (Berlin: EBTC, 2021).
80. John Piper, *Sehnsucht nach Gott* (Waldems: 3L Verlag, 2019), S. 201 zitiert »Personal Narrative« von Jonathan Edwards in C. H. Faust und T. H. Johnson (Hg.), *Jonathan Edwards: Representative selections* (New York: Hill and Wang, 1962), S. 61.
81. Peterson, *Working the Angles*, S. 35–36.
82. Richard Foster, *Nachfolge feiern. Geistliche Übungen neu entdeckt* (Witten: SCM R.Brockhaus, 2017), S. 148.

Kapitel 8: *Gebetsleben*

83. E. M. Bounds, *The Essentials of Prayer* (Grand Rapids: Baker, 1979), S. 93.
84. John Bunyan, *Pilgerreise zur seligen Ewigkeit* (Barmen: Steinhaus, 1859), S. 66: »Ungefähr in der Mitte dieses Tales bemerkte ich den Schlund der Hölle, dicht am Wege. ‚Was soll ich nun tun?', dachte Christ. Fort und fort brachen Flammen und Rauch in solchen Massen daraus hervor, mit sprühenden Funken und schaudehaftem Getöse (Dinge, die sich nicht, wie Apollyon, um Christs Schwert kümmerten), dass er sich genötigt sah, sein Schwert in die Scheide zu stecken und eine andere Waffe zu ergreifen, nämlich die Waffe des unablässigen Gebets.«
85. Oswald Sanders, *Geistliche Leiterschaft* (Bielefeld: CMV, 2003), S. 53
86. John Bunyan, A *Discourse Touching Prayer* (Gefängnis in Bedford, 1662), S. 4. URL: https://biblesnet.com/john-bunyan-a-discourse-touching-prayer.pdf, abgerufen am 18.07.2025; eigene Übersetzung.
87. Thomas Kelly, *Das innere Licht spüren* (Bad Pyrmont: Quäker, 2015), S. 34.
88. Brother Lawrence, *The Practice of the Presence of God* (New York: Revell, 1958), S. 30–31.
89. John Wesley, *Works*, VIII (Grand Rapids: Zondervan, 1959), S. 343.
90. Alfred Lord Tennyson, »The Passing of Arthur«, *The Idylls of the King*, 1:26, zitiert *in The Oxford Dictionary of Quotations*, S. 535.
91. Michael Mott, *The Seven Mountains of Thomas Merton* (Boston: Houghton Mifflin, 1984), S. 216.
92. H. G. Haile, *Luther, An Experiment in Biography* (Garden City: Doubleday, 1980), S. 56.
93. Elisabeth Elliot, *Notes on Prayer* (Wheaton: Good News Publishers, 1982), schreibt: »Leute, die Ski fahren – so nehme ich an – sind Menschen, die wahrscheinlich gern Ski fahren, die Zeit dazu haben, es sich leisten können und auch gut sind. Vor Kurzem habe ich festgestellt, dass ich mit dem Gebet häufig so umgehe, als wäre es ein Sport wie das Skifahren – etwas, das man tut, wenn man sich die Unannehmlichkeiten leisten kann oder gut darin ist.«
94. Auszug aus der persönlichen Korrespondenz des Autors mit J. Sidlow Baxter, 8. September 1987.

Kapitel 9: *Gottesdienst*

95. Paul Seabury, »Trendier Than Thou, the Many Temptations of the Episcopal Church«, *Harper's Magazine*, Oktober 1978, Bd. 257, Nr. 1541, S. 39–52.
96. Ebd.
97. Robert G. Rayburn, *O Come, Let Us Worship* (Grand Rapids: Baker, 1984), S. 15: »In der Bibel lesen wir nirgends, dass Gott bei dem Kind Gottes irgendetwas anderes sucht. Man hört häufig, dass Christen ›gerettet sind, um zu dienen‹, und in begrenzter Weise ist das auch wahr, denn in der ganzen Ewigkeit – wie auch während unseres irdischen Lebens – wird es unsere Freude und unser Vorrecht sein, unserem Gott zu dienen. Aber dieser Dienst im Himmel wird in erster Linie in Anbetung bestehen (vgl. Hebr 9,14; 12,28; Offb 22,3). An keiner Stelle in der Bibel wird uns gesagt, dass der Herr unseren Dienst sucht. Er sucht keine Diener, sondern wahre Anbeter.«

98. A. J. Gordon, *How Christ Came to Church, The Pastor's Dream* (Philadelphia: American Baptist Publication Society, 1895), S. 28–30.
99. J. I. Packer, *A Quest for Godliness* (Wheaton: Crossway Books, 1990), S. 257.
100. Rayburn, *O Come, Let Us Worship*, S. 29–30.
101. Annie Dillard, *Einen Stein zum Sprechen bringen* (Berlin: Matthes & Seitz, 2022), S. 23–24.
102. Es handelt sich hierbei um einen englischen Wortwitz, der auf dem Lied »Keep Thou My Way« von Fanny ,Crosby beruht (Text unter https://hymnary.org/text/keep_thou_my_way_o_lord, abgerufen am 18.07.2025). Anstelle von »Gern werde ich das Kreuz tragen« versteht der Junge »der fröhliche schielende Bär«, weil im Englischen »I'd« wie »eyed« klingt. Vgl. https://gemsforliving.net/2013/04/26/gladly-the-cross-eyed-bear/, abgerufen am 18.07.2025. (Anm. d. dt. Hg.)
103. Eugene H. Peterson, *A Long Obedience in the Same Direction* (Downers Grove: InterVarsity Press, 1980), S. 49.
104. Lawrence C. Roff, *Let Us Sing* (Norcross: Great Commission Publications, 1991), S. 27.
105. Packer, *A Quest for Godliness*, S. 254.
106. Peterson, *A Long Obedience in the Same Direction*, S. 50.

Kapitel 10: *Integrität – eine übereinstimmende Lebensführung*

107. James Patterson und Peter Kim, *The Day America Told the Truth* (New York: Prentice Hall, 1991), S. 45, 48, 65f., 136, 154f., 200f.
108. Robert A. Caro, *The Years of Lyndon Johnson: Means of Ascent* (New York: Alfred A. Knopf, 1990), S. 46–53.
109. Thomas Mallon, *Stolen Words: Forays into the Origin and Ravages of Plagiarism* (New York: Penguin Books, 1989), S. 90.
110. Doug Sherman und William Hendricks, *Keeping Your Ethical Edge Sharp* (Colorado Springs: NavPress, 1990), S. 25, Zitat aus dem *Wall Street Journal* vom 31. Oktober 1989, S. 33.
111. Patterson und Kim, *The Day America Told the Truth*, S. 166–167.
112. Sherman und Hendricks, *Keeping Your Ethical Edge Sharp*, S. 26.
113. Patterson und Kim, *The Day America Told the Truth*, S. 157–158.
114. Ebd., S. 29–31.
115. Robert H. Bork, *The Tempting of America* (New York: The Free Press, 1990), S. 248–249.
116. Paul Johnson, *Intellectuals* (New York: Harper & Row, 1988), S. 154–155.
117. Helmut Thielicke, *Das Leben kann noch einmal beginnen. Ein Gang durch die Bergpredigt* (Stuttgart: Quell-Verlag, 1961), S. 75.
118. Francis Brown, S. R. Driver, Charles A. Briggs, *A Hebrew and English Lexicon of the Old Testament* (London: Oxford University Press, 1974), S. 1070–1071.
119. Warren W. Wiersbe, *The Integrity Crisis* (Nashville: Thomas Nelson, 1988), S. 21.
120. Sherman und Hendricks, *Keeping Your Ethical Edge Sharp*, S. 91.
121. Henry Fairlie, *The Seven Deadly Sins Today* (Notre Dame: University of Notre Dame Press, 1979), S. 36.
122. Myrna Grant, *Letters to Graduates* (Nashville: Abingdon Press, 1991), S. 82.
123. William James, *Psychologie* (Leipzig: Quelle & Meyer, 1909), S. 147.
124. Zitat von Charles Reade. Siehe https://www.oxfordreference.com/display/10.1093/acref/9780191843730.001.0001/q-oro-ed5-00008748?utm, abgerufen am 23.07.2025.

Kapitel 11: *Sprache*

125. Paul Aurandt, *More of Paul Harvey's the Rest of the Story* (New York: Bantam Books, 1981), S. 136–138.
126. Ein Flugzeugträger (Anm. d. dt. Hg.)
127. Douglas Moo, *The Letters of James* (Grand Rapids: Eerdmans, 1988), S. 125; vgl. Martin, *Word Biblical Commentary, James*, Bd. 8, S. 115. Dort steht:
»Der Satz, und andere parallel verlaufende, wurde in der orphischen Religion verwendet, um den endlosen Kreislauf der Wiedergeburt zu beschreiben, aus dem Befreiung gesucht wurde. Es gibt jedoch genügend Beweise, die zeigen, dass das, was ursprünglich ein religiöser oder philosophischer Begriff war, ›Popularität‹ erlangte und zur Zeit von Jakobus zur Beschreibung des menschlichen Lebenslaufs verwendet wurde – eventuell mit der Betonung auf dem ›Auf und Ab‹ des Lebens.«
128. Johannes Calvin, *Der Brief des Apostels Jakobus*, https://www.glaubensstimme.de/doku.php?id=autoren:c:calvin:calvin-jakobus:calvin-jakobusbrief_-_kapitel_3, abgerufen am 23.07.2025.
129. Walter Wangerin, Jr., *Ragman and Other Cries of Faith* (San Francisco: Harper & Row, 1984), S. 26.
130. Anekdote. Vgl. https://sermoncentral.com/sermon-illustrations/78779/wesley-responds-to-criticism-by-sermon-central?utm, abgerufen am 23.07.2025 (Anm. d. dt. Hg.).
131. James S. Hewitt, *Illustrations Unlimited* (Wheaton: Tyndale House, 1988), S. 475.

Kapitel 12: *Arbeit und Beruf*

132. Studs Terkel, *Working: People Talk About What They Do All Day and How They Feel About What They Do* (New York: Pantheon, 1974), S. xi.
133. James Patterson und Peter Kim, *The Day America Told the Truth* (New York: Prentice Hall, 1991), S. 155.
134. Ebd.
135. Leland Ryken, *Work and Leisure in Christian Perspectives* (Portland: Multnomah, 1987), S. 44.
136. Douglas LaBier, *Modern Madness* (Reading: Addison-Wesley, 1986), S. 25.
137. Doug Sherman und William Hendricks, *Your Work Matters to God* (Colorado Springs: NavPress, 1987), S. 27 mit dem Verweis auf Dennis Waitleys, *Seeds of Greatness* (Old Tappan: Fleming H. Revell, 1983), S. 199.
138. Sherman und Hendricks, *Your Work Matters to God*, S. 18.
139. John Milton, *Das verlorene Paradies* (Halle: Hendel, o. J.), S. 204.
140. https://www.emperyquotes.com/authors/david-ben-gurion?utm, abgerufen am 24.07.2025; eigene Übersetzung.
141. F. F. Bruce, *The Epistle to the Ephesians* (London: Pickering & Inglis, 1973), S. 52.
142. Jonathan Edwards, »God Glorified the Man's Dependence«, https://www.monergism.com/thethreshold/sdg/edwards/edwards_mandependence.html?utm, abgerufen am 24.07.2025; eigene Übersetzung.
143. Martin Luther, »Deutscher Katechismus« in: *Unser Glaube: Die Bekenntnisschriften der evangelisch-lutherischen Kirche* (Gütersloh: Verlagshaus, 2013), S. 541.
144. Dorothy L. Sayers, *Creed of Chaos* (New York: Harcourt, Brace and Company, 1949), S. 57.

Kapitel 13: *Beharrlichkeit*

145. F.F. Bruce, *The Epistle to the Hebrews* (Grand Rapids: Eerdmann, 1965), S. 346: »Doch in welchem Sinne sind sie »Zeugen«? Wohl nicht im Sinne von Zuschauern, die ihre Nachfolger dabei beobachten, wie sie an ihrer statt das Rennen laufen, an dem sie einst selbst teilnahmen, sondern eher in dem Sinne, dass sie durch ihre Treue und Ausdauer Zeugnis abgelegt haben von den Möglichkeiten des Glaubenslebens. Nicht sie blicken auf uns, sondern wir schauen auf sie – zu unserer Ermutigung.«
146. James D. Ernest, Übers., *Ceslas Spicq, Theological Lexicon of the New Testament,* Band 2 (Peabody: Hendrickson, 1994), S. 132.
147. Art Carey, »Beating Agony and the Marathon«, *Philadelphia Inquirer,* 12. April 1978.
148. Brooke Foss Westcott, *The Epistle to the Hebrews* (Grand Rapids: Eerdmans, 1967), S. 294, 395.
149. Siehe https://www.youtube.com/watch?v=oeaXLy9og3w bzw. https://www.youtube.com/watch?v=jP_NzZP_LK0, abgerufen am 24.07.2025 (Anm. d. dt. Hg.)
150. John Henry Newman, *The Kingdom Within (Discourses Addresses to Mixed Congregations)* (Denville: Dimension Books, 1983), S. 328–329.
151. Hugh Montefiore, A *Commentary on the Epistle to the Hebrews* (London: Adam & Charles Black, 1964), S. 35.

Kapitel 14: *Gemeinde*

152. Robert W. Patterson, »In Search of the Visible Church«, *Christianity Today,* 11. März 1991, Ausg. 34, Nr. 3, S. 36.
153. George Barna, *The Frog in the Kettle* (Ventura: Regal Books, 1991), S. 133.
154. Cyprian von Karthago, *Epistulae*, Brief LXXII, Abschnitt 19. https://bkv.unifr.ch/de/works/cpl-50-1/versions/the-epistles-of-cyprian/divisions/375, abgerufen am 24.07.2025; eigene Übersetzung:
    »Wenn der Name des Vaters, den der Mensch ehren soll, ungestraft in Gott entweiht wird, was wird dann aus dem, was Jesus selbst in den Evangelien sagt: ›Wer Vater oder Mutter flucht, soll des Todes sterben‹, und aus jenen, die das Leben Christi haben, aber ihren himmlischen und geistlichen Vater verunglimpfen und der Gemeinde, ihrer Mutter, feindlich gesinnt sind, wenn Christus doch gebietet, dass diejenigen mit dem Tode bestraft werden sollen, die ihren leiblichen Eltern fluchen?«
155. *Leadership,* Winter 1991, Bd. 12, Nr. 1, S. 17.
156. Robert L. Saucy, *The Church in God's Program* (Chicago: Moody Press, 1972), S. 17: »Die Vorstellung einer Gliedschaft an einer unsichtbaren Gemeinde ohne die Gemeinschaft in einer örtlichen Versammlung wird im Neuen Testament nicht gefunden. Stattdessen sehen wir, dass die gegenseitige Verbundenheit aller Christen in dem Zusammenkommen der örtlichen Gemeinschaft von Gläubigen dargestellt wurde.«
157. John Bunyan, *Gnade für den größten Sünder [Hörbuch]* (Reichshof-Mittelagger: Voice of Hope, 2018); 2:01 h.
158. John Newton, »Glorious things of thee are spoken«; dt. Fassung: »Herrlich wird von dir gesprochen«, https://archive.org/details/gesangbuch-1924-deseret-sonntagschulliederbuch-1918/page/n453/mode/2up, abgerufen am 24.07.2025, Strophe 4.

159. Harry Blamires, *The Christian Mind* (Ann Arbor: Servant, 1963), S. 153.
160. Timothy Dwight, »I Love Thy Kingdom, Lord«, https://www.evangeliums.net/lieder/lied_i_love_thy_kingdom_lord.html, abgerufen am 24.07.2025.

Kapitel 15: *Leiterschaft*

161. Warren Bennis und Burt Nanus, *Leaders: The Strategies for Taking Charge* (New York: Harper & Row, 1985), S. 1.
162. Harold Lindsell, *The New Paganism* (San Francisco: Harper & Row, 1987), S. 231: »Das Neue Testament bezeugt wortreich das Werk Gottes nach der Auferstehung. Petrus, Paulus und die anderen Apostel führten das Werk der Evangelisation weiter, mit der großen Vollmacht und der Hilfe des Heiligen Geistes. Der apostolischen Ära folgten Zeiten, in denen ausgesprochen fähige Menschen hervortraten, die der Kirchengeschichte ihren Stempel aufdrückten: Augustinus, Thomas von Aquin, Wycliff, Hus, Calvin, Luther, Melanchton, Zwingli, Latimer, Ridley, Wesley, Spurgeon, Edwards, Moody, Fuller und Graham, um nur einige zu nennen. An diesem Scheideweg in der Kirchengeschichte, wenn die evangelikale Leiterschaft der letzten Generation von der Bühne abtritt, besteht die Notwendigkeit einer neuen dynamischen Leiterschaft, die dem Evangelium und dem Wort Gottes treu ist.«
163. Bennis und Nanus, *Leaders: The Strategies for Taking Charge*, S. 4, 20.
164. E. M. Bounds, *Purpose in Prayer* (Grand Rapids: Baker, 1978), S. 36.
165. John Huffman, Jr., *Who's in Charge Here?* (Chappaqua: Christian Herald Books, 1981), S. 63.
166. Oswald Sanders, *Geistliche Leiterschaft* (Bielefeld: CMV, 2003), S. 46.
167. John R. Claypool, *The Preaching Event* (Waco: Word, 1980), S. 68.
168. Hugh Evan Hopkins, *Charles Simeon of Cambridge* (Grand Rapids: Eerdmans, 1977), S. 111.
169. Sanders, *Geistliche Leiterschaft*, S. 87.
170. William P. Merrill, »Rise Up, O Men of God«, https://hymnary.org/text/rise_up_o_men_of_god, abgerufen am 25.07.2025; eigene Übersetzung.

Kapitel 16: *Freigebigkeit*

171. Vgl. John F. MacArthur, Jr., *Giving: God's Way* (Wheaton, IL: Tyndale House, 1979), S. 60–73. Der Autor stellt kurz und bündig die drei vorgeschriebenen Zehnten und die beiden freiwilligen Arten des Gebens im Alten Testament dar.
172. Alfred Plummer, A *Critical and Exegetical Commentary on the Second Epistle of St. Paul to the Corinthians* (Edinburgh: T. & T. Clark, 1915), S. 234.
173. Kari Torjesen Malcolm, *We Signed Away Our Lives* (Downers Grove: InterVarsity Press, 1990), S. 23.
174. C. S. Lewis, *Pardon, ich bin Christ. Meine Argumente für den Glauben* (Basel/Gießen: Brunnen, 1978), S. 71–72.
175. MacArthur, *Giving: God's Way*, S. 92.
176. William Wordsworth, *Ecclesiastical Sonnets*, Teil 3, S. 3, 43.

Kapitel 17: *Das christliche Zeugnis*

177. William Barclay, *The Master's Man* (Nashville: Abingdon, 1978), S. 41.
178. Ebd., S. 44-46 wird St. Andreas nacheinander als Patron Russlands, Griechenlands und Schottlands dargestellt.
179. James Hastings, *The Greater Men and Women of the Bible*, Bd. 5 (Edinburgh: T. & T. Clark, 1915), S. 122.
180. Arnold Dallimore, *George Whitefield*, Bd. 1 (Edinburgh: Banner of Truth, 1989), S. 77.
181. Win Arn, *The Master's Plan of Making Disciples* (Monrovia: Church Growth Press, 1982), S. 43.
182. *Heart for the Harvest Seminar Notebook and Study Guide* (Lutherville: Search Ministries [P.O. Box 521, 21093]), S. 3.
183. Ebd., S. 9.
184. C. S. Lewis, *Streng dämokratisch zur Hölle und andere Essays* (Basel/Gießen: Brunenn, 1982), S.107-108.
185. *Heart for the Harvest*, S. 10.
186. Ebd., S. 11.
187. Phil McHugh und Greg Nelson, „Jeder Mensch braucht Gott", übers. v. Hartmut Sünderwald, in *Feiert Jesus! 2* (Holzgerlingen: Hänssler, 2006), Nr. 160.

Kapitel 18:*Der christliche Dienst*

188. Clyde E. Fant, Jr., und William M. Pinson, Jr., *50 Centuries of Great Preaching*, Bd. 8 (Waco: Word, 1976), S. 76.
189. Johannes Chrysostomus, *Kommentar zum Evangelium des hl. Matthäus* (elektronisches BKV; https://www.pliniocorreadeoliveira.info/Kommentar%20zum%20Evangelium%20des%20hl.%20Matth%C3%A4us%20(In%20Matthaeum%20homiliae%20I-XC).pdf, abgerufen am 28.07.2025), S. 591:
190. »Zum Sitzen dient ihm weder Sessel noch Polster, er läßt sich bald auf den Boden, bald auf einem Berge, bald an einem Brunnen nieder.«
191. Leon Morris, *The Gospel According to John* (Grand Rapids: Eerdmans, 1971), S. 258.
192. Raymond Brown, *The Gospel According to John* (i-xii) (New York: Doubleday, 1966), S. 169:

     »Johannes 4,4: ›Er musste aber durch Samaria ziehen.‹ Das war keine geografische Notwendigkeit; obwohl die Hauptroute von Judäa nach Galiläa durch Samaria führte (Josephus Ant. XX. vi.I; #1 18), hätte Jesus, wenn er sich im Jordantal befand (Joh 3,22), einfach nördlich durch das Tal gehen können und dann durch Bet-Schean hinauf nach Galiläa, um Samaria zu umgehen. An anderer Stelle im Johannesevangelium (3,14) deutet der Ausdruck der Notwendigkeit an, dass dies Teil des Planes Gottes war.«

Kapitel 19: *Gnade zur Disziplin*

193. John Blanchard, *Truth for Life* (West Sussex, England: H.E. Walter Ltd., 1982), S. 239.
194. Annie Johnson Flint, »He Giveth More Grace«, übers. v. Christel Menzel-Schrebkowski: »Er gibt dir mehr Gnade«, in: *Jesu Name nie verklinget 3* (Neuhausen-Stuttgart: Hänssler, 1975), Nr. 805